COLLECTION POÉSIE

Anthologie de la poésie française du XXe siècle

*

DE PAUL CLAUDEL

À RENÉ CHAR

Préface de Claude Roy
Édition de Michel Décaudin

nrf

GALLIMARD

POÉSIE, PAROLE MÉMORABLE

Toute anthologie est une provocation. Elle souhaite provo-quer chez le lecteur ignorant, et qui voudrait ne pas le rester, le désir d'aller explorer les domaines et les œuvres dont on lui indique les entrées. Elle avive sa curiosité par un échantillon-nage judicieux mais limité. Mais pour le lecteur déjà mieux informé elle est fatalement une provocation au refus, à la des-truction du florilège qu'on lui propose, et à une reconstruction personnelle. La fonction première d'une anthologie, c'est de donner envie « d'y aller voir » soi-même. Sa fonction seconde, c'est d'inciter à lui substituer la seule anthologie vraiment intéressante, celle que compose un être humain pour lui-même.

Dieu seul, dont l'existence est d'autant moins assurée que son nom est si peu défini, échappe à la nécessité et à la tenta-tion du choix : si un Créateur constituait une anthologie de sa création, il mettrait en question par là même le Tout de son œuvre. On mesure la difficulté de la tâche que constituerait pour un Auteur suprême l'établissement d'une anthologie de ses travaux, en se souvenant des problèmes que ne cesse de poser aux théologiens depuis des millénaires l'hypothèse d'une catégo-rie d'élus (individus ou peuples), d'une élite privilégiée parmi les créatures. Si Dieu, après ses travaux, le repos du septième jour, et les développements ultérieurs de son entreprise, décide de composer une anthologie à partir du grand poème de sa création, s'il choisit des fragments de son texte pour en lier la gerbe des bienheureux et le bouquet des élus ; si, à partir de cet ensemble dont il est responsable, il affirme des préférences et s'il distingue des « chouchous » parmi ses créatures, on est en droit de se demander pourquoi il s'est donné la peine de faire advenir ce que ses anthologies — l'anthologie de la Grâce ou l'anthologie terminale du Jugement dernier — vont rejeter. C'est le problème du moins bien, du moins bon ; ce qu'on appelle plus fréquemment le problème du mal. Pourquoi un être omniscient aurait-il eu l'étrange aberration de faire naître des créatures dont il aurait dû savoir qu'elles ne seraient pas retenues dans l'anthologie finale ? Si le démiurge savait au contraire, au moment où il céda à l'inspiration poétique de la Genèse, qu'un certain nombre de réprouvés — serpents, vers boiteux, scorpions, poèmes informes, pécheurs invétérés et disgraciés de toutes sortes — ne seraient pas, au dernier acte, inscrits au palmarès ultime, il a fait preuve alors d'une légèreté bien surprenante. Il est difficile de concevoir un Dieu qui composerait des anthologies : les morceaux choisis sont le signe d'une infirmité. Ils sont la réponse que donnent à la profusion du réel un esprit incapable de tout retenir et une mémoire impuissante à tout enregistrer.

Ce sont les hommes qui, seuls, ont le besoin et le devoir de composer des anthologies, à l'image (toujours insatisfaisante, et toujours recommencée) de leur propre histoire. Quand l'animal humain a franchi le cap de ce qu'on nomme l'âge de raison, qui est surtout l'avènement de l'ère où les souvenirs du passé ordonnent le projet du futur, il pourrait être défini comme le développement vivant d'une anthologie permanente. Le cœur et le souvenir sécrètent une sorte de tapisserie de Pénélope que nous tissons sans relâche et détressons sans fin. Il y a dans nos coulisses une industrieuse personne occupée sans cesse à trier et choisir, à éclairer ou censurer, la Mémoire. La forme littéraire qu'on nomme le recueil, le « trésor » ou l'anthologie, forme illustrée depuis les origines et dans toutes les cultures c'est en fait « la forme même de l'humaine condition ». Comme dans l'Empire céleste le lettré de la Cité interdite chargé par le souverain de rassembler, en un livre qui résumera tous les livres, la fleur des poèmes éclos au cours de la dynastie, ou comme Michel Décaudin, chargé ici de composer une anthologie de la poésie moderne entre la fin du symbolisme et nos jours, chacun de nous n'en finit jamais de construire et de déconstruire l'anthologie de son destin, de composer *les points forts et les images nécessaires de sa vie. Notre conscience et son envers, le dissimulé mais très conscient Inconscient, suppléent à l'infirmité d'une mémoire qui ne peut jamais embrasser simultanément toute la ressource de son être. Ils ajustent et organisent les pièces les plus intenses ou les plus délicieuses de cette mosaïque d'instants abolis et d'instants préservés que nous appelons notre existence, et qui n'est, par rapport à l'inembrassable richesse de nos moments, qu'une anthologie de ce que nous avons vécu. Être un homme, c'est choisir. Et pas seulement dans l'incertitude du présent, mais dans le ruissellement du passé.*

Mais si la constitution d'une anthologie est une opération du « goût », ourdie pour pallier la défaillance fondamentale de la mémoire, une anthologie de poèmes apparaît comme une mé-moire de mémoire. Le seul dénominateur commun de toutes les formes de la parole qu'on désigne sous le terme génétique de poésie, c'est le propos du poète de donner aux mots, dont le flux labile, depuis l'apparition de l'animal parlant, s'écoule sans qu'on puisse davantage le retenir et le répéter que le ruissellement des eaux, la propriété très rare d'être in-oubliables. L'objet de la poésie, c'est d'établir, à l'intérieur de ce cours fugace et toujours dérobé du discours humain, des travaux d'art, comparables à ces ouvrages hydrauliques dont la fonction est de maîtriser et de retenir le flux des eaux — barrages, digues, écluses, vannes, pertuis. On mesure l'efficacité d'un barrage à la retenue d'eau dont il est capable. C'est le même terme qui peut définir l'élément constant de la poésie : la poésie, c'est d'abord ce qui est conçu pour être retenu, le trésor des instants confiés à la mémoire qui les a capturés dans le réseau des mots.

Bien entendu, c'est une dangereuse commodité de la conversation que de prétendre distinguer le fond *de la* forme, *le thème du discours, que de croire qu'on peut considérer séparément le sujet et le style, et qu'il y a un sens à opposer ce qui est dit à la façon dont cela est dit. Nous avons tout à fait le droit de trouver qu'une sensation, un sentiment, un visage, un paysage ou une situation sont poétiques, mais ce poétique-là est tout à* fait subjectif, et demeure ineffable. Il y a une grande différence entre ce que nous ressentons comme poétique et ce qui est de la poésie. Un saule pleureur sur la pelouse d'une demeure ancienne, le moment où le nord-express s'ébranle en direction de Pskow et la traversée du pont Mirabeau à la tombée du jour peuvent nous apparaître comme indiciblement poétiques. Mais il faut qu'un poète les transmue en poésie pour que ce qui était indicible devienne dicible et dit, et il faut que Musset ait écrit Le Saule, Valery Larbaud son Ode aux trains de luxe et Apollinaire son Pont Mirabeau pour que ce qui n'était que poétique se cristallise en poésie. À Degas qui, en amateur, écrivait des poèmes, s'étonnait que ce soit si difficile, et soupirait : « J'ai pourtant beaucoup d'idées », son ami Mallarmé répondait doucement : « Mais, Degas, ce n'est pas avec les idées qu'on écrit des poèmes, c'est avec les mots. » La poésie, ce sont des mots dans un certain ordre assemblés.

Il y a pourtant une idée vague qui souvent se tapit dans cette arrière-tête où rôdent les arrière-pensées : l'idée qu'il y aurait des sujets, des idées, des mots, des moments qui seraient par essence poétiques, donc matière privilégiée à poésie. Certes, les poètes n'en ont jamais été complètement persuadés. On leur expliquait par exemple au début du XVIIᵉ siècle qu'un poète se doit de traiter de sujets nobles, de parler des dieux de l'Olympe, des nymphes du Parnasse, des prouesses des chevaliers et des allégories platoniciennes. Mais John Donne célébrait la puce qui sautait sur le sein de sa maîtresse et les poètes baroques du siècle de Louis XIII parlaient de toutes sortes de choses qui n'étaient pas considérées par les gens sérieux comme dignes d'être « poétisées ». Avec le romantisme, avec Hugo, on coiffa carrément le dictionnaire d'un insolent bonnet rouge. On vit entrer avec Baudelaire des chiffonniers, des ivrognes et même une charogne dans les bosquets du Parnasse. Verlaine préféra ostensiblement au laurier et au myrte « l'ortie et l'herbette ». Ce grand déménagement du mobilier noble, des accessoires « poétiques » et des thèmes honorables s'est poursuivi pendant le dernier demi-siècle avec une énergie fréquemment radicale. Au « temple de Mémoire » et aux autels que la poésie y érigeait, il ne semblait permis autrefois de confier que les instants vifs du temps, que la bonne lumière des paysages, que la crête aiguë

des sensations et que l'accent fort des sentiments et des passions.
Mais quand en 1913 Apollinaire publie dans Les Soirées de
Paris *une suite de phrases banales et idiotes attrapées au vol,*
en passant un Lundi rue Christine, *il signifie de façon provo-*
cante qu'une véritable révolution s'est accompli en poésie : ce
n'est plus le « sujet » qui peut décider de la valeur de poésie
d'un texte, mais le poète. La langue de feu du bonheur de
poésie peut aussi bien descendre en couronnant un hareng saur
avec Charles Cros, les mots « falot-falote » avec Jules Laforgue
ou « Je naquis au Havre un vingt et un février / en mil
neuf cent et trois » *avec Raymond Queneau.*

    Ce n'est pas ce qui est regardé qui définit la poésie, c'est le
regard. Ce ne sont pas les choses qui arrivent qui font un poème,
c'est la façon du poète d'arriver dans les choses. Un petit coin de
mur jaune peut chanter en nous et nous faire chanter, tandis
que le spectacle de la Mer de Glace laisse pitoyablement intact
le pauvre M. Perrichon. Le mouvement qui se dessine avec
l'ogre Hugo, qui dévore chaque matin un millier de vers où
l'épique et le trivial, le sublime et le quotidien, le légendaire et
le familier se mêlent, ce mouvement se poursuit dans le défi
permanent de la poésie des dernières décades, qui a décrété
paisiblement que tout peut être poésie. Corbière avait déjà com-
paré le sommeil au « clou du Mont-de-Piété ». Charles Cros
avait contraint l'alexandrin classique à nous apprendre que
« le père est aiguilleur à la gare de Lyon ». Mallarmé lui-
même avait fait brûler en poésie, à peine inventée, la triste
lampe à gaz (« ou que le gaz récent torde la mèche lou-
che »). La poésie ne va plus emprunter ses sujets aux thèmes a
priori « poétiques », ni chercher midi à quatorze heures. Reverdy
n'avait besoin de rien pour être Reverdy : il lui suffisait d'une
chambre sous les toits, d'une lucarne ouverte vers le ciel, d'un
moment de grâce suspendu au rien. Mais Francis Ponge se
contentera d'un cageot ou d'un savon, Guillevic des betteraves
dans un champ ou des pierres dans la lande, et Queneau d'un
éclat de rire sans personne pour le rire, d'un sarcasme léger qui
vole dans l'air comme le tintement d'une cloche qui ne sonne-
rait nulle part.

    Tout est poésie ? Tout peut l'être, le « Montrouge Gare de
l'Est Métro Nord-Sud *» de Cendrars aussi bien que son trans-*

*sibérien, les civilisations archaïques princières dont le cérémo-
nial se déploie superbement dans les poèmes de Saint-John Per-
se et l'épicerie de village de Jean Follain, la gloire du soleil
d'août dans René Char et la pluie sur Cherbourg dans Prévert,
les grandes orgues tour à tour joviales et majestueuses de Clau-
del et le petit flutiau narquois de Max Jacob. Les grandes
nécropoles de poèmes morts nous ont appris que les « grands
sujets » peuvent inspirer de détestables vers. Ce qui restait peut-
être à apprendre, et que les derniers avatars de la poésie nous
ont enseigné, c'est qu'on peut également faire de très mauvais
poèmes avec des sujets modestes, avec pas de sujet du tout, et
faire du bon avec le rien.*

*En même temps que la poésie annexait totalement les
domaines longtemps réputés prosaïques, un mouvement in-
verse se passait sur le plan de la forme : la prose semblait enva-
hir et occuper la poésie. Envahissement qui semble mettre en
question le caractère premier de la poésie, cette « façon de par-
ler » qui a pour but de défier l'oubli dans lequel vont se perdre
la plupart des paroles prononcées. Poésie sacrée ou poésie profa-
ne, les techniques employées peuvent varier considérablement.
Le but est partout le même : proposer une parole aussi aisément
répétable, retrouvable et ineffaçable qu'il est possible. En ceci
toute poésie tend à dépasser la distinction que l'histoire a pu
établir entre littérature orale et littérature écrite : un poème
écrit tend à se perpétuer oralement. Le poème c'est ce qui s'ap-
prend par cœur même sans qu'on ait songé à l'apprendre. Les
recettes de mnémotechnie d'un texte varient considérablement
d'une civilisation à une autre, d'une langue à une autre. De
l'incantation au dicton, de la litanie à la randonnée réitérati-
ve, du rythme mesuré par les accents à une métrique fondée sur
les syllabes, de l'hymne où la mélodie chantée et l'organisation
des mots se conjuguent pour retenir le texte, au poème « silen-
cieux » organisé pour les yeux dans l'espace de la pierre ou de
la page, le mécanisme des pièges à mémoire n'est jamais sem-
blable, mais l'objectif est constamment le même. Régularité ou
dissymétrie calculée du rythme, écho par les assonances, par
l'allitération ou par la rime, mesure ouvertement marquée ou
subtilement masquée, le poème est un recours contre l'oubli. Il
est cette façon qu'a le fond de venir à la surface de la forme,*

*dans une fusion si parfaite que toute dissociation du « contenu »
et du « contenant », de ce qui est dit et de la manière dont cela
est dit, devient impossible. (Avec cette contradiction et cette
réserve, cependant, et l'énigme qu'elles posent : un poème c'est
1° l'assemblage de mots dont on ne peut rien modifier sans
l'anéantir, 2° un texte qu'il est néanmoins possible de traduire,
et qui, détruit par la traduction, laisse cependant subsister ce
reflet d'un poème qui continue parfois à être poème — un
autre poème — et le même.)*

Dans cette immémoriale histoire de la parole mémorable, la
période qu'envisage pour la France l'anthologie élaborée par
Michel Décaudin ajoute aux difficultés traditionnelles du choix
anthologique une difficulté moderne. Ce qu'on propose ici à la
mémoire du plaisir et au plaisir de la mémoire, ce sont des
poèmes de l'époque qui succède immédiatement à une révolu-
tion de la poésie. Une révolution qui avait été, ici et là, préfi-
gurée depuis longtemps, mais qui ne s'accomplit et ne se déploie
qu'avec l'éclatement du « poème en prose » et du « vers libre »,
avec la trinité Baudelaire, Rimbaud, Mallarmé. Jacques Rou-
baud, qui a consacré la plus pénétrante analyse qui soit à l'his-
toire du vers français, La Vieillesse d'Alexandre, a para-
phrasé ironiquement une phrase célèbre de Clausewitz en écri-
vant que « la poésie est la continuation de la prose par
d'autres moyens ». Mais il démontre, en reconstituant une
« biographie » de l'alexandrin, qu'après le tournant du milieu
du XIXᵉ siècle on pourrait dire que la prose devient la conti-
nuation de la poésie par d'autres moyens. Ce qui s'est passé,
c'est ce que Mallarmé, dans un texte capital (écrit et réécrit de
1886 à 1896), appelle la Crise de vers. Cette crise, qui fait
exploser le poème en « éclats de vers », en vers libres ou libérés,
en prose-poème, aboutit de nos jours à cette désintégration du
poème, parfois réduit à quelques mots épars sur la page blanche,
vocables erratiques, énigmatiques survivants d'un « obscur dé-
sastre ». Cette « crise de vers » et du vers n'est certes pas sans
précédents dans l'histoire de la poésie française : il est probable
que Brunetto Latini n'aurait pas affirmé avoir écrit des « poè-
mes » avec les morceaux en prose de son Livre du Trésor.
Nous les lisons cependant comme une suite de morceaux de
grande poésie. Il est certain en revanche que Parny avait déjà

l'intention de composer des poèmes *avec la prose de ses* Chansons madécasses. *Il serait hasardeux d'avancer que certaines pages de Rabelais ou de Chateaubriand ont été rédigées avec la volonté d'écrire un poème, mais les essais de « prose mesurée » de Blaise de Vigenère ou de Jean Antoine de Baïf, leurs tentatives pour tromper l'attente des douze pieds et de la rime en ayant recours au verset, à la symétrie verbale, aux antithèses, aux vers ïambiques, trochaïques, anapestiques ou choriambiques qu'Albert-Marie Schmidt « démasque » sous l'apparence de la prose, ces essais sont déjà des* poèmes en prose. *Mallarmé a sûrement raison d'expliquer cette prosaïfication généralisée du poème par la « mutinerie » soulevée contre le Roi-Soleil de l'alexandrin. Hugo ne se contenta pas pendant un siècle de s'exprimer en vers comme il respirait (large). Il allait jusqu'à transcrire en vers les messages de l'au-delà que lui envoyaient des héros qui n'avaient jamais de leur vivant pratiqué le vers français, Moïse, Sophocle, Shakespeare et même Napoléon III, ses interlocuteurs des tables tournantes de Guernesey : dans l'Empire Hugo, tout le monde parle en vers, même les prosateurs.* « Il était le vers personnellement, *écrit Mallarmé,* il confisque chez qui pense, discourt ou narre, presque le droit à s'énoncer. » *La révolte que provoqua cette superbe et étouffante domination, la sédition des « mutins » soulevés contre les feux suprêmes de l'impérialisme alexandrin n'a évidemment pas fini d'aggraver une* crise de vers *qui se développe à travers l'œuvre des poètes réunis ici. Ils ont pour la plupart ressenti ce que Mallarmé décèle chez ses prédécesseurs immédiats et ses contemporains,* « la lassitude par abus de la cadence nationale », *le pas cadencé de l'alexandrin. Ses douze pieds ont tendance, de siècle en siècle, à monotoniser et mécaniser leur rythme, à défiler à un rythme si prévisible que le lecteur avance machinalement, saoulé, vidé et comme entraîné au pas d'un ennuyeux régiment. L'histoire de la poésie française, des trouvères à Michaux, est souvent celle des mauvais traitements amicaux auxquels les poètes ont soumis les formes fixes, et notamment notre glorieux et redoutable vers de douze pieds.* « Une mutinerie, *dit Mallarmé,* exprès, en la vacance du vieux moule fatigué. » *Mauvais traitements et mutineries qui ont réussi chaque fois à raviver le poème. Le moins subtil des procé-*

dés n'étant pas celui qui consiste à respecter ironiquement l'alexandrin, comme le firent Raymond Queneau ou Jean Tardieu. Le plus radical étant l'interdit absolu jeté sur tout ce qui peut ressembler à un vers, le sursaut horrifié d'André Breton devant les alexandrins qui surgissaient sous la plume d'Éluard. Et le plus périlleux étant ce dépouillement ascétique qui aboutit à des pages quasiment blanches, si albes et « mallarméennes » qu'un mot ou deux, ou trois (à peine) subsistent dans la vierge étendue désertique. Le poème s'offre alors au lecteur comme ces fragments d'inscriptions d'anciennes civilisations où un vocable, ici et là, fait rêver l'archéologue à un texte effacé. Ce n'est pas l'illégitimité « historique » de la parole littéraire qui conduit à ce dénuement, si rigoureux que, seul, un minuscule fragment d'os demeure posé sur le sable calciné. C'est au contraire une ascèse, la poésie vécue comme une « expérience spirituelle » comparable à celle des mystiques. Le sentiment poétique plane alors au-dessus du silence, comme l'Esprit plane au-dessus des eaux. La parole, le très peu de parole, émerge du silence, et y retourne. Elle laisse sur la plage blanche la trace évasive d'une visitation, l'allusion d'une allusion, une empreinte brève. Au lecteur de déchiffrer l'énigme, d'imaginer le poème suggéré par le beau débris abandonné sur la plage. Mais parfois les éléments qu'on lui offre pour faire travailler son imagination et pour qu'il collabore avec le poète sont si minces, que les quelques mots avaricieusement offerts au public restent la lettre morte d'un très mortel ennui. La « mutinerie » n'a pas abouti seulement à tordre le cou à l'éloquence, à renverser l'empire alexandrin de Hugo et des quarante rois du verbe qui firent la poésie française : elle aboutit parfois à une mise à mal si cruelle du poème qu'elle accomplit la mise à mort de la poésie elle-même.

Bien entendu, il en est des révolutions de l'art comme des révolutions des sociétés : ce qu'elles renversent subsiste souvent dans la mesure même où elles se sont formulées et définies contre lui. Elles gardent à l'intérieur de leur regard l'image de ce qu'elles entendent abolir. Elles préservent comme malgré elles ce qu'elles s'appliquent à effacer. Elles maintiennent sans le vouloir ce qu'elles ont entrepris de détruire. Ainsi ces adversaires dont l'étreinte est si violente qu'en se combattant ils

*s'imitent, et, à force de s'opposer, « déteignent » l'un sur l'autre,
dans l'antagonisme des similitudes et la symétrie des antithèses.
Ce que dans sa* Vieillesse d'Alexandre *Jacques Roubaud ana-
lyse avec la perspicacité d'un poète et d'un stratège de l'écritu-
re, c'est précisément cette survivance obstinée : la persistance,
comme une image négative, de l'alexandrin et du vers régulier,
malgré cette « Déclaration généralisée des Droits du poème à
l'irrégularité » qui domine la poésie contemporaine. Quand il
démonte en praticien l'outil que se sont forgé les poètes de la
Grande mutinerie, Roubaud fait apparaître la règle qui affleu-
re si souvent derrière la débâcle des règles, la mesure qui se
substitue fréquemment à la dé-mesure ou à la non-mesure affi-
chées, et la résurrection, malgré sa vieillesse perclus, du* vers.
C'est-à-dire de la parole mémorable, cette « secrète poursuite
de musique » *dont Mallarmé annonçait la perpétuelle renais-
sance de phénix à travers les soubresauts de la* « crise de
vers ». *Crise de vers qui n'est sans doute qu'un des aspects
d'une crise plus générale de l'art occidental. Elle fait croire aux
premiers éternels spectateurs éberlués que Tzara ou Michaux
« ce n'est pas de la poésie », que Klee ou Wols « ce n'est pas de
la peinture », que Webern ou Varèse « ce n'est pas de la musi-
que », que Beckett ou Ionesco « ce n'est pas du théâtre », que
Einstein ou Planck, « ce n'est pas de la science », que Freud ou
Groddeck « ce n'est pas de la psychologie », et que, plus généra-
lement, ce qui survient « ne ressemble pas » et surprend, « ça
n'est plus ce que c'était ».*

*Le demi-siècle que parcourt la présente anthologie n'offre
évidemment pas une image rectiligne et un tracé unique de la
mutinerie des révoltés du vers. L'insurrection a été radicale dès
l'origine : le poème en prose de Baudelaire est radicalement en
prose. Les* Illuminations *et la* Saison en enfer *ne louvoient
ni n'atermoient avec la forme qu'adopte Rimbaud. Elles ne
dissimulent dans leurs explosions d'images et de sentiments
aucun alexandrin subreptice, aucune forme fixe déguisée en
prose. Mais l'histoire de la poésie reproduit la démarche qu'un
proverbe néerlandais attribue à Dieu : elle « avance droit
avec des courbes ». Elle va de l'avant avec mille retours. Les
poètes modernes ressentent tous, plus ou moins fortement, l'im-
possibilité (après quelques siècles couronnés par le siècle de*

*Hugo) d'utiliser sans précautions le vieux superbe destrier à
douze pattes : il risque d'être devenu une haridelle fourbue.
Certes, il va garder, il garde encore, des cavaliers d'élite, des
écuyers de haute école. «Alexandrin pas mort* Stop *Poème
suit » : c'est ainsi qu'on pourrait déchiffrer le télégramme que
nous envoient périodiquement des poètes qui pensent que, dans
la guerre des arts comme dans l'art de la guerre, on ne fait de
progrès que si on ne procède pas seulement par razzias, opéra-
tions de commandos et rezzous. Il faut aussi ne pas abandonner
les fourgons de butin des anciennes batailles, occuper tout le
terrain (y compris celui qu'on a dépassé), ne pas se couper de ses
sections d'échelons, et veiller à ce que l'arrière, c'est-à-dire la
tradition, suive. Péguy, Valéry, Apollinaire, Catherine Pozzi,
Robert Desnos (et souvent Yves Bonnefoy, après eux) font la
preuve par douze que le vers classique a encore de beaux jours,
des jours où il apparaît parfois beau comme un jour qui se lève.
Mais ces avant-gardes de la patrouille du temps, qui savent que
les voyageurs qui remontent la durée n'abordent jamais dans le
passé, mais seulement dans un présent toujours neuf, sont l'ex-
ception. La plupart des poètes tournent autour du vers avec
méfiance, ou lui tournent le dos avec rage. Il y a ceux qui
rusent avec la prosodie, l'épousent clandestinement, feignent de
vivre en union libre avec des vers habillés de prose, des vers qui
prennent grand soin de n'avoir pas l'air de vers. C'est cet
alexandrin savamment dissimulé sous l'apparent glissement
typographique de la prose, que Claudel camoufle derrière une
apparence de patenôtres et de litanies latines, que Saint-John
Perse feint de dérober princièrement à notre oreille, que Paul
Fort, plus matois et plus naïf à la fois, chaussé de gros sabots
pour danser une bourrée légère, fait caracoler. Il y a les poètes
qui glissent dans un vers libre savamment étiré des mesures
régulières quasiment invisibles : la grande respiration d'express
sur les voies libres de Valery Larbaud, la très douce houle étouf-
fée de Milosz. Et il y a surtout la très nombreuse (et disparate)
cohorte de ceux qui acceptent le vers « classique », mais non sans
le soumettre à des épreuves perverses, jugements de Dieu, orda-
lies, brimades ironiques, gymnastiques correctives, parcours du
combattant. Il y a le vers traditionnel morigéné et « cassé » par
les poètes campagnards comme Jammes, ou les chantres de la*

ville « *unanime* » comme *Jules Romains. Il y a le vers brisé et
« rejeté » dont Pierre Jean Jouve se sert pour faire deviner la
musique du vers qu'il refuse. Il y a le vers alexandrin ou l'oc-
tosyllabe que Supervielle fait boiter, par modestie, et qu'il oblige
à cheminer avec la tendre gaucherie de l'humilité. Il y a la
famille des poètes qui prennent vis-à-vis des sentiments et de la
prosodie la même distance : celle de l'ironie. Pour qui il n'ap-
paraît pas convenable de céder sans résistance aux séductions
de l'émotion et sans sarcasme aux facilités de la régularité. Le
dénominateur commun de poètes aussi inégalement importants
et différents que Georges Fourest et Raymond Queneau, que
Tristan Derème et Henry J.-M. Levet, que Max Jacob et Jean
Tardieu, c'est de toujours détourner la tentation d'un cœur
trop vite sur la main par le tour de main de l'humour. C'est de
n'avancer un vers régulier que sous le couvert de la parodie, du
sarcasme ou de la pirouette allusive. Les grandes heures de la
poésie deviennent ainsi les mauvais quarts d'heure du vers.
L'art poétique consiste à l'inquiéter, l'ahurir ou le bousculer. Le
vers sauve sa peau de justesse, ravivé parce qu'il s'est cru plus
mort que vif, réinstauré parce qu'il a été à deux doigts d'être
détrôné.*

Mais pendant que les uns sauvent le vers du bénéfice des
circonstances atténuantes ou en compensation des tourments
qu'ils lui infligent, d'autres mutins l'abandonnent gaiement à
son sort. Ils sont parfois de ceux qui le maîtrisent comme
personne. Les vers « réguliers » d'Apollinaire, d'Aragon ou de
Tzara, grands artisans à leurs heures, dans la tradition de
Ronsard et Hugo, ou les alexandrins qui surgissent soudain
dans l'œuvre de Paul Éluard ou de René Char, font sourire de
bonheur et de complicité professionnelle Du Bellay, et Vigny,
qui les écoutent sur la longueur d'ondes de France-Culture,
pendant qu'André Breton fait la moue et que Benjamin Péret
fait la nique. Pourtant, les piétons du Parnasse et les passants
du Montparnasse, écoutant La Jolie Rousse ou *les poèmes de*
L'Amour la poésie, *découvrant* Un certain Plume *de*
Michaux ou la Prose du transsibérien *de Cendrars, lisant*
Francis Picabia ou Francis Ponge, se sentent heureux mais
méfiants : « Tout cela est bel et bon. Mais comment voulez-vous
retenir ça ? »

C'est vrai que dans la parole poétique qui a commencé par mettre un bonnet rouge au vieux dictionnaire, et qui a fini par couper la tête au roi Alexandrin, on ne trouve plus, en renfort de l'oublieuse mémoire, ces garde-fous et ces pense-bêtes, ces bornes de cadastre et ces aide-mémoire qui installaient le poème dans la tête de ceux qui connaissent par cœur et par corps des paroles aide-vie. À quoi sert un poème ? La première réponse, c'est qu'il ne sert à rien : à rien de pratique, à rien d'utile. La seconde réponse nous est donnée par ceux à qui la poésie a servi, quand plus rien ne pouvait les servir. L'utilité inutile de la poésie, c'est d'être ce qu'écrit encore Desnos, qui va mourir dans un camp de concentration allemand. C'est d'être ces vers de Pasternak, de Mandelstam ou d'Akhmatova que se récitent à haute voix Evguenia Guinzbourg et ses compagnons de misère, dans les camps russes de la Kolyma. Un autre déporté, un Français, François Le Lionnais, a raconté dans un texte admirable, La Peinture à Dora, comment, pendant les appels de l'aube d'un camp de la mort (dont il est par miracle revenu vivant), son voisin et lui se décrivaient de mémoire des tableaux qu'ils avaient aimés. Ce patient travail de reconstitution les aidait à survivre aux heures d'une lente mort. D'autres déportés, d'autres prisonniers ont dit ce que les mots et les images embarqués par la mémoire de voyageurs sans bagage représentèrent pour eux. La poésie, c'est cela aussi, c'est cela d'abord : le trésor qu'on peut emporter partout. L'homme le plus démuni, qui le dépouillera de ce qu'il sait par cœur ?

Mais ce que nous savons aussi, maintenant, c'est qu'on peut se passer, si précieux soient-ils, des recours et des secours qu'apportent, au souvenir des paroles mémorables, les beaux artifices de la scansion, les soutiens naturels du rythme, la « musique du vers » et les règles de la prosodie. Le défi lancé par Rimbaud, Reverdy ou Char, par les poètes qui ont voulu écrire leur poésie en prose, ou en vers si libres que ce ne sont des vers que par un décret de l'auteur, et le défi lancé par ces prosateurs dont la prose atteint soudain, avec Chateaubriand ou Proust, à l'intensité du poème, le défi que tous ceux-là jettent et gagnent, c'est le défi qui consiste à inscrire en nous une parole inoubliable qui ne l'est que par sa force intérieure, par le souffle qui

l'anime. *Quand la pensée d'un poète n'est plus régie par la*
règle du jeu d'une poétique, elle demeure gouvernée par une
prosodie secrète et animée par un rythme premier : haletante
ou sereine, emportée ou berçante, la respiration d'un homme.

Claude Roy

Paul Claudel

OCTOBRE

C'est en vain que je vois les arbres toujours verts.

Qu'une funèbre brume l'ensevelisse, ou que la longue sérénité du ciel l'efface, l'an n'est pas d'un jour moins près du fatal solstice. Ni ce soleil ne me déçoit, ni l'opulence au loin de la contrée ; voici je ne sais quoi de trop calme, un repos tel que le réveil est exclu. Le grillon à peine a commencé son cri qu'il s'arrête ; de peur d'excéder parmi la plénitude qui est seul manque du droit de parler, et l'on dirait que seulement dans la solennelle sécurité de ces campagnes d'or il soit licite de pénétrer d'un pied nu. Non, ceci qui est derrière moi sur l'immense moisson ne jette plus la même lumière, et selon que le chemin m'emmène par la paille, soit qu'ici je tourne le coin d'une mare, soit que je découvre un village, m'éloignant du soleil, je tourne mon visage vers cette lune large et pâle qu'on voit pendant le jour.

Ce fut au moment de sortir des graves oliviers, où je vis s'ouvrir devant moi la plaine radieuse jusqu'aux barrières de la montagne, que le mot d'introduction me fut communiqué. Ô derniers fruits d'une saison condamnée ! dans cet achèvement du jour, maturité suprême de l'année irrévocable. *C'en est fait.*

Les mains impatientes de l'hiver ne viendront point dépouiller la terre avec barbarie. Point de vents qui arrachent, point de coupantes gelées, point d'eaux qui noient. Mais plus tendrement qu'en mai, ou lorsque l'insatiable juin adhère à la source de la vie dans la possession de la douzième heure, le Ciel sourit à la Terre avec un ineffable amour. Voici, comme un cœur qui cède à un conseil continuel, le consentement ; le grain se sépare de l'épi, le fruit quitte l'arbre, la Terre fait petit à petit délaissement à l'invincible solliciteur de tout, la mort desserre une main trop pleine ! Cette parole qu'elle entend maintenant est plus sainte que celle du jour de ses noces, plus profonde, plus tendre, plus riche : *C'en est fait !* L'oiseau dort, l'arbre s'endort dans l'ombre qui l'atteint, le soleil au niveau du sol le couvre d'un rayon égal, le jour est fini, l'année est consommée. À la céleste interrogation cette réponse amoureusement *C'en est fait* est répondue.

Connaissance de l'Est
˹ Mercure de France

LA MUSE QUI EST LA GRÂCE

ARGUMENT

Invasion de l'ivresse poétique. Dialogue du poëte avec la Muse qui devient peu à peu la Grâce. Il essaye de la refouler, il lui demande de le laisser à son devoir humain, à la place de son âme il lui offre l'univers entier qu'il va recréer par l'intelligence et la parole. En vain, c'est à lui personnellement que la Muse qui est la Grâce ne cesse de s'adresser ! C'est la joie divine qu'elle lui rappelle et son devoir de sanctification personnelle. — Mais le poëte se bouche les oreilles et se retourne vers la terre. Suprême évocation de l'amour charnel et humain.

Encore ! encore la mer qui revient me rechercher comme une barque,
   La mer encore qui retourne vers moi à la marée de

syzygie et qui me lève et remue de mon ber comme une
galère allégée,

Comme une barque qui ne tient plus qu'à sa corde, et
qui danse furieusement, et qui tape, et qui saque, et qui
fonce, et qui encense, et qui culbute, le nez à son
piquet,

Comme le grand pur sang que l'on tient aux naseaux
et qui tangue sous le poids de l'amazone qui bondit sur
lui de côté et qui saisit brutalement les rênes avec un
rire éclatant !

Encore la nuit qui revient me rechercher,

Comme la mer qui atteint sa plénitude en silence à
cette heure qui joint à l'Océan les ports humains pleins
de navires attendants et qui décolle la porte et le batar-
deau !

Encore le départ, encore la communication établie,
encore la porte qui s'ouvre !

Ah, je suis las de ce personnage que je fais entre les
hommes ! Voici la nuit ! Encore la fenêtre qui s'ouvre !

Et je suis comme la jeune fille à la fenêtre du beau
château blanc, dans le clair de lune,

Qui entend, le cœur bondissant, ce bienheureux sif-
flement sous les arbres et le bruit de deux chevaux qui
s'agitent,

Et elle ne regrette point la maison, mais elle est com-
me un petit tigre qui se ramasse, et tout son cœur est
soulevé par l'amour de la vie et par la grande force
comique !

Hors de moi la nuit, et en moi la fusée de la force
nocturne, et le vin de la Gloire, et le mal de ce cœur
trop plein !

Si le vigneron n'entre pas impunément dans la
cuve,

Croirez-vous que je sois puissant à fouler ma grande
vendange de paroles,

Sans que les fumées m'en montent au cerveau !

Ah, ce soir est à moi ! ah, cette grande nuit est à moi !
tout le gouffre de la nuit comme la salle illuminée pour
la jeune fille à son premier bal !

Elle ne fait que de commencer ! il sera temps de dormir un autre jour !

Ah, je suis ivre ! ah, je suis livré au dieu ! j'entends une voix en moi et la mesure qui s'accélère, le mouvement de la joie,

L'ébranlement de la cohorte Olympique, la marche divinement tempérée !

Que m'importent tous les hommes à présent ! Ce n'est pas pour eux que je suis fait, mais pour le

Transport de cette mesure sacrée !

Ô le cri de la trompette bouchée ! ô le coup sourd sur la tonne orgiaque !

Que m'importe aucun d'eux ? Ce rythme seul ! Qu'ils me suivent ou non ? Que m'importe qu'ils m'entendent ou pas ?

Voici le dépliement de la grande Aile poétique !

Que me parlez-vous de la musique ? laissez-moi seulement mettre mes sandales d'or !

Je n'ai pas besoin de tout cet attirail qu'il lui faut. Je ne demande pas que vous vous bouchiez les yeux.

Les mots que j'emploie,

Ce sont les mots de tous les jours, et ce ne sont point les mêmes !

Vous ne trouverez point de rimes dans mes vers ni aucun sortilège. Ce sont vos phrases mêmes. Pas aucune de vos phrases que je ne sache reprendre !

Ces fleurs sont vos fleurs et vous dites que vous ne les reconnaissez pas.

Et ces pieds sont vos pieds, mais voici que je marche sur la mer et que je foule les eaux de la mer en triomphe !

STROPHE I

— Ô Muse, il sera temps de dormir un autre jour !
Mais puisque cette grande nuit tout entière est à nous,

Et que je suis un peu ivre en sorte qu'un autre mot parfois

Vient à la place du vrai, à la façon que tu aimes,

Laisse-moi avoir explication avec toi,

Laisse-moi te refouler dans cette strophe, avant que tu ne reviennes sur moi comme une vague avec un cri félin !

Va-t'en de moi un peu ! laisse-moi faire ce que je veux un peu !

Car, quoi que je fasse et si que je le fasse de mon mieux,

Bientôt je vois un œil se lever sur moi en silence comme vers quelqu'un qui feint.

Laisse-moi être nécessaire ! laisse-moi remplir fortement une place reconnue et approuvée,

Comme un constructeur de chemins de fer, on sait qu'il ne sert pas à rien, comme un fondateur de syndicats !

Qu'un jeune homme avec son menton orné d'un flocon jaunâtre

Fasse des vers, on sourit seulement.

J'attendais que l'âge me délivrât des fureurs de cet esprit bachique.

Mais, loin que j'immole le bouc, à ce rire qui gagne des couches plus profondes

Il me faut trouver que je ne fais plus sa part.

Du moins laisse-moi faire de ce papier ce que je veux et le remplir avec un art studieux,

Ma tâche, comme ceux-là qui en ont une.

Ainsi le scribe Égyptien recensait de sa pointe minutieuse les tributs, et les parts de butin, et les files de dix captifs attachés,

Et les mesures de blé que l'on porte à la meule banale, et les barques à la douane.

Ainsi l'antique sculpteur avec sa tignasse rougie à la chaux attrapé à sa borne de basalte noire avec la massette et le ciseau,

Et de temps en temps il souffle sur ses caractères pareils à des clous entrecroisés pour ôter la poussière et se recule avec contentement.

Et je voudrais composer un grand poëme plus clair

que la lune qui brille avec sérénité sur la campagne dans la semaine de la moisson,

Et tracer une grande Voie triomphale au travers de la Terre,

Au lieu de courir comme je peux la main sur l'échine de ce quadrupède ailé qui m'entraîne, dans sa course cassée qui est à moitié aile et bond !

Laisse-moi chanter les œuvres des hommes et que chacun retrouve dans mes vers ces choses qui lui sont connues,

Comme de haut on a plaisir à reconnaître sa maison, et la gare, et la mairie, et ce bonhomme avec son chapeau de paille, mais l'espace autour de soi est immense !

Car à quoi sert l'écrivain, si ce n'est à tenir des comptes ?

Que ce soit les siens ou d'un magasin de chaussures, ou de l'humanité tout entière.

Ne t'indigne pas ! ô sœur de la noire Pythie qui broie la feuille de laurier entre ses mâchoires resserrées par le trisme prophétique et un filet de salive verte coule du coin de sa bouche !

Ne me blesse point avec ce trait de tes yeux !

Ô géante ! ne te lève pas avec cet air de liberté sublime !

Ô vent sur le désert ! ô ma bien-aimée pareille aux quadriges de Pharaon !

Comme l'antique poëte parlait de la part des dieux privés de présence,

Et moi je dis qu'il n'est rien dans la nature qui soit fait sans dessein et propos à l'homme adressé,

Et comme lumière pour l'œil et le son pour l'oreille, ainsi toute chose pour l'analyse de l'intelligence,

Continuée avec l'intelligence qui la

Refait de l'élément qu'elle récupère,

Que ce soit la pioche qui le dégage, ou le pan du prospecteur et l'amalgame de mercure,

Ou le savant, la plume à la main, ou le tricot des métiers, ou la charrue.

Et je puis parler, continu avec toute chose muette,
Parole qui est à sa place intelligence et volonté.

Je chanterai le grand poëme de l'homme soustrait au hasard !

Ce que les gens ont fait autour de moi avec le canon qui ouvre les vieux Empires,

Avec le canot démontable qui remonte l'Aruwhimi, avec l'expédition polaire qui prend des observations magnétiques,

Avec les batteries de hauts fourneaux qui digèrent le minerai, avec les frénétiques villes haletantes et trico-tantes, (et çà et là une anse bleue de la rivière dans la campagne solennelle),

Avec les ports tout bordés intérieurement de pinces et d'antennes et le transatlantique qui signale au loin dans le brouillard,

Avec la locomotive qu'on attelle à son convoi, et le canal qui se remplit quand la fille de l'Ingénieur en chef du bout de son doigt sur le coup-de-poing fait sauter à la fois la double digue,

Je le ferai avec un poëme qui ne sera plus l'aventure d'Ulysse parmi les Lestrygons et les Cyclopes, mais la connaissance de la Terre,

Le grand poëme de l'homme enfin par-delà les causes secondes réconcilié aux forces éternelles,

La grande Voie triomphale au travers de la Terre réconciliée pour que l'homme soustrait au hasard s'y avance !

ANTISTROPHE I

— Que m'importent toutes vos machines et toutes vos œuvres d'esclaves et vos livres et vos écritures ?

Ô vraiment fils de la terre ! ô pataud aux larges pieds ! ô vraiment né pour la charrue, arrachant chaque pied au sillon !

Celui-ci était fort bien fait pour être clerc d'étude, grossoyant la minute et l'expédition.

Ô sort d'une Immortelle attachée à ce lourd imbécile !

Ce n'est point avec le tour et le ciseau que l'on fait un homme vivant, mais avec une femme, ce n'est pas avec l'encre et la plume que l'on fait une parole vivante !

Quel compte donc fais-tu des femmes ? tout serait trop facile sans elles. Et moi, je suis une femme entre les femmes !

Je ne suis pas accessible à la raison, tu ne feras point, tu ne feras point de moi ce que tu veux, mais je chante et danse !

Et je ne veux pas que tu aimes une autre femme que moi, mais moi seule, car il n'en est pas de si belle que je suis,

Et jamais tu ne seras vieux pour moi, mais toujours plus à mes yeux jeune et beau, jusque tu sois un immortel avec moi !

Ô sot, au lieu de raisonner, profite de cette heure d'or ! Souris ! Comprends, tête de pierre ! Ô face d'âne, apprends le grand rire divin !

Car je ne suis point pour toujours ici, mais je suis fragile sur ce sol de la terre avec mes deux pieds qui tâtent,

Comme un homme au fond de l'eau qui le repousse, comme un oiseau qui cherche à se poser, les deux ailes à demi reployées, comme la flamme sur la mèche !

Vois-moi devant toi pour ce court moment, ta bien-aimée, avec ce visage qui détruit la mort !

Celui qui a bu seulement plein son écuelle de vin nouveau, il ne connaît plus le créancier et le propriétaire ;

Il n'est plus l'époux d'une terre maigre et le colon d'une femme querelleuse avec quatre filles à la maison ;

Mais le voici qui bondit tout nu comme un dieu sur le théâtre, la tête coiffée de pampres, tout violet et poisseux du pis sucré de la grappe,

Comme un dieu au côté de la thymélé, brandissant la peau d'un petit cochon plein de vin qui est la tête du roi Panthée,

Cependant qu'attendant son tour le chœur des gar-
çons et petites filles aux voix fraîches le regarde en cro-
quant des olives salées !

Telle est la vertu de cette boisson terrestre : l'ivrogne
peu à peu, plein de gaieté, voit double,

Les choses à la fois comme elles sont et comme elles
ne sont pas et les gens commencent à ne pas compren-
dre ce qu'il dit.

La vérité sera-t-elle moins forte que le mensonge ?

Ferme les yeux seulement et respire la vie froide ! Fi
de vous, ô chiches jours terrestres ! Ô noces ! ô prémis-
ses de l'esprit ! bois de ce vin non fermenté seule-
ment !

Avance-toi et vois l'éternel matin, la terre et la mer
sous le soleil du matin, comme quelqu'un qui paraît
devant le trône de Dieu !

Comme l'enfant Jupiter quand il se tint ébloui sur le
seuil de la caverne de Dicté,

Le monde autour de toi, non plus comme un esclave
soumis, mais comme l'héritier et comme le fils légiti-
me !

Car ce n'est point toi qui es fait pour lui, mais c'est lui
qui est fait pour toi !

C'en est fait ! pourquoi se roidir davantage et résis-
ter

Contre l'évidence de ta joie et contre la véhémence
de ce souffle céleste ? il faut céder !

Triomphe et frappe du pied la terre, car qui s'attache
à rien,

C'est qu'il n'en est plus le maître, et foule la terre
sous tes pieds comme quelqu'un qui danse !

Ris donc, je le veux, de te voir,

Ris, immortel ! de te voir parmi ces choses périssa-
bles !

Et raille, et regarde ce que tu prenais au sérieux ! car
elles font semblant d'être là et elles passent.

Et elles font semblant de passer, et elles ne cessent
pas d'être là !

Et toi, tu es avec Dieu pour toujours !

Pour transformer le monde il n'est pas besoin pour toi de la pioche et de la hache et de la truelle et de l'épée,

Mais il te suffit de le regarder seulement, de ces deux yeux de l'esprit qui voit et qui entend.

STROPHE II

— Non, tu ne me feras pas reculer davantage. Paroles, paroles,

Paroles, paroles de femme ! paroles, paroles de déesse ! paroles de tentatrice !

Pourquoi me tenter ? pourquoi me traîner là où je ne puis pas voler ? pourquoi

Montrer ce que je ne puis pas voir ?

Et parler de la liberté à ce fils de la terre !

J'ai un devoir qui n'est pas rempli ! un devoir envers toute chose, pas aucune

À quoi je ne sois obligé, laisse-moi donc

Tenir à cela que je ne puis posséder !

Une femme n'a pas de devoir.

Rions, car ceci est bon ! Ô douceur ! ce moment du moins est bon. Ô la femme qui est en moi !

J'ai durement acquis d'être un homme, à ces choses habitué qui ne sont pas gratuites,

Et qu'il faut prendre pour les avoir, apprendre, comprendre.

Ah, quoique mon cœur se brise, non !

Je ne veux point ! va-t'en de moi un peu ! ne me tente pas ainsi cruellement !

Ne me montre point

Cette lumière qui n'est pas pour les fils de la Terre !

Cette lumière-ci est pour moi, si faible qu'il lui faut la nuit pour qu'elle m'éclaire, pareille à la lampe de l'habitacle !

Et au dehors sont les ténèbres et le Chaos qui n'a point reçu l'Évangile.

Seigneur, combien de temps encore ?

Combien de temps dans ces ténèbres ? vous voyez que je suis presque englouti ! Les ténèbres sont mon habitation.

Ténèbres de l'intelligence ! ténèbres du son !

Ténèbres de la privation de Dieu ! ténèbres actives qui sautent sur vous comme la panthère,

Et l'haleine d'Istar au fond de mes entrailles, et la main de la Mère-des-Morts sur ma chair ! Ténèbres de mon cœur mauvais !

Mais mon devoir n'est pas de m'en aller, ni d'être ailleurs, ni de lâcher aucune chose que je tiens,

Ni de vaincre, mais de résister,

Et ni de vaincre, mais de résister, et de tenir à la place que j'occupe !

Et ni de vaincre, mais de n'être pas vaincu.

Ô Seigneur, combien de temps encore ? cette veille solitaire et l'endurance de ces ténèbres que vous n'avez pas faites ?

Vous ne m'avez point commandé de vaincre mais de n'être pas vaincu. Vous n'avez pas mis une épée entre mes mains.

Vous n'avez pas mis un éclatant cri dans ma bouche, comme Achille quand il parut tout nu sur le revers du fossé,

Non point le coup de gueule du lion mangeur de vaches, mais le cri humain !

Et d'un seul coup l'Envahisseur en frémissant s'arrêta quand il entendit,

Et le cœur des femmes dans le gynécée et les dieux dans les profonds pénétraux

Retentirent à la voix du Fils de la Mer !

Mais vous m'avez placé dans la terre, afin que j'endure la gêne et l'étroitesse et l'obscurité,

Et la violence de ces autres pierres qui sont appuyées sur moi,

Et que j'occupe ma place pour toujours comme une pierre taillée qui a sa forme et son poids.

Ne me permettez point

De me soustraire à votre volonté, à la terre qui est
votre volonté !

La pierre sous l'autre pierre, et mon œuvre dans
votre œuvre, et mon cœur dans votre cœur, et la pas-
sion de ce cœur plein de cités !

Alors ne permettez point à celle-ci qu'elle vienne me
tenter comme un jeune homme,

Non point avec un chant et avec la beauté de son
visage,

(Où la suivrai-je, qui au bout de quatre pas n'est plus
là ?),

Mais si la pauvre bête même répond au nom par
quoi on l'appelle,

Combien plus contagieux à mon esprit

Ne cueillera point le langage enfin réel et le soupir
féminin et le baiser intelligible

Et le sens pur ineffablement contemplé

Dont mon art est de faire une ombre misérable avec
des lettres et des mots ?

ANTISTROPHE II

— Ô lourd compère ! non ! je ne te lâcherai point et
ne te donnerai point de repos.

Et si tu ne veux apprendre de moi la joie, tu appren-
dras de moi la douleur.

Et je ne te laisserai point aller du pas des autres bons-
hommes ta route,

Jusque tu aies tout deviné cela que je veux dire, et
celle-là n'est pas facile à entendre

Qui n'a point voix ni bouche, ni le regard de l'œil et
le doigt qu'on lève.

Et cependant je te serai plus exigeante et cruelle que
si je dictais le mot et la virgule,

Jusque tu aies appris la mesure que je veux, à quoi ne
sert point de compter un et deux, tu l'apprendras,
serait-ce avec le hoquet de l'agonie !

Comme ton oncle, le gros chasseur, quand il fut frap-

pé de son coup de sang, on l'entendait râler à l'autre
bout du village

Je veux que tu sois mon maître à ton tour, debout !
marche devant moi, je le veux,

Afin que je regarde et rie, et que j'imite, moi, la dées-
se, ton avancement mutilé !

Je ne t'ai point permis de marcher comme les autres
hommes d'un pied plan,

- Car tu es trop lourd pour voler

Et le pied que tu poses à terre est blessé.

Ni dans la joie ni dans la douleur avec moi point de
repos !

Que parles-tu de fondation ? la pierre seule n'est pas
une fondation, la flamme aussi est une fondation,

La flamme dansante et boiteuse, la flamme biquante
et claquante de sa double langue inégale !

STROPHE III

— Ô part ! ô réservée ! ô inspiratrice ! ô partie réser-
vée de moi-même ! ô partie antérieure de moi-même !

Ô idée de moi-même qui étais avant moi !

Ô partie de moi-même qui es étrangère à tout lieu et
ma ressemblance éternelle qui

Touches à certaines nuits

Mon cœur (comme l'ami qui est une main dans ma
main),

Plus infortunés que ces deux astres amants qui à cha-
que an se retrouvent d'un côté

Et de l'autre de l'infranchissable Lait

Vois-moi, ridicule et blessé, étouffé au milieu de ces
hommes irrespirables, ô bienheureuse, et dis une parole
céleste !

Dis seulement une parole humaine !

Mon nom seulement dans la maturité de la Terre,
dans ce soleil de la nuit hyménéenne,

Et non pas un de ces terribles mots sans un son que
tu me communiques un seul

Comme une croix pour que mon esprit y reste atta-
ché !

Ô passion de la Parole ! ô retrait ! ô terrible solitude !
ô séparation de tous les hommes !

Ô mort de moi-même et de tout, en qui il me faut
souffrir création !

Ô sœur ! ô conductrice ! ô impitoyable, combien de
temps encore ?

Déjà quand j'étais un petit enfant, c'était toi-même.

Et maintenant pour toujours je demeure l'homme
unique et impair, plein d'inquiétude et de travaux.

Celui qui a acheté une femme à l'âge juste, ayant mis
l'argent de côté peu à peu,

Il est avec elle comme un cercle fermé et comme une
cité indissoluble, comme l'union du principe et de la fin
qui est sans défaut,

Et leurs enfants entre eux deux comme de tendres
graines mûrissantes.

Mais toi, je n'ai aucun droit sur toi et qui peut savoir
quand tu viens ?

Qui peut savoir ce que tu me demandes ? plus que
jamais une femme.

Tu murmures à mon oreille. C'est le monde tout
entier que tu me demandes !

Je ne suis pas tout entier si je ne suis pas entier avec
ce monde qui m'entoure. C'est tout entier moi que tu
demandes ! c'est le monde tout entier que tu me de-
mandes !

Lorsque j'entends ton appel, pas un être, pas un
homme,

Pas une voix qui ne soit nécessaire à mon unanimi-
té.

Mais en quoi ma propre nécessité ? à qui

Suis-je nécessaire, qu'à toi-même qui ne dis pas ce
que tu veux.

Où est la société de tous les hommes ? où est la
nécessité entre eux de tous les hommes ? où est la cité
de tous les hommes ?

Quand je comprendrais tous les êtres,

Aucun d'eux n'est une fin en soi, ni
Le moyen pour qu'il soit   il le faut.
Et cependant quand tu m'appelles ce n'est pas avec
moi seulement qu'il faut répondre, mais avec tous les
êtres qui m'entourent,
Un poëme tout entier comme un seul mot tel qu'une
cité dans son enceinte pareille au rond de la bouche.
Comme jadis le magistrat accomplissait le sacrifice du
bœuf, du porc et du mouton
Et moi c'est le monde tout entier qu'il me faut
conduire à sa fin avec une hécatombe de paroles !
Je ne trouve ma nécessité qu'en toi que je ne vois
point et toutes choses me sont nécessaires en toi que je
ne vois point,
Elles ne sont pas faites pour moi, leur ordre n'est pas
avec moi, mais avec la parole qui les a créées.
Tu le veux ! il faut me donner enfin ! et pour cela il
faut me retrouver
En tout, qui de toutes choses latent suis le signe et la
parcelle de l'hostie.
Qu'exiges-tu de moi ? est-ce qu'il me faut créer le
monde pour le comprendre ? Est-ce qu'il me faut en-
gendrer le monde et le faire sortir de mes entrailles ?
Ô œuvre de moi-même dans la douleur ! ô œuvre de
ce monde à te représenter !
Comme sur un rouleau d'impression on voit par cou-
ches successives
Apparaître les parties éparses du dessin qui n'existe
pas encore,
Et comme une grande montagne qui répartit entre
des bassins contraires ses eaux simultanées
Ainsi je travaille et ne saurai point ce que j'ai fait,
ainsi l'esprit avec un spasme mortel
Jette la parole hors de lui comme une source qui ne
connaît point
Autre chose que sa pression et le poids du ciel.

ANTISTROPHE III

— Tu m'appelles la Muse et mon autre nom est la
Grâce, la grâce qui est apportée au condamné et par qui
sont foulées aux pieds la loi et la justice.

Et si tu cherches la raison, il n'en est point que

Cet amour qu'il y a entre toi et moi.

Ce n'est point toi qui m'as choisie, c'est moi qui t'ai
choisi avant que tu ne sois né.

Entre tous les êtres qui vivent, je suis la parole de
grâce qui est adressée à toi seul.

Pourquoi Dieu ne serait-il pas libre comme toi ? Ta
liberté est l'image de la sienne.

Voici que je m'en suis allée à ta rencontre, comme la
miséricorde qui embrasse la justice, l'ayant suscitée.

Ne cherche point à me donner le change. N'essaye
point de me donner le monde à ta place,

Car c'est toi-même que je demande.

Ô libérateur des hommes ! ô réunisseur d'images et
de cités !

Libère-toi toi-même ! Réunisseur de tous les hommes,
réunis-toi toi-même !

Sois un seul esprit ! sois une seule intention !

Ce n'est point l'auge et la truelle qui rassemble et qui
construit,

C'est le feu pur et simple qui fait de plusieurs choses
une seule.

Connais ma jalousie qui est plus terrible que la
mort !

C'est la mort qui appelle toutes choses à la vie.

Comme la parole a tiré toutes choses du néant, afin
qu'elles meurent,

C'est ainsi que tu es né afin que tu puisses mourir en
moi.

Comme le soleil appelle à la naissance toutes les cho-
ses visibles,

Ainsi le soleil de l'esprit, ainsi l'esprit pareil à un fou-
dre crucifié

Un continent tout entier avec moi, la terre prise de pensée qui s'ébranle et qui s'est mise en marche !

Sur tous les points de son bassin qui est le monde et par toutes les fibres de son aire

Le fleuve pour le rencontrer a provoqué toutes sortes de sources nécessaires,

Soit le torrent sous les rocs à grand bruit, soit ce fil du haut des monts virginal qui brille à travers l'ombre sainte,

Soit le profond marais odorant d'où une liqueur trouble suinte,

L'idée essentielle à perte de vue enrichie par la contradiction et l'accident

Et l'artère en son cours magistral insoucieuse des fantaisies de l'affluent.

Il fait marcher à l'infini les moulins, et les cités l'une à l'autre par lui se deviennent intéressantes et explicables.

Il traîne avec puissance derrière lui tout un monde illusoire et navigable.

Et la dernière barre, aussi bien que la première et toutes les autres à la suite, il n'y a pas à douter

Que, volonté de toute la terre en marche derrière lui, il n'arrive à la surmonter.

Ô Sagesse jadis rencontrée ! C'est donc toi sans que je le susse devant moi qui marchais aux jours de mon enfance,

Et qui lorsque je trébuchais et tombais m'attendais avec tristesse et indulgence,

Pour aussitôt peu à peu, le chemin, le reprendre avec une autorité invincible !

C'était toi à l'heure de mon salut, ce visage, je dis toi, haute vierge, la première que j'ai rencontrée dans la Bible !

C'est toi comme un autre Azarias qui avait pris charge de Tobie,

Et qui ne t'es point lassée de ce troupeau fait d'une seule brebis.

Que de pays ensemble parcourus ! Que de hasards et que d'années !

Et après une longue séparation la joie de ces retrouvailles inopinées !

Maintenant le soleil est si bas que je pourrais le toucher avec la main,

Et l'ombre que tu fais est si longue qu'elle trace comme un chemin,

À perte de vue derrière toi identifié avec ton vestige !

Qui tient les yeux levés sur toi ne craint point l'hésitation ou le vertige.

Que ce soit la forêt ou la mer, ou le brouillard même et la pluie et le divers aspect de la contrée,

Tout à la vision de ta face devient connaissable et doré.

Et moi, je t'ai suivie partout, ainsi qu'une mère honorée.

Brangues, 21 avril 1943.

Pages de prose

Francis Jammes

C'EST AUJOURD'HUI...

8 juillet 1894
Dimanche, Sainte Virginie
LE CALENDRIER.

C'est aujourd'hui la fête de Virginie...
Tu étais nue sous ta robe de mousseline.
Tu mangeais de gros fruits au goût de Mozambique
et la mer salée couvrait les crabes creux et gris.

Ta chair était pareille à celle des cocos.
Les marchands te portaient des pagnes couleur d'air
et des mouchoirs de tête à carreaux jaune-clair.
Labourdonnais signait des papiers d'amiraux.

Tu es morte et tu vis, ô ma petite amie,
amie de Bernardin, ce vieux sculpteur de cannes,
et tu mourus en robe blanche, une médaille
à ton cou pur, dans la *Passe de l'Agonie*.

De l'Angelus de l'aube à l'Angelus du soir

ÉLÉGIE TROISIÈME

Ce pays a la fraîcheur molle des bords des eaux.
Les chemins s'enfoncent obscurément, noirs de mous-
    ses,
vers des épaisseurs bleues pleines d'ombre d'amour.
Le ciel est trop petit sur des arbres trop hauts.
C'est ici que je viens promener ma tristesse,
chez des amis et que, lentement, au soleil,
le long des fleurs je m'adoucis et je me traîne.
Ils s'inquiètent de mon cœur et de sa peine,
et je ne sais pas trop ce qu'il faut leur répondre.

Peut-être, quand je serai mort, un enfant doux
se rappellera qu'il a vu passer dans l'allée
un jeune homme, en chapeau de soleil, qui fumait
sa pipe doucement dans un matin d'Été.

Et toi que j'ai quittée, tu ne m'auras pas vu,
tu ne m'auras pas vu ici, songeant à toi
et traînant mon ennui aussi grand que les bois...
Et d'ailleurs, toi non plus, tu ne comprendrais pas,
car je suis loin de toi et tu es loin de moi.
Je ne regrette pas ta bouche blanche et rose.
Mais alors, pourquoi est-ce que je souffre encore ?

Si tu le sais, amie, arrive et dis-le-moi.
Dis-moi pourquoi, pourquoi lorsque je suis souffrant,
il semble que les arbres comme moi soient malades ?
Est-ce qu'ils mourront aussi en même temps que moi ?
Est-ce que le ciel mourra ? Est-ce que tu mourras ?

                                        1898.

Le Deuil des primevères
©Mercure de France

GUADALUPE DE ALCARAZ

Guadalupe de Alcaraz a des mitaines d'or,
des fleurs de grenadier suspendues aux oreilles
et deux accroche-cœurs pareils à deux énormes
cédilles plaqués sur son front lisse de vierge.

Ses yeux sont dilatés comme par quelque drogue
(on dit qu'on employait jadis la belladone);
ils sont passionnés, étonnés et curieux,
et leurs prunelles noires roulent dans du blanc-bleu.

Le nez est courbe et court comme le bec des cailles.
Elle est dure, dorée, ronde comme une grenade.
Elle s'appelle aussi Rosita-Maria,
mais elle appelle sa duègne : carogna !

Toute la journée elle mange du chocolat,
ou bien elle se dispute avec sa perruche
dans un jardin de la Vallée d'Alméria
plein de ciboules bleues, de poivriers et de ruches.

*

Lorsque Guadalupe qui a dix-sept ans
en aura quatre-vingts, elle s'en ira souvent
dans le jardin aux forts parfums, aux fleurs gluantes,
jouer de la guitare avec de petits gants.

Elle aura le nez crochu et le menton croche,
les yeux troubles des vieux enfants, la maigreur
　　courbe,
et une chaîne d'or à longues émeraudes
qui, roide, tombera de son col de vautour.

D'un martinet géant et qui sera sa canne,
elle battra les chats, les enfants et les mouches.
Pour ne pas répondre, elle serrera la bouche.
Elle aura sur la lèvre une moustache rase.

Elle aura dans sa chambre une vierge sous globe,
gantée de blanc, avec de l'argent sur la robe.
Cette vierge de cire sera sa patronne,
c'est-à-dire Notre-Dame-de-Guadalupe.

Lorsque Guadalupe de Alcaraz mourra,
de gros hidalgos pareils à des perroquets
prieront devant ses pieds minces et parallèles,
en ayant l'air d'ouvrir et de fermer les ailes.

Le Deuil des primevères
©Mercure de France

PRIÈRE POUR ALLER AU PARADIS
AVEC LES ÂNES

Lorsqu'il faudra aller vers vous, ô mon Dieu, faites
que ce soit par un jour où la campagne en fête
poudroiera. Je désire, ainsi que je fis ici-bas,
choisir un chemin pour aller, comme il me plaira,
au Paradis, où sont en plein jour les étoiles.
Je prendrai mon bâton et sur la grande route
j'irai, et je dirai aux ânes, mes amis :
Je suis Francis Jammes et je vais au Paradis,
car il n'y a pas d'enfer au pays du Bon-Dieu.
Je leur dirai : Venez, doux amis du ciel bleu,
pauvres bêtes chéries qui, d'un brusque mouvement
    d'oreille,
chassez les mouches plates, les coups et les abeilles...

Que je vous apparaisse au milieu de ces bêtes
que j'aime tant parce qu'elles baissent la tête
doucement, et s'arrêtent en joignant leurs petits pieds
d'une façon bien douce et qui vous fait pitié.
J'arriverai suivi de leurs milliers d'oreilles,
suivi de ceux qui portèrent au flanc des corbeilles,
de ceux traînant des voitures de saltimbanques
ou des voitures de plumeaux et de fer-blanc,
de ceux qui ont au dos des bidons bossués,
des ânesses pleines comme des outres, aux pas cassés,
de ceux à qui l'on met de petits pantalons
à cause des plaies bleues et suintantes que font
les mouches entêtées qui s'y groupent en ronds.
Mon Dieu, faites qu'avec ces ânes je vous vienne.
Faites que dans la paix, des anges nous conduisent
vers des ruisseaux touffus où tremblent des cerises
lisses comme la chair qui rit des jeunes filles,
et faites que, penché dans ce séjour des âmes,
sur vos divines eaux, je sois pareil aux ânes
qui mireront leur humble et douce pauvreté
à la limpidité de l'amour éternel.

Le Deuil des primevères
©Mercure de France

André Gide

Nathanaël, te parlerai-je des grenades ?
On les vendait pour quelques sous, à cette foire orien-
   tale,
Sur des claies de roseaux où elles s'étaient éboulées.
On en voyait qui roulaient dans la poussière
Et que des enfants nus ramassaient.
Leur jus est aigrelet comme celui des framboises pas
   mûres.
Leur fleur semble faite de cire ;
Elle est de la couleur du fruit.

Trésor gardé, cloisons de ruches,
Abondance de la saveur,
Architecture pentagonale.
L'écorce se fend ; les grains tombent,
Grains de sang dans des coupes d'azur ;
Et d'autres, gouttes d'or, dans des plats de bronze
   émaillé.

Chante à présent la figue, Simiane,
Parce que ses amours sont cachées.

Je chante la figue, dit-elle,
Dont les belles amours sont cachées.
Sa floraison est repliée.
Chambre close où se célèbrent des noces ;

Aucun parfum ne les conte en dehors.
Comme rien ne s'en évapore,
Tout le parfum devient succulence et saveur.
Fleur sans beauté ; fruit de délices ;
Fruit qui n'est que sa fleur mûrie.

J'ai chanté la figue, dit-elle,
Chante à présent toutes les fleurs.

Les Nourritures terrestres

Paul Valéry

LA FILEUSE

Lilia..., neque nent.

Assise, la fileuse au bleu de la croisée
Où le jardin mélodieux se dodeline ;
Le rouet ancien qui ronfle l'a grisée.

Lasse, ayant bu l'azur, de filer la câline
Chevelure, à ses doigts si faibles évasive,
Elle songe, et sa tête petite s'incline.

Un arbuste et l'air pur font une source vive
Qui, suspendue au jour, délicieuse arrose
De ses pertes de fleurs le jardin de l'oisive.

Une tige, où le vent vagabond se repose,
Courbe le salut vain de sa grâce étoilée,
Dédiant magnifique, au vieux rouet, sa rose.

Mais la dormeuse file une laine isolée ;
Mystérieusement l'ombre frêle se tresse
Au fil de ses doigts longs et qui dorment, filée.

Le songe se dévide avec une paresse
Angélique, et sans cesse, au doux fuseau crédule,
La chevelure ondule au gré de la caresse...

Derrière tant de fleurs, l'azur se dissimule,
Fileuse de feuillage et de lumière ceinte :
Tout le ciel vert se meurt. Le dernier arbre brûle.

Ta sœur, la grande rose où sourit une sainte,
Parfume ton front vague au vent de son haleine
Innocente, et tu crois languir... Tu es éteinte

Au bleu de la croisée où tu filais la laine.

Album de vers anciens

L'AMATEUR DE POÈMES

SI je regarde tout à coup ma véritable pensée, je ne me console pas de devoir subir cette parole intérieure sans personne et sans origine ; ces figures éphémères ; et cette infinité d'entreprises interrompues par leur propre facilité, qui se transforment l'une dans l'autre, sans que rien ne change avec elles. Incohérente sans le paraître, nulle instantanément comme elle est spontanée, la pensée, par sa nature, manque de style.

MAIS je n'ai pas tous les jours la puissance de proposer à mon attention quelques êtres nécessaires, ni de feindre les obstacles spirituels qui formeraient une apparence de commencement, de plénitude et de fin, au lieu de mon insupportable fuite.

UN poème est une durée, pendant laquelle, lecteur, je respire une loi qui fut préparée ; je donne mon souffle et les machines de ma voix ; ou seulement leur pouvoir, qui se concilie avec le silence.

JE m'abandonne à l'adorable allure : lire, vivre où mènent les mots. Leur apparition est écrite. Leurs sonorités concertées. Leur ébranlement se compose, d'après une méditation antérieure, et ils se précipiteront en groupes magnifiques ou purs, dans la résonance. Même mes étonnements sont assurés : ils sont cachés d'avance, et font partie du nombre.

MÛ par l'écriture fatale, et si le mètre toujours futur enchaîne sans retour ma mémoire, je ressens chaque parole dans toute sa force, pour l'avoir indéfiniment attendue. Cette mesure qui me transporte et que je colore, me garde du vrai et du faux. Ni le doute ne me divise, ni la raison ne me travaille. Nul hasard, mais une chance extraordinaire se fortifie. Je trouve sans effort le langage de ce bonheur ; et je pense par artifice, une pensée toute certaine, merveilleusement prévoyante, — aux lacunes calculées, sans ténèbres involontaires, dont le mouvement me commande et la quantité me comble : une pensée singulièrement achevée.

Album de vers anciens

AU PLATANE

À André Fontainas

Tu penches, grand Platane, et te proposes nu,
　　　　Blanc comme un jeune Scythe,
Mais ta candeur est prise, et ton pied retenu
　　　　Par la force du site.

Ombre retentissante en qui le même azur
      Qui t'emporte, s'apaise,
La noire mère astreint ce pied natal et pur
      À qui la fange pèse.

De ton front voyageur les vents ne veulent pas ;
      La terre tendre et sombre,
Ô Platane, jamais ne laissera d'un pas
      S'émerveiller ton ombre !

Ce front n'aura d'accès qu'aux degrés lumineux
      Où la sève l'exalte ;
Tu peux grandir, candeur, mais non rompre les nœuds
      De l'éternelle halte !

Pressens autour de toi d'autres vivants liés
      Par l'hydre vénérable ;
Tes pareils sont nombreux, des pins aux peupliers,
      De l'yeuse à l'érable,

Qui, par les morts saisis, les pieds échevelés
      Dans la confuse cendre,
Sentent les fuir les fleurs, et leurs spermes ailés
      Le cours léger descendre.

Le tremble pur, le charme, et ce hêtre formé
      De quatre jeunes femmes,
Ne cessent point de battre un ciel toujours fermé,
      Vêtus en vain de rames.

Ils vivent séparés, ils pleurent confondus
      Dans une seule absence,
Et leurs membres d'argent sont vainement fendus
      À leur douce naissance.

Quand l'âme lentement qu'ils expirent le soir
      Vers l'Aphrodite monte,

La vierge doit dans l'ombre, en silence, s'asseoir,
        Toute chaude de honte.

Elle se sent surprendre, et pâle, appartenir
        À ce tendre présage
Qu'une présente chair tourne vers l'avenir
        Par un jeune visage...

Mais toi, de bras plus purs que les bras animaux,
        Toi qui dans l'or les plonges,
Toi qui formes au jour le fantôme des maux
        Que le sommeil fait songes,

Haute profusion de feuilles, trouble fier
        Quand l'âpre tramontane
Sonne, au comble de l'or, l'azur du jeune hiver
        Sur tes harpes, Platane,

Ose gémir !... Il faut, ô souple chair du bois,
        Te tordre, te détordre,
Te plaindre sans te rompre, et rendre aux vents la voix
        Qu'ils cherchent en désordre !

Flagelle-toi !... Parais l'impatient martyr
        Qui soi-même s'écorche,
Et dispute à la flamme impuissante à partir
        Ses retours vers la torche !

Afin que l'hymne monte aux oiseaux qui naîtront,
        Et que le pur de l'âme
Fasse frémir d'espoir les feuillages d'un tronc
        Qui rêve de la flamme,

Je t'ai choisi, puissant personnage d'un parc,
        Ivre de ton tangage,
Puisque le ciel t'exerce, et te presse, ô grand arc,
        De lui rendre un langage !

Ô qu'amoureusement des Dryades rival,
      Le seul poète puisse
Flatter ton corps poli comme il fait du Cheval
      L'ambitieuse cuisse !...

— Non, dit l'arbre. Il dit : Non ! par l'étincellement
      De sa tête superbe,
Que la tempête traite universellement
      Comme elle fait une herbe !

Charmes

CANTIQUE DES COLONNES

À Léon-Paul Fargue.

Douces colonnes, aux
Chapeaux garnis de jour,
Ornés de vrais oiseaux
Qui marchent sur le tour,

Douces colonnes, ô
L'orchestre de fuseaux !
Chacun immole son
Silence à l'unisson.

— Que portez-vous si haut,
Égales radieuses ?
— Au désir sans défaut
Nos grâces studieuses !

Nous chantons à la fois
Que nous portons les cieux !
Ô seule et sage voix
Qui chantes pour les yeux !

Vois quels hymnes candides !
Quelle sonorité
Nos éléments limpides
Tirent de la clarté !

Si froides et dorées
Nous fûmes de nos lits
Par le ciseau tirées,
Pour devenir ces lys !

De nos lits de cristal
Nous fûmes éveillées,
Des griffes de métal
Nous ont appareillées.

Pour affronter la lune,
La lune et le soleil,
On nous polit chacune
Comme ongle de l'orteil !

Servantes sans genoux,
Sourires sans figures,
La belle devant nous
Se sent les jambes pures.

Pieusement pareilles,
Le nez sous le bandeau
Et nos riches oreilles
Sourdes au blanc fardeau,

Un temple sur les yeux
Noirs pour l'éternité,
Nous allons sans les dieux
À la divinité !

Nos antiques jeunesses,
Chair mate et belles ombres,
Sont fières des finesses
Qui naissent par les nombres !

Filles des nombres d'or,
Fortes des lois du ciel,
Sur nous tombe et s'endort
Un dieu couleur de miel.

Il dort content, le Jour,
Que chaque jour offrons
Sur la table d'amour
Étale sur nos fronts.

Incorruptibles sœurs,
Mi-brûlantes, mi-fraîches,
Nous prîmes pour danseurs
Brises et feuilles sèches,

Et les siècles par dix,
Et les peuples passés,
C'est un profond jadis,
Jadis jamais assez !

Sous nos mêmes amours
Plus lourdes que le monde
Nous traversons les jours
Comme une pierre l'onde !

Nous marchons dans le temps
Et nos corps éclatants
Ont des pas ineffables
Qui marquent dans les fables...

Charmes

Paul Valéry

LES GRENADES

Dures grenades entr'ouvertes
Cédant à l'excès de vos grains,
Je crois voir des fronts souverains
Éclatés de leurs découvertes !

Si les soleils par vous subis,
Ô grenades entre-bâillées,
Vous ont fait d'orgueil travaillées
Craquer les cloisons de rubis,

Et que si l'or sec de l'écorce
À la demande d'une force
Crève en gemmes rouges de jus,

Cette lumineuse rupture
Fait rêver une âme que j'eus
De sa secrète architecture.

Charmes

LE CIMETIÈRE MARIN

Μή, φίλα ψυχά, βίον ἀθάνατον
σπεῦδε, τὰν δ'ἔμπρακτον ἄντλει
μαχανάν.

PINDARE, *Pythiques, III.*

Ce toit tranquille, où marchent des colombes,
Entre les pins palpite, entre les tombes ;
Midi le juste y compose de feux
La mer, la mer, toujours recommencée !

Ô récompense après une pensée
Qu'un long regard sur le calme des dieux !

Quel pur travail de fins éclairs consume
Maint diamant d'imperceptible écume,
Et quelle paix semble se concevoir !
Quand sur l'abîme un soleil se repose,
Ouvrages purs d'une éternelle cause,
Le Temps scintille et le Songe est savoir.

Stable trésor, temple simple à Minerve,
Masse de calme, et visible réserve,
Eau sourcilleuse, Œil qui gardes en toi
Tant de sommeil sous un voile de flamme,
Ô mon silence !... Édifice dans l'âme
Mais comble d'or aux mille tuiles, Toit !

Temple du Temps, qu'un seul soupir résume,
À ce point pur je monte et m'accoutume,
Tout entouré de mon regard marin ;
Et comme aux dieux mon offrande suprême,
La scintillation sereine sème
Sur l'altitude un dédain souverain.

Comme le fruit se fond en jouissance,
Comme en délice il change son absence
Dans une bouche où sa forme se meurt,
Je hume ici ma future fumée,
Et le ciel chante à l'âme consumée
Le changement des rives en rumeur.

Beau ciel, vrai ciel, regarde-moi qui change !
Après tant d'orgueil, après tant d'étrange
Oisiveté, mais pleine de pouvoir,
Je m'abandonne à ce brillant espace,
Sur les maisons des morts mon ombre passe
Qui m'apprivoise à son frêle mouvoir.

L'âme exposée aux torches du solstice,
Je te soutiens, admirable justice
De la lumière aux armes sans pitié !
Je te rends pure à ta place première :
Regarde-toi !... Mais rendre la lumière
Suppose d'ombre une morne moitié.

Ô pour moi seul, à moi seul, en moi-même,
Auprès d'un cœur, aux sources du poème,
Entre le vide et l'événement pur,
J'attends l'écho de ma grandeur interne,
Amère, sombre et sonore citerne,
Sonnant dans l'âme un creux toujours futur !

Sais-tu, fausse captive des feuillages,
Golfe mangeur de ces maigres grillages,
Sur mes yeux clos, secrets éblouissants,
Quel corps me traîne à sa fin paresseuse,
Quel front l'attire à cette terre osseuse ?
Une étincelle y pense à mes absents.

Fermé, sacré, plein d'un feu sans matière,
Fragment terrestre offert à la lumière,
Ce lieu me plaît, dominé de flambeaux,
Composé d'or, de pierre et d'arbres sombres,
Où tant de marbre est tremblant sur tant d'ombres ;
La mer fidèle y dort sur mes tombeaux !

Chienne splendide, écarte l'idolâtre !
Quand solitaire au sourire de pâtre,
Je pais longtemps, moutons mystérieux,
Le blanc troupeau de mes tranquilles tombes,
Éloignes-en les prudentes colombes,
Les songes vains, les anges curieux !

Ici venu, l'avenir est paresse.
L'insecte net gratte la sécheresse ;
Tout est brûlé, défait, reçu dans l'air
A je ne sais quelle sévère essence...

La vie est vaste, étant ivre d'absence,
Et l'amertume est douce, et l'esprit clair.

Les morts cachés sont bien dans cette terre
Qui les réchauffe et sèche leur mystère.
Midi là-haut, Midi sans mouvement
En soi se pense et convient à soi-même...
Tête complète et parfait diadème,
Je suis en toi le secret changement.

Tu n'as que moi pour contenir tes craintes !
Mes repentirs, mes doutes, mes contraintes
Sont le défaut de ton grand diamant...
Mais dans leur nuit toute lourde de marbres,
Un peuple vague aux racines des arbres
A pris déjà ton parti lentement.

Ils ont fondu dans une absence épaisse,
L'argile rouge a bu la blanche espèce,
Le don de vivre a passé dans les fleurs !
Où sont des morts les phrases familières,
L'art personnel, les âmes singulières ?
La larve file où se formaient des pleurs.

Les cris aigus des filles chatouillées,
Les yeux, les dents, les paupières mouillées,
Le sein charmant qui joue avec le feu,
Le sang qui brille aux lèvres qui se rendent,
Les derniers dons, les doigts qui les défendent,
Tout va sous terre et rentre dans le jeu !

Et vous, grande âme, espérez-vous un songe
Qui n'aura plus ces couleurs de mensonge
Qu'aux yeux de chair l'onde et l'or font ici ?
Chanterez-vous quand serez vaporeuse ?
Allez ! Tout fuit ! Ma présence est poreuse,
La sainte impatience meurt aussi !

Maigre immortalité noire et dorée,
Consolatrice affreusement laurée,
Qui de la mort fais un sein maternel,
Le beau mensonge et la pieuse ruse !
Qui ne connaît, et qui ne les refuse,
Ce crâne vide et ce rire éternel !

Pères profonds, têtes inhabitées,
Qui sous le poids de tant de pelletées,
Êtes la terre et confondez nos pas,
Le vrai rongeur, le ver irréfutable
N'est point pour vous qui dormez sous la table,
Il vit de vie, il ne me quitte pas !

Amour, peut-être, ou de moi-même haine ?
Sa dent secrète est de moi si prochaine
Que tous les noms lui peuvent convenir !
Qu'importe ! Il voit, il veut, il songe, il touche !
Ma chair lui plaît, et jusque sur ma couche,
À ce vivant je vis d'appartenir !

Zénon ! Cruel Zénon ! Zénon d'Élée !
M'as-tu percé de cette flèche ailée
Qui vibre, vole, et qui ne vole pas !
Le son m'enfante et la flèche me tue !
Ah ! le soleil... Quelle ombre de tortue
Pour l'âme, Achille immobile à grands pas !

Non, non !... Debout ! Dans l'ère successive !
Brisez, mon corps, cette forme pensive !
Buvez, mon sein, la naissance du vent !
Une fraîcheur, de la mer exhalée,
Me rend mon âme... Ô puissance salée !
Courons à l'onde en rejaillir vivant !

Oui ! Grande mer de délires douée,
Peau de panthère et chlamyde trouée
De mille et mille idoles du soleil,
Hydre absolue, ivre de ta chair bleue,

Qui te remords l'étincelante queue
Dans un tumulte au silence pareil,

Le vent se lève !... Il faut tenter de vivre !
L'air immense ouvre et referme mon livre,
La vague en poudre ose jaillir des rocs !
Envolez-vous, pages tout éblouies !
Rompez, vagues ! Rompez d'eaux réjouies
Ce toit tranquille où picoraient des focs !

Charmes

PALME

À Jeannie.

De sa grâce redoutable
Voilant à peine l'éclat,
Un ange met sur ma table
Le pain tendre, le lait plat ;
Il me fait de la paupière
Le signe d'une prière
Qui parle à ma vision :
— Calme, calme, reste calme !
Connais le poids d'une palme
Portant sa profusion !

Pour autant qu'elle se plie
À l'abondance des biens,
Sa figure est accomplie,
Ses fruits lourds sont ses liens.
Admire comme elle vibre,
Et comme une lente fibre

Qui divise le moment,
Départage sans mystère
L'attirance de la terre
Et le poids du firmament !

Ce bel arbitre mobile
Entre l'ombre et le soleil,
Simule d'une sibylle
La sagesse et le sommeil.
Autour d'une même place
L'ample palme ne se lasse
Des appels ni des adieux...
Qu'elle est noble, qu'elle est tendre !
Qu'elle est digne de s'attendre
À la seule main des dieux !

L'or léger qu'elle murmure
Sonne au simple doigt de l'air,
Et d'une soyeuse armure
Charge l'âme du désert.
Une voix impérissable
Qu'elle rend au vent de sable
Qui l'arrose de ses grains,
À soi-même sert d'oracle,
Et se flatte du miracle
Que se chantent les chagrins.

Cependant qu'elle s'ignore
Entre le sable et le ciel,
Chaque jour qui luit encore
Lui compose un peu de miel.
Sa douceur est mesurée
Par la divine durée
Qui ne compte pas les jours,
Mais bien qui les dissimule
Dans un suc où s'accumule
Tout l'arôme des amours.

Parfois si l'on désespère,
Si l'adorable rigueur
Malgré tes larmes n'opère
Que sous ombre de langueur,
N'accuse pas d'être avare
Une Sage qui prépare
Tant d'or et d'autorité :
Par la sève solennelle
Une espérance éternelle
Monte à la maturité !

Ces jours qui te semblent vides
Et perdus pour l'univers
Ont des racines avides
Qui travaillent les déserts.
La substance chevelue
Par les ténèbres élue
Ne peut s'arrêter jamais,
Jusqu'aux entrailles du monde,
De poursuivre l'eau profonde
Que demandent les sommets.

Patience, patience,
Patience dans l'azur !
Chaque atome de silence
Est la chance d'un fruit mûr !
Viendra l'heureuse surprise :
Une colombe, la brise,
L'ébranlement le plus doux,
Une femme qui s'appuie,
Feront tomber cette pluie
Où l'on se jette à genoux !

Qu'un peuple à présent s'écroule,
Palme !... irrésistiblement !
Dans la poudre qu'il se roule
Sur les fruits du firmament !
Tu n'as pas perdu ces heures
Si légère tu demeures

Après ces beaux abandons ;
Pareille à celui qui pense
Et dont l'âme se dépense
À s'accroître de ses dons !

Charmes

Paul Fort

LE CHAT BORGNE

La femme est aux varechs, l'homme est à la Guyane.
Et la petite maison est seule tout le jour.

Seule ? Mais à travers les persiennes vertes, on voit
luire dans l'ombre comme une goutte de mer.

Quand le bagne est à l'homme, la mer est à la fem-
me, et la petite maison au chat borgne tout le jour.

Ballades françaises
©Flammarion

LA GRANDE IVRESSE

Par les nuits d'été bleues où chantent les cigales, Dieu
verse sur la France une coupe d'étoiles. Le vent porte à
ma lèvre un goût du ciel d'été ! Je veux boire à l'espace
fraîchement argenté.

L'air du soir est pour moi le bord de la coupe froide
où, les yeux mi-fermés et la bouche goulue, je bois,

comme le jus pressé d'une grenade, la fraîcheur étoilée qui se répand des nues.

Couché sur un gazon dont l'herbe est encor chaude de s'être prélassée sous l'haleine du jour, oh ! que je viderais, ce soir, avec amour, la coupe immense et bleue où le firmament rôde !

Suis-je Bacchus ou Pan ? je m'enivre d'espace, et j'apaise ma fièvre à la fraîcheur des nuits. La bouche ouverte au ciel où grelottent les astres, que le ciel coule en moi ! que je me fonde en lui !

Enivrés par l'espace et les cieux étoilés, Byron et Lamartine, Hugo, Shelley sont morts. L'espace est toujours là ; il coule illimité ; à peine ivre il m'emporte, et j'avais soif encore !

Ballades françaises
© Flammarion

LA NOCE À GONESSE

On sonne sur Gonesse la fête patronale. Tout justement le fils du Maire se marie, avec une fillette ni trop bien, ni trop mal. Je ne la connais pas, je la suppose ainsi.

Ô noces où seraient invités les rois mages, Cadet Roussel, ses trois demoiselles, Madame Angot, sa fille volage, M. Thiers et le père Bugeaud !

Gens de la noce, gens de Gonesse, gens légendaires, vite à la messe.

On vient vous écouter, carillon des quatre cloches ! Voici le grand Chicart, Mogador et Clodoche, voici l'abbé Bridaine et Fanfan-la-Tulipe, les pompiers de Nanterre et Bacchus éventant d'une grappe Roger Bontemps.

Dagobert, saint Éloi suivent sans grand arroi, l'un traîne son âne et l'autre son bleu manteau de roi, précédant Monsieur de Voltaire et Paul de Kock, Monsieur, Madame Denis aux bras de Pourceaugnac, Pandore et Choufleuri, Pierre Dupont, Offenbach, le grand Pan et le Diable, et trente pages qui portent des hanaps bouillonnant de gai vin d'Argenteuil.

Gens pleins d'orgueil, gens de la noce (qui m'inviterait ?) vite en carrosse.

On sonne sur Gonesse la fête patronale et justement le fils du Maire se marie avec une demoiselle très bien, de la campagne... On me l'a dit. J'y crois. — Mais pourquoi tout ceci ?

Ballades françaises
©Flammarion

COMPLAINTE
DU PETIT CHEVAL BLANC

Le petit cheval dans le mauvais temps, qu'il avait donc du courage ! C'était un petit cheval blanc, tous derrière et lui devant.

Il n'y avait jamais de beau temps dans ce pauvre paysage. Il n'y avait jamais de printemps, ni derrière ni devant.

Mais toujours il était content, menant les gars du village, à travers la pluie noire des champs, tous derrière et lui devant.

Sa voiture allait poursuivant sa belle petite queue sauvage. C'est alors qu'il était content, eux derrière et lui devant.

Mais un jour, dans le mauvais temps, un jour qu'il était si sage, il est mort par un éclair blanc, tous derrière et lui devant.

Il est mort sans voir le beau temps, qu'il avait donc du courage ! Il est mort sans voir le printemps ni derrière ni devant.

Ballades françaises
©Flammarion

OMBRE DES BOIS

Je suis tout à la tristesse de ma vie perdue dans les bois que le vent berce.

Je suis tout à la détresse de ma vie sans but dans l'ombre des bois touffus.

Mon bonheur est d'y frémir, je m'y sens perdu. Tout ajoute à ma tristesse.

Je le dis, j'ai du plaisir dans les bois touffus qu'aucun sentier ne traverse.

Ballades françaises
©Flammarion

Henry Bataille

DÉJÀ !

Hé quoi ?... Déjà ?... Amour léger comme tu passes !
À peine avons-nous eu le temps de les croiser
Que mutuellement nos mains se désenlacent.
Je songe à la bonté que n'a plus le baiser.

Un jour partira donc ta main apprivoisée !
Tes yeux ne seront plus les yeux dont on s'approche.
D'autres auront ton cœur et ta tête posée.
Je ne serai plus là pour t'en faire un reproche.

Quoi ? sans moi, quelque part, ton front continuera !
Ton geste volera, ton rire aura sonné,
Le mal et les chagrins renaîtront sous tes pas ;
Je ne serai plus là pour te le pardonner.

Sera-t-il donc possible au jour qui nous éclaire,
À la nuit qui nous berce, à l'aube qui nous rit,
De me continuer leur aumône éphémère,
Sans que tu sois du jour, de l'aube et de la nuit ?

Sera-t-il donc possible, hélas, qu'on te ravisse,
Chaleur de mon repos qui ne me vient que d'elle !
Tandis que, loin de moi, son sang avec délice
Continuera son bruit à sa tempe fidèle.

La voilà donc finie alors la course folle ?
Et tu n'appuieras plus jamais, sur ma poitrine,

Ton front inconsolé à mon cœur qui console,
Rosine, ma Rosine, ah ! Rosine, Rosine !

Voici venir, rampant vers moi comme une mer,
Le silence, le grand silence sans pardon.
Il a gagné mon seuil, il va gagner ma chair.
D'un cœur inanimé, hélas, que fera-t-on ?

Eh bien, respire ailleurs, visage évanoui !
J'accepte. À ce signal séparons-nous ensemble...
Me voici seul ; l'hiver là... c'est bien... Nuit.
Froid. Solitude... Amour léger comme tu trembles !

Le Beau Voyage

André Spire

Ils m'ont dit,
Ébrouant leurs petites narines fougueuses :
« Chantons la vie. »
— Chantons la vie, si vous voulez ;
Je m'embarque avec vous sur le fleuve de joie.

Des villages avons passé,
Et des chênaies, et des aunaies,
Et des pâturages et des haies,
Et des villages et des villes.

Le Peuple vient, le peuple va,
Achète, vend, et puis s'en va.

Le peuple grouille dans la rue
Le soir, son travail fini,

Les garçons agacent les filles,
Les vieux se soûlent dans des bars.

Versez, gloires de lumière,
Versez la pluie de vos rayons
Sur ces héros dépenaillés.

Sculptez leurs faces amaigries,
Leurs mains posées sur leurs genoux.

Dessinez-leur crûment leurs femmes avachies,
Et leurs petits enfants baveux.

Allez battre les murs galeux de leurs usines ;
Allez fouiller les coins moisis de leurs taudis ;

Et jetez les éclairs de vos flammes féroces
Sur les passants heureux qui là-bas se regorgent.

Les beaux messieurs sont en voiture
Avec leurs petits et leurs dames.

Les beaux messieurs s'en vont au bois
Pour respirer, le soir venu.

Les beaux messieurs haut-cravatés
Vous dévisagent et vous toisent,
Ouvriers, qui les nourrissez.

Qu'allez-vous faire, qu'allez-vous faire ?...

Le peuple vient, le peuple va,
Boit des amers et puis s'en va.

Le peuple grouille dans la rue,
Et n'est pas là pour s'indigner.

Les garçons agacent les filles,
Les phonographes nasillent,

Et vous riez !... et vous riez !...

Poèmes juifs
©Albin Michel

RETOUR

> Et cela s'incline avec une dévotion
> hypocrite, ou cela se gonfle avec outre-
> cuidance.
>
> HEINE.

« Bonjour, monsieur.
Comment va madame votre grand-mère ?
Et l'usine ? Arrivez-vous à trouver les matières premiè-
    res ?
Avez-vous obtenu des ouvriers militaires ?
En êtes-vous content ?
Ils filent doux, hein, maintenant !
Plus d'inspection du travail, plus de questions de salai-
    res, plus de grèves !
Et s'ils rouspètent qu'on les renvoie au front !
Avez-vous des nouvelles de monsieur votre beau-
    frère ?
Ne trouve-t-il pas le temps trop long, si loin des
    siens ?
Est-il en bonne santé, et pas trop exposé ? »

Ainsi me parlent ces gens !
Ces bonnes gens, qui, lorsque j'avais les tempes mieux
    garnies,
Les yeux plus clairs, le cœur moins essoufflé,
Défendaient à leur fils de me parler.

Moi, j'en souffrais. On est bête à cet âge.
Sous la lumière colchique des bougies Jablochkov,
Eux trouvaient des danseuses au bal des Femmes de
    France.
Des filles de juge, d'officier, d'avocat, d'avoué.
Pour dégourdir mes jambes il fallait me rabattre
Sur Clotilde, la fille blonde du professeur de gymnasti-
    que,

Une excentrique qui mettait des gratte-culs dans ses
   cheveux,
Et le souper, j'allais le prendre à la brasserie du Cen-
   tre.
Avec le gros van Pohr, le fils du ferblantier.

D'avoir bu trop souvent trop de bocks
Van Pohr est mort.
Clotilde est grand-mère.
La place du Beffroi, malgré les obus est toujours la
   même,
« Bonjour, monsieur, me disent-ils devant le café-gla-
   cier,
Avec ses quatre-vingt-neuf ans,
Madame votre grand-mère est, ma foi, bien allante ;
Toujours bonne, toujours aimable comme son frère.
Et vos neveux, les voilà maintenant capitaines !
Toujours dans le Nord ? Toujours vaillants.
Et pas trop exposés ?
Cher monsieur, quand venez-vous, chez nous, prendre
   le thé ? »

Innocents ! Ils croient que j'oublie !
Parce que, vers ce pays béat, une guerre me ramène
Comme un gibier chassé revient à son lancé ;
Parce qu'au milieu d'eux j'ai appris à dire :
Mon cher président, mon cher directeur ;
Qu'aux blagues des représentants je sais m'esclaffer
Et fais queue, dans les antichambres,
Des acheteurs des grands magasins ;

Que je sais serrer un prix de revient,
Glisser dans un marché des clauses ambiguës,
Dicter un courrier, lire un inventaire,
Et même, jeter sur le pavé un pauvre hère ;

Parce que, maintenant, je sais que de l'or,
De l'or, il y en a plein le monde,
Et que ça appartient aux gens raisonnables

Qui couchent tous les soirs avec leurs épouses,
Et, de temps en temps, avec la bonne aussi ;

Parce que je suis gras d'être assis,
Que mes gestes sont lourds sur mes mollets maigres,
Que j'ai le front ridé de petits soucis,
Le teint jaune, les pommettes bouffies, les lèvres
    pâles,
Et des pochons sous les yeux,
Ils croient que j'oublie.

« Bonjour, monsieur, me disent-ils,
Rue des Beaux-Arts devant la caserne des pompiers.
Mon frère le général est à peu près remis de sa bles-
    sure.
Il doit venir passer un ou deux jours ici.
Vous nous ferez, j'espère, le plaisir de dîner chez nous
    avec lui. »

Imbéciles !
Parce que mes yeux sourient,
Ma nuque approuve,
Et ma bouche ne leur jette pas de crachats,
Ils croient que je suis de leur monde,
De leur bande...
Ils croient que j'oublie
Et Clotilde,
Et le gros van Pohr, le fils du ferblantier.

Poèmes juifs
©Albin Michel

Charles Péguy

La foi que j'aime le mieux, dit Dieu, c'est l'espérance.

La foi ça ne m'étonne pas.
Ça n'est pas étonnant.
J'éclate tellement dans ma création.
Dans le soleil et dans la lune et dans les étoiles.
Dans toutes mes créatures.
Dans les astres du firmament et dans les poissons de la
    mer.
Dans l'univers de mes créatures.
Sur la face de la terre et sur la face des eaux.
Dans les mouvements des astres qui sont dans le ciel.
Dans le vent qui souffle sur la mer et dans le vent qui
    souffle dans la vallée.
Dans la calme vallée.
Dans la recoite vallée.
Dans les plantes et dans les bêtes et dans les bêtes des
    forêts.
Et dans l'homme.
Ma créature.
Dans les peuples et dans les hommes et dans les rois et
    dans les peuples.
Dans l'homme et dans la femme sa compagne.
Et surtout dans les enfants.
Mes créatures.
Dans le regard et dans la voix des enfants.

Car les enfants sont plus mes créatures.
  Que les hommes.
Ils n'ont pas encore été défaits par la vie.
  De la terre.
Et entre tous ils sont mes serviteurs.
  Avant tous.
Et la voix des enfants est plus pure que la voix du vent
  dans le calme de la vallée.
    Dans la vallée recoite.
Et le regard des enfants est plus pur que le bleu du ciel,
  que le laiteux du ciel, et qu'un rayon d'étoile dans la
  calme nuit.
Or j'éclate tellement dans ma création.
Sur la face des montagnes et sur la face de la plaine.
Dans le pain et dans le vin et dans l'homme qui laboure
  et dans l'homme qui sème et dans la moisson et dans
  la vendange.
Dans la lumière et dans les ténèbres.
Et dans le cœur de l'homme, qui est ce qu'il y a de plus
  profond dans le monde.
Créé.
Si profond qu'il est impénétrable à tout regard.
Excepté à mon regard.
Dans la tempête qui fait bondir les vagues et dans la
  tempête qui fait bondir les feuilles.
Des arbres dans la forêt.
Et au contraire dans le calme d'un beau soir.
Dans les sables de la mer et dans les étoiles qui sont un
  sable dans le ciel.
Dans la pierre du seuil et dans la pierre du foyer et dans
  la pierre de l'autel.
Dans la prière et dans les sacrements.
Dans les maisons des hommes et dans l'église qui est
  ma maison sur la terre.
Dans l'aigle ma créature qui vole sur les sommets.
L'aigle royal qui a au moins deux mètres d'envergure et
  peut-être trois mètres.
Et dans la fourmi ma créature qui rampe et qui amasse
  petitement.

Dans la terre.
Dans la fourmi mon serviteur.
Et jusque dans le serpent.
Dans la fourmi ma servante, mon infime servante, qui
  amasse péniblement, la parcimonieuse.
Qui travaille comme une malheureuse et qui n'a point
  de cesse et qui n'a point de repos.
Que la mort et que le long sommeil d'hiver.

> haussant les épaules de tant d'évidence.
> devant tant d'évidence.

J'éclate tellement dans toute ma création.
Dans l'infime, dans ma créature infime, dans ma ser-
  vante infime, dans la fourmi infime.
Qui thésaurise petitement, comme l'homme.
Comme l'homme infime.
Et qui creuse des galeries dans la terre.
Dans les sous-sols de la terre.
Pour y amasser mesquinement des trésors.
Temporels.
Pauvrement.
Et jusque dans le serpent.
Qui a trompé la femme et qui pour cela rampe sur le
  ventre.
Et qui est ma créature et qui est mon serviteur.
Le serpent qui a trompé la femme.
Ma servante.
Qui a trompé l'homme mon serviteur.
J'éclate tellement dans ma création.
Dans tout ce qui arrive aux hommes et aux peuples, et
  aux pauvres.
Et même aux riches.
Qui ne veulent pas être mes créatures.
Et qui se mettent à l'abri.
D'être mes serviteurs.
Dans tout ce que l'homme fait et défait de mal et de
  bien.

(Et moi je passe par-dessus, parce que je suis le maître,
    et je fais ce qu'il a défait et je défais ce qu'il a fait.)
Et jusque dans la tentation du péché.
Même.
Et dans tout ce qui est arrivé à mon fils.
À cause de l'homme.
Ma créature.
Que j'avais créé.
Dans l'incorporation, dans la naissance et dans la vie et
    dans la mort de mon fils.

Et dans le saint sacrifice de la messe.

Dans toute naissance et dans toute vie.
Et dans toute mort.
Et dans la vie éternelle qui ne finira point.
Qui vaincra toute mort.

J'éclate tellement dans ma création.

Que pour ne pas me voir vraiment il faudrait que ces
    pauvres gens fussent aveugles.

. . . .

Le Porche du mystère de la Deuxième Vertu

SAINTE GENEVIÈVE
PATRONNE DE PARIS

Bergère qui gardiez les moutons à Nanterre
Et guettiez au printemps la première hirondelle,
Vous seule vous savez combien elle est fidèle,
La ville vagabonde et pourtant sédentaire.

Vous qui la connaissez dans ses embrassements
Et dans sa turpitude et dans ses pénitences,
Et dans sa rectitude et dans ses inconstances,
Et dans le feu sacré de ses embrasements,
Vous qui la connaissez dans ses débordements,
Et dans le maigre jeu de ses incompétences,
Et dans le battement de ses intermittences,
Et dans l'anxiété de ses longs meuglements,
Vous seule vous savez comme elle est peu rebelle,
La ville indépendante et pourtant tributaire.

Vous qui la connaissez dans le sang des martyrs
Et la reconnaissez dans le sang des bourreaux,
Vous qui l'avez connue au fond des tombereaux
Et la reconnaissez dans ses beaux repentirs,
Et dans l'intimité de ses chers souvenirs
Et dans ses fils plus durs que les durs hobereaux,
Et dans l'absurdité de ces godelureaux
Qui marchaient à la mort comme on ferait ses tirs,
Vous seule vous savez comme elle est jeune et belle,
La ville intolérante et pourtant libertaire.

Vous qui la connaissez dans ses gémissements
Et la reconnaissez dans ses inconsistances,
Dans ses atermoiements et dans ses résistances,
Dans sa peine et son deuil et ses désarmements,
Vous qui la connaissez dans ses mugissements
Et dans l'humilité de ses omnipotences,
Et dans la sûreté de ses inadvertances
Et dans le creux secret de ses tressaillements,
Vous seule vous savez comme elle est jouvencelle,
La ville incohérente et pourtant statutaire.

Vous qui la connaissez dans le luxe de Tyr
Et la reconnaissez dans la force de Rome,
Vous qui la retrouvez dans le cœur du pauvre homme
Et la froide équité de la pierre à bâtir,
Et dans la pauvreté de la chair à pâtir
Sous la dent qui la mord et le poing qui l'assomme

Et l'écrit qui la fixe et le nom qui la nomme
Et l'argent qui la paye et veut l'assujettir,
Vous seule vous savez combien elle est pucelle,
La ville exubérante et pourtant censitaire.

Vous qui la connaissez dans ses vieilles potences
Et la reconnaissez dans ses égarements,
Et dans la profondeur de ses recueillements,
Et dans ses échafauds et dans ses pestilences,
Et la solennité de ses graves silences,
Et dans l'ordre secret de ses fourmillements,
Et dans la nudité de ses dépouillements,
Et dans son ignorance et dans ses innocences,
Vous seule vous savez comme elle est pastourelle,
La ville assourdissante et pourtant solitaire.

Vous qui la connaissez dans ses guerres civiles
Et la reconnaissez dans ses égorgements,
Dans son courage unique et dans ses tremblements,
Dans son peuple sans peur et ses foules serviles,
Dans son gouvernement des hordes et des villes
Et dans la loyauté de ses enseignements,
Dans la fatalité de ses éloignements,
Dans l'honneur de sa face et dans ses tourbes viles,
Vous seule vous savez comme elle est colonelle,
La ville turbulente et pourtant militaire.

Vous qui la connaissez dans ses longues erreurs
Et la reconnaissez dans ses plus beaux retours,
Vous qui la connaissez dans ses longues amours
Et sa sourde tendresse et ses sourdes terreurs,
Et le commandement de ses lentes fureurs
Et le retournement des travaux et des jours,
Et le prosternement des palais et des tours,
Et le sang resté pur dans les mêmes horreurs,
Vous seule vous savez comme elle est maternelle,
La ville intempérante et pourtant salutaire.

Vous qui la connaissez dans le secret des cœurs
Et le sanglot secret de ses rugissements,

Dans la fidélité de ses attachements
Et dans l'humilité de ses plus grands vainqueurs,
Dans le sourd tremblement des plus ardents piqueurs
Et la foi qui régit ses accompagnements,
Et l'honneur qui régit tous ses engagements,
Et l'humeur qui régit ses plus grossiers moqueurs,
Vous seule vous savez comme elle est ponctuelle,
Votre ville servante et pourtant réfractaire.

Vous qui la connaissez dans ses secrets soupirs
Et dans les beaux regrets de ses arrachements,
Dans les roides rigueurs de ses empêchements,
Et dans le lent recul de ses longs avenirs,
Vous qui l'avez connue aux mains des triumvirs
Et la reconnaissez dans ses ménagements,
Jamais elle n'hésite au seuil de ses tourments
Et parfois elle hésite au seuil de ses plaisirs
Et seule vous savez comme elle est demoiselle,
La ville chancelante et jamais adultère.

Vous qui la connaissez dans le sang de ses rois
Et dans le vieux pavé des saintes barricades,
Et dans ses mardis gras et dans ses cavalcades,
Et dans tous ses autels et dans toutes ses croix,
Vous qui la connaissez dans son pavé de bois
Teint du même carnage et dans ses embuscades
Et dans ses quais de Seine et dans ses estacades
Et dans ses dures mœurs et son respect des lois,
Vous seule vous savez comme elle est fraternelle,
La ville décevante et pourtant signataire.

Vous qui la connaissez dans la force des armes
Et dans la fermeté de ses relâchements,
Dans la sévérité de ses épanchements,
Dans sa muette angoisse et son fleuve de larmes,
Vous qui la connaissez dans ses sacrés vacarmes
Et dans la dureté de ses retranchements,
Et dans l'humilité de ses amendements,
Et sa sécurité dans les pires alarmes,

Vous seule vous savez comme elle est rituelle,
La ville défaillante et pourtant légataire.

Vous qui la connaissez dans les gamins des rues
Et dans la fermeté de ses commandements,
Dans la subtilité de ses entendements,
Dans ses secrets trésors et ses forces accrues,
Et dans ses vétérans et ses jeunes recrues,
Et dans la fixité de ses engagements,
Et dans la sûreté de ses dégagements,
Et dans le Pont-Royal et les énormes crues,
Vous seule commandez la haute caravelle,
La ville menaçante et la destinataire.

Vous qui la connaissez dans ses vieilles maisons
Et dans tous les faubourgs de ses prolongements,
Et dans tous les quartiers de ses morcellements,
Et dans l'antiquité de ses vieilles raisons,
Vous qui la connaissez dans ses beaux horizons
Et dans le sourd fracas de ses ébranlements,
Dans la sourde rumeur de ses assemblements,
Dans la porte et le mur de ses vieilles prisons,
Vous seule connaissez la flamme et l'étincelle,
La ville intelligente et pourtant volontaire.

Vous qui la connaissez dans ses vices patents
Et ses foyers cachés et ses vertus latentes,
Et dans ses longs espoirs et ses mornes attentes,
Et dans son municipe et dans ses habitants,
Vous qui la connaissez dans ses jours éclatants
Et dans le lourd immeuble et dans toutes ses tentes,
Et dans son vieux principe et dans ses mésententes,
Et dans son avarice et ses deniers comptants,
Vous seule vous savez qu'elle est sacramentelle,
La ville déférente et pourtant pamphlétaire.

Vous qui la connaissez dans ses pauvres misères,
Et dans la vanité de ses accablements,
Dans la solidité de ses enchaînements,

Dans sa gendarmerie et dans ses garnisaires,
Vous qui la connaissez dans vos anniversaires,
Et dans le soir tombé de ses apaisements,
Dans la frivolité de ses amusements,
Et moins dans ses tenants que dans ses adversaires,
Vous seule vous savez comme elle est solennelle,
La ville éblouissante et pourtant grabataire.

Et quand aura volé la dernière hirondelle,
Et quand il s'agira d'un bien autre printemps,
Vous entrerez première et par les deux battants
Dans la cour de justice et dans la citadelle.

On vous regardera, comme étant la plus belle,
Le monde entier dira : C'est celle de Paris.
On ne verra que vous au céleste pourpris,
Et vous rendrez alors vos comptes de tutelle.

Les galopins diront : C'est une vieille femme.
Et les savants diront : Elle est de l'ancien temps.
Voici sa lourde ville et tous ses habitants.
Et voici sa houlette et le soin de son âme.

Vous vous avancerez dans votre antiquité.
On vous écoutera comme étant la doyenne
Et la plus villageoise et la plus citoyenne
Et comme ayant reçu la plus grande cité.

Seule vous parlerez lorsque tout se taira.
Et Dieu qui n'a jamais interloqué ses saints
Ni faussé sa parole et masqué ses desseins
Vous nommera sa fille et vous exaucera.

Car vous lui parlerez comme sa mandataire
Pour votre patronage et votre clientèle,
Et seule vous direz comme elle était fidèle,
La ville démocrate et pourtant feudataire.

Les Tapisseries

Alfred Jarry

PASTORALE

> Le meunier des noces avait perdu
> son petit-fils. Il monte à l'échelle. Il
> met un clou à la porte. À l'araignée :
> « Et maintenant toi, la Clou-en-Croix,
> file ton mur. »

L'espoir des prés et le sourire du ciel calme
Regardent vibrer l'air aux trilles du gazon.
Un ormeau céladon évente de sa palme
Le soleil altéré qui sue à l'horizon.

Frisant sur les chapeaux les rubans pendeloques
Le vent rougeoie et rit à l'araignée en deuil
Tirebouchonnant aux nuques les lourdes coques
Des manteaux d'arlequin à la scène du seuil.

Un aigre violon a grincé dans la grange ;
Et vers le son moteur de pantins les danseurs
Par l'aire ont marqué nets leurs talons sur la fange.
La barque de l'archet vogue en rythmes berceurs.

Voici les cloches des dimanches et des verres,
Les timbres orfévris des mantelets pendants,
Les mandolines de cristal vert des trouvères,
Les trompes chalumeaux léchant leurs cris ardents

Le soleil cramoisi sur les plaines s'essuie.
Les couples deux par deux se hâtent vers l'abri.
Le branle des sabots bruit plus près sous la pluie.
 À quand les diamants de l'arche colibri ?

Les jets ont flagellé. Les paumes des deux pôles
Fouettent de l'eau de leurs flèches les bois ventrus.
Le tonnerre tombant tintamarre ses tôles
Dont décortiqués se tordent les damas drus.

Dans le cercle fermé de mes doubles prunelles
Les feuilles ont dormi sur le mur de ma croix.
Voici se resserrer les griffes éternelles
Qui recourbent la tiare au chef crossé des rois.

L'aurore du jour d'or rose a dissous les spectres.
Au faix de plus lourds pieds la fleur des champs se
    meurt.
Le Temps de gauche à droite au roulis de ses plectres
Balance l'essor des chordes, comme un semeur.

Le chant de cheminée a bleuté sa volute.
La source grillon aux algues du frais berceau
Palpite ses gouttelettes en trous de flûte.
Le billon a bondi du tambour du ruisseau.

De ceux qu'ont transis les espérances charnelles
Égrenant la vertèbre en les sépulcres froids
Pour celui qui honnit le dôme de nos droits

La sarcelle grise ahurit au grand soleil
L'ivoire courbé pair au front bas des taureaux.

Les Jours et les nuits

LA CHANSON DU DÉCERVELAGE

Je fus pendant longtemps ouvrier ébéniste,
Dans la ru' du Champ d' Mars, d' la paroiss' de Tous-
   saints.
Mon épouse exerçait la profession d' modiste,
   Et nous n'avions jamais manqué de rien.
   Quand le dimanch' s'annonçait sans nuage,
   Nous exhibions nos beaux accoutrements
   Et nous allions voir le décervelage
   Ru' d' l'Échaudé, passer un bon moment.

     Voyez, voyez la machin' tourner,
     Voyez, voyez la cervell' sauter,
     Voyez, voyez les Rentiers trembler ;
(CHŒUR) : *Hourra, cornes-au-cul, vive le Père Ubu !*

Nos deux marmots chéris, barbouillés d' confitures,
Brandissant avec joi' des poupins en papier,
Avec nous s'installaient sur le haut d' la voiture
   Et nous roulions gaîment vers l'Échaudé. —
   On s' précipite en foule à la barrière,
   On s' fich' des coups pour être au premier rang ;
   Moi je m' mettais toujours sur un tas d' pierres
   Pour pas salir mes godillots dans l' sang.

     Voyez, voyez la machin' tourner,
     Voyez, voyez la cervell' sauter,
     Voyez, voyez les Rentiers trembler ;
(CHŒUR) : *Hourra, cornes-au-cul, vive le Père Ubu !*

Bientôt ma femme et moi nous somm's tout blancs d'
   cervelle,
Les marmots en boulott'nt et tous nous trépignons

En voyant l' Palotin qui brandit sa lumelle,
  Et les blessur's et les numéros d' plomb. —
  Soudain j' perçois dans l' coin, près d' la machine,
  La gueul' d'un bonz' qui n' m' revient qu'à moitié.
  Mon vieux, que j' dis, je r'connais ta bobine,
  Tu m'as volé, c'est pas moi qui t' plaindrai.

        Voyez, voyez la machin' tourner,
        Voyez, voyez la cervell' sauter,
        Voyez, voyez les Rentiers trembler ;
(CHŒUR) : *Hourra, cornes-au-cul, vive le Père Ubu !*

Soudain j' me sens tirer la manch' par mon épouse :
Espèc' d'andouill', qu'ell' m' dit, v'là l' moment d'te
      montrer :
  Flanque-lui par la gueule un bon gros paquet
      d' bouse,
  V'là l' Palotin qu'a just' le dos tourné. —
  En entendant ce raisonn'ment superbe,
  J'attrap' sus l' coup mon courage à deux mains :
  J'flanque au Rentier une gigantesque merdre
  Qui s'aplatit sur l' nez du Palotin.

        Voyez, voyez la machin' tourner,
        Voyez, voyez la cervell' sauter,
        Voyez, voyez les Rentiers trembler ;
(CHŒUR) : *Hourra, cornes-au-cul, vive le Père Ubu !*

Aussitôt j' suis lancé par-dessus la barrière,
Par la foule en fureur je me vois bousculé
Et j' suis précipité la tête la première
  Dans l' grand trou noir d'ous qu'on n' revient
      jamais. —
  Voilà c' que c'est qu' d'aller s' prom'ner l' dimanche
  Rue d' l'Échaudé pour voir décerveler,
  Marcher l' Pinc'-Porc ou bien l' Démanch'-Coman-
  che,
  On part vivant et l'on revient tudé.

Voyez, voyez la machin' tourner,
Voyez, voyez la cervell' sauter,
Voyez, voyez les Rentiers trembler ;
(CHŒUR) : *Hourra, cornes-au-cul, vive le Père Ubu !*

Ubu roi

MADRIGAL

Ma fille — ma, car vous êtes à tous,
Donc aucun d'eux ne fut valable maître,
Dormez enfin, et fermons la fenêtre :
La vie est close et nous sommes chez nous.

C'est un peu haut, le monde s'y termine
Et l'absolu ne se peut plus nier :
Il est si grand de venir le dernier,
Puisque ce jour a lassé Messaline.

Vous voici seule et d'oreilles et d'yeux.
Tomber souvent désapprend de descendre.
Le bruit terrestre est loin, comme la cendre
Gît inconnue à l'encens bleu des dieux.

Tel le clapotis des carpes nourries
        À Fontainebleau
        A des voix meurtries
        De baisers dans l'eau.

Comment s'unit la double destinée ?
Tant que je n'eus point pris votre trottoir
Vous étiez vierge et vous n'étiez point née,
Comme un passé se noie en un miroir.

La boue à peine a baisé la chaussure
De votre pied infinitésimal,
Et c'est d'avoir mordu dans tout le mal
Qui vous a fait une bouche si pure.

Œuvres poétiques complètes

LE BAIN DU ROI

À Eugène Demolder.

Rampant d'argent sur champ de sinople, dragon
Fluide, au soleil la Vistule se boursoufle.
Or le roi de Pologne, ancien roi d'Aragon,
Se hâte vers son bain, très nu, puissant maroufle.

Les pairs étaient douzaine : il est sans parangon.
Son lard tremble à sa marche et la terre à son souffle ;
Pour chacun de ses pas son orteil patagon
Lui taille au creux du sable une neuve pantoufle.

Et couvert de son ventre ainsi que d'un écu
Il va. La redondance illustre de son cul
Affirme insuffisant le caleçon vulgaire

Où sont portraicturés en or, au naturel,
Par derrière, un Peau-Rouge au sentier de la guerre
Sur un cheval, et par devant, la tour Eiffel.

Œuvres poétiques complètes

BARDES ET CORDES

Le roi mort, les vingt-et-un coups de la bombarde
Tonnent, signal de deuil, place de la Concorde.

Silence, joyeux luth, et viole et guimbarde :
Tendons sur le cercueil la plus macabre corde

Pour accompagner l'hymne éructé par le barde :
Le ciel veut l'oraison funèbre pour exorde.

L'encens vainc le fumet des ortolans que barde
La maritorne, enfant butorde non moins qu'orde.

Aux barrières du Louvre elle dormait, la garde :
Les palais sont des grands ports où la mort aborde ;

Corse, kamoulcke, kurde, iroquoise et lombarde,
Le catafalque est ceint de la jobarde horde.

Sa veille n'eût point fait camuse la camarde :
Il faut qu'un rictus torde et qu'une bouche morde.

La lame ou la dent tranche autant que le plomb arde :
Poudre aux moineaux, canons place de la Concorde.

Arme blême, le dail ne craint point l'espingarde :
Tonne, signal de deuil ; vibre, macabre corde.

Les Suisses au pavé heurtent la hallebarde :
Seigneur, prends le défunt en ta miséricorde.

Œuvres poétiques complètes

LE HOMARD ET LA BOÎTE
DE CORNED-BEEF
QUE PORTAIT LE DOCTEUR FAUSTROLL
EN SAUTOIR

Fable

À A.-F. Herold.

« Une boîte de corned-beef, enchaînée comme une lorgnette,

« Vit passer un homard qui lui ressemblait fraternellement.

« Il se cuirassait d'une carapace dure.

« Sur laquelle était écrit qu'à l'intérieur, comme elle, il était sans arêtes,

« *(Boneless and economical)* ;

« Et sous sa queue repliée

« Il cachait vraisemblablement une clé destinée à l'ouvrir.

« Frappé d'amour, le corned-beef sédentaire

« Déclara à la petite boîte automobile de conserves vivante

« Que si elle consentait à s'acclimater,

« Près de lui, aux devantures terrestres,

« Elle serait décorée de plusieurs médailles d'or.

Gestes et opinions du docteur
Faustroll pataphysicien

Henry J.-M. Levet

Voulant encourager ses aurores charmées,
Le soleil, qui vous remarquait et vous baisa,
Laissa sur votre peau ses teintes plus aimées,
Pour poser ses rayons qu'aux reines il lança !

De larges papillons aux ailes imprimées,
Laquais trop effrontés qu'un vent jaloux chassa,
Sans répondre à l'élan des roses alarmées,
S'envolèrent désorbités de ci, de là...

Respirai-je la fleur par le soleil élue,
Rayonnante aux jardins enfiévrés de chaleur,
Déplorant le conseil d'une sainte mévue,

Car le soleil, jaloux du poète voleur,
A lâchement placé, sentinelle imprévue,
Qui veillait, le serpent-minute dans la fleur.

Le Drame de l'allée

OUTWARDS

À Francis Jammes.

L'*Armand-Béhic* (des Messageries Maritimes)
File quatorze nœuds sur l'Océan Indien...
Le soleil se couche en des confitures de crimes,
Dans cette mer plate comme avec la main.

— Miss Roseway, qui se rend à Adélaïde,
Vers le *Sweet Home* au fiancé australien,
Miss Roseway, hélas, n'a cure de mon spleen ;
Sa lorgnette sur les Laquedives, au loin...

— Je vais me préparer — sans entrain ! — pour la fête
De ce soir : sur le pont, lampions, danses, romances
(Je dois accompagner miss Roseway qui quête

— Fort gentiment — pour les familles des marins
Naufragés !) Oh, qu'en une valse lente, ses reins
À mon bras droit, je l'entraîne sans violence

Dans un naufrage où Dieu reconnaîtrait les siens...

Cartes postales

Léon-Paul Fargue

PHASES

I

— Dites-moi. Savez-vous même
Aimer aussi qui vous aime ?

— Mon oiseau de paradis,
C'est quand le soleil sourit.

— N'est-ce point là qu'une mouche
Dit sa musique jalouse ?

— Le silence bleu et or
Cueille d'invisibles fleurs.

— Ah le soleil délaissé
Faisait mon intimité.

II

L'enfant pourra bien mourir
S'il se fatigue à courir
Parmi les objets aimés.

On écoute à la croisée
Le pauvre faire sa cour
Au silence du grand jour.

Bruit du jour, fais ta prière.
L'heure passe lente et claire
Sur la place somnolente,
Sous le ciel d'hiver tremblant.

Comme la vie fait souffrir,
Sans reproche, sans mot dire,
Pour un rien, pour le plaisir...

Tancrède

Quand tu vacilles au sommet du désespoir,
Lorsque les larmes sont rebelles,
Lorsque les larmes sont taries,
Monte au-dessus des hommes.
Mais qu'est-ce qu'il a à monter tout le temps, riant et
pleurant, ce monsieur rouge et noir ?
Il a du chagrin.

Voilà. Ça a eu le cœur élevé dans du coton,
Et ça souffre.
Donne un coup de pied ! Il y a le sens, il faut le cher-
cher
Comme on cherche un ressort secret.
Quand tu l'as trouvé
Tu marches sur toutes ces têtes en proue de systéma-
tiques,
Sur tous ces yeux de basse-cour,
Tu es sauvé !

Je ne veux pas me laisser prendre ! Je ne serai pas fait
de sitôt ! Je ne suis pas encore bonard !
J'aime mieux y laisser ma peau de veston, comme un
voleur !
J'aime mieux y laisser une patte en gage, comme une
sauterelle !

Hop-là ! Sautez ! Sauvé du compartimentage, de toutes ces cellules et de toutes ces boîtes les unes dans les autres, des salles de police tainiennes, de toutes ces mouches encriphiles, des yeux captifs, des larmes d'ornière, de tous ces rayons qui pèchent par la clef, de tout cet échiquier de chair où broutent les ludions de l'amour !

Ai-je donné malgré moi le coup de pied qui chasse les hommes, ou si j'ai laissé passer l'heure ?

Une voix tonnante et silencieuse m'aspire comme un retour de flamme. Un abîme s'ouvre sous mes pas.

— Je monte !

Plus de composition possible. Les choses se composent d'elles-mêmes. D'en haut les passants chargent mollement, la figure en l'air. Qu'est-ce qui se passe ? Est-ce que ça commence ? Est-ce pour moi ? Je vois s'enfoncer les maisons, leurs chapeaux de fer, puis ce sont les tours, puis les clochers, tous les espadons, puis les fumées... Une locomotive se fâche dans une gare, pas plus fort qu'un siphon dans un apéritif... Tout n'est plus que bulles, puis tout s'adoucit. La maladie de peau guérit à vue d'œil... Une cloche arrive comme un moustique ; un fil de musique, un fil de fumée presque imperceptibles se prolongent, où protestent tous les clairons, toutes les montagnes, tous les tribuns, tous les canons dans l'étendue, tout ce qui lâche la vapeur, toutes les maisons, derniers appels, uhau sanglot roux cage tombée la pipe en feu la suit fini...

Vulturne

LA GARE

À Arthur Fontaine.

Gare de la douleur j'ai fait toutes tes routes.
Je ne peux plus aller, je ne peux plus partir.
J'ai traîné sous tes ciels, j'ai crié sous tes voûtes.
Je me tends vers le jour où j'en verrai sortir
Le masque sans regard qui roule à ma rencontre
Sur le crassier livide où je rampe vers lui,
Quand le convoi des jours qui brûle ses décombres
Crachera son repas d'ombres pour d'autres ombres
Dans l'étable de fer où rumine la nuit.
Ville de fiel, orgues brumeuses sous l'abside
Où les jouets divins s'entrouvrent pour nous voir,
Je n'entends plus gronder dans ton gouffre l'espoir
Que me soufflaient tes chœurs, que me traçaient tes
    signes,
À l'heure où les maisons s'allument pour le soir.

Ruche du miel amer où les hommes essaiment,
Port crevé de strideurs, noir de remorqueurs,
Dont la huée enfonce sa clef dans le cœur
Haïssable et hagard des ludions qui s'aiment,
Torpilleur de la chair contre les vieux mirages
Dont la salve défait et refait les visages,
Sombre école du soir où la classe rapporte
L'erreur de s'embrasser, l'erreur de se quitter,
Il y a bien longtemps que je sais écouter
Ton écluse qui souffre à deux pas de ma porte.

Je suis venu chez toi du temps de ma jeunesse.
Je me souviens du cœur, je me souviens du jour
Où j'ai quitté sans bruit pour surprendre l'amour
Mes parents qui lisaient, la lampe, la tendresse,
Et ce vieux logement que je verrai toujours.

Sur l'atlas enfumé, sur la courbe vitreuse,
J'ai guidé mon fanal au milieu de mes frères.
Les ombres commençaient le halage nocturne.
Le mètre, le ruban filaient dans leur poterne
Les hommes s'enroulaient autour d'un dévidoir.
La boutique, l'enclume à l'oreille cassée,
La forge qui respire une dernière prise,
La terrasse qui sent le sable et la liqueur
Rougissaient par degrés sur le livre d'images
Et gagnaient lentement leur place dans l'église.
Un tramway secouait en frôlant les feuillages
Son harnais de sommeil dans les flaques des rues.
L'hippocampe roulait sa barque et sa lanterne
Sur les pièges du fer et sur les clefs perdues.
Il y avait un mur assommé de traverses
Avec un bec de gaz tout taché de rousseur
Où fusaient tristement les insectes des arbres
Sous le regard absent des éclairs de chaleur.
L'odeur d'un quartier sombre où se fondent les grais-
    ses
Envoyait gauchement ses corbeaux sur le ciel.
Une lampe filait dans l'étude du soir.
Une cour bruissait dans son gâteau de miel.
Une vitre battait comme un petit cahier
Contre le tableau noir où la main du vieux maître
Posait et retirait doucement les étoiles.
Les femmes s'élançaient comme des araignées
Quand un passant marchait sur le bord de leur toile.
Les grands fonds soucieux bourbillaient de plongeurs
Que le masque futur cherchait comme il me cherche.
Le présage secret qui chasse sur les hommes
Nageait d'un peu plus près sur ma tête baissée.

Je me suis retrouvé sous ta serre de vitres
Dans les plants ruisselants, les massifs de visages
Scellés du nom, de l'âge et du secret du coffre,
Du nécessaire d'os et du compas de chair,
En face du tunnel où se cache la fée
De l'aube, qui demain vendra ses madeleines

Sur un quai somnolent tout mouillé de rosée
Dans le bruit du tambour, dans le bruit de la mer.
J'ai longé tout un soir tes grands trains méditants,
Triangles vigilants, braises, bielles couplées,
Sifflets doux, percement lointain de courtilières,
Cagoules qui clignez bassement par vos fentes,
Avec deux passants noirs penchés sur la rambarde
Au-dessus du fournil du pont de la Chapelle
Où le guerrier déchu qui promène les hommes
Encrasse son panache avec un bruit de chaînes,
Et le grand disque vert de la rue de Jessaint,
Gare de ma jeunesse et de ma solitude
Que l'orage parfois saluait longuement,
J'aurai longtemps connu tes regards et tes rampes,
Tes bâillements trempés, tes cris froids, tes attentes,
J'ai suivi tes passants, j'ai doublé tes départs,
Debout contre un pilier j'en aurai pris ma part
Au moment de buter au heurtoir de l'impasse,
À l'heure qu'il faudra renverser la vapeur
Et que j'embrasserai sur sa bouche carrée
Le masque ardent et dur qui prendra mon empreinte
Dans le long cri d'adieu de tes portes fermées.

Sous la lampe

Un long bras timbré d'or glisse du haut des arbres
Et commence à descendre et tinte dans les branches.
Les fleurs et les feuilles se pressent et s'entendent.
J'ai vu l'orvet glisser dans la douceur du soir.
Diane sur l'étang se penche et met son masque.
Un soulier de satin court dans la clairière
Comme un rappel du ciel qui rejoint l'horizon.
Les barques de la nuit sont prêtes à partir.
D'autres viendront s'asseoir sur la chaise de fer.
D'autres verront cela quand je ne serai plus.

La lumière oubliera ceux qui l'ont tant aimée.
Nul appel ne viendra rallumer nos visages.
Nul sanglot ne fera retentir notre amour.
Nos fenêtres seront éteintes.
Un couple d'étrangers longera la rue grise.
Les voix
D'autres voix chanteront, d'autres yeux pleureront
Dans une maison neuve.
Tout sera consommé, tout sera pardonné,
La peine sera fraîche et la forêt nouvelle,
Et peut-être qu'un jour, pour de nouveaux amis,
Dieu tiendra ce bonheur qu'il nous avait promis.

Sous la lampe

AIR DU POÈTE

Au pays de Papouasie
J'ai caressé la Pouasie...
La grâce que je vous souhaite
C'est de n'être pas Papouète.

Ludions

DANSE

Les salades d'escarole
Dansent en robe à paniers
Sous la lune blonde et molle
Qui se lève pour souper.

Un couple d'amants s'isole
Gracieux comme un huilier
Et va sous un mouflier
Voir pousser les croquignoles.

Les salades d'escarole
Demain elles danseront
Dans leur urne funéraire
Sous les faces lunéraires
Qui dînent d'un œil vairon
Et feront sur leurs frisons
L'escalade des paroles
Et le pas des postillons...

Cependant, la terre gronde,
Et dans cette dame blonde
Et dans ce monsieur qui ment,
La mort, lampe d'ossements,
Consume l'huile qui tombe...

Ludions

SPLEEN

Dans un vieux square où l'océan
Du mauvais temps met son séant
Sur un banc triste aux yeux de pluie
C'est d'une blonde
Rosse et gironde
Que je m'ennuie
Dans ce cabaret du Néant
Qu'est notre vie.

Ludions

Anna de Noailles

IL FERA LONGTEMPS CLAIR CE SOIR

Il fera longtemps clair ce soir, les jours allongent.
La rumeur du jour vif se disperse et s'enfuit,
Et les arbres, surpris de ne pas voir la nuit,
Demeurent éveillés dans le soir blanc, et songent...

Les marronniers, sur l'air plein d'or et de lourdeur,
Répandent leurs parfums et semblent les étendre ;
On n'ose pas marcher ni remuer l'air tendre
De peur de déranger le sommeil des odeurs.

De lointains roulements arrivent de la ville...
La poussière qu'un peu de brise soulevait,
Quittant l'arbre mouvant et las qu'elle revêt,
Redescend doucement sur les chemins tranquilles ;

Nous avons tous les jours l'habitude de voir
Cette route si simple et si souvent suivie,
Et pourtant quelque chose est changé dans la vie ;
Nous n'aurons plus jamais notre âme de ce soir...

Le Cœur innombrable
©Grasset

LA VIE PROFONDE

Être dans la nature ainsi qu'un arbre humain,
Étendre ses désirs comme un profond feuillage,
Et sentir, par la nuit paisible et par l'orage,
La sève universelle affluer dans ses mains !

Vivre, avoir les rayons du soleil sur la face,
Boire le sel ardent des embruns et des pleurs,
Et goûter chaudement la joie et la douleur
Qui font une buée humaine dans l'espace !

Sentir, dans son cœur vif, l'air, le feu et le sang
Tourbillonner ainsi que le vent sur la terre ;
— S'élever au réel et pencher au mystère,
Être le jour qui monte et l'ombre qui descend.

Comme du pourpre soir aux couleurs de cerise,
Laisser du cœur vermeil couler la flamme et l'eau,
Et comme l'aube claire appuyée au coteau
Avoir l'âme qui rêve, au bord du monde assise...

Le Cœur innombrable
©Grasset

Jean de Boschère

À PEINE IVRE

Les mains sur le dos
à peine ivre
mieux délivré que l'ivrogne véritable
je ris !
Démoralisation sacrée,
démoralisation, sens ici du mot aigu,
point de mélodies déchues, vaines,
démoralisation sacrée !

Ce n'est point avec des roses
et une traîne de paon bleu
ni avec du genièvre, des cocktails
ni avec la cocaïne, une aile de papillon
ni avec des mots en peuples de rythmes
ni avec une épée ou un poignard
que nous montons vers cette coupe
étalée dans nos cœurs déserts, —
je dis nous avec dans moi ce ganglion chronique d'illu-
    sion,
nous montons avec des haches et des barres de fer.

Plus de nouveaux quartiers
nos dégoûts cessent de les donner
aujourd'hui plus de pardons
le vide bondit, la tempête devant l'inondation.
Tout crève
la cataracte balaie les forêts des mondes.

Pulvériser l'ordre, cet ordre-ci,
renverser l'ordre des séries, des hiérarchies,
plus de vifs amputés aux couteaux des morts
plus de chants patriarcaux
les pères poussés au bûcher
leurs fils y versent les huiles.
Les mains sur le dos
à peine ivre
je ris
démoralisation sacrée.
Point de bible printanière de crimes
mais chaque jour se révolte contre la prescription de la
     veille.

La poésie n'a pas de frondaisons dans les jours mor-
     tels
le bras du verbe s'étend comme la béguine supplie
à travers l'éternité, ni marbre ni diamant,
poulpe ténébreux,
à travers le cyclone des signes mouvants,
matrices négatrices empoisonnées des lois,
fleurs, parfums, oiseaux, poissons, hommes, coquilles
crabe, anémone, étoile
voyageant dans les formes.

Le son d'un mot n'est point sa chair.
Le saltimbanque au balancier n'est pas poète,
mais plus arbitraire que la division du cadran d'heures
plus Sorbonne que le système décimal.
Les jours où il n'y a pas à hurler
il faut faire silence
ou murmurer dans les anthologies
ou croasser aux théâtres
devant mille monstres bêtes.

Les mains sur le dos
à peine ivre.
Et dans le vide germent trois grains de cristal

les colonnes montent dans le désert qui n'est pas
   l'ordre.
Les poètes sont exterminés avec leur champagne
leurs ailes suaves que lèchent les femmes.

Sur les colonnes qui montent, la coupe vide,
hissé là, océan sans écume sans limite
un nouveau désert sur nos cœurs déserts.
Nous attendons, nous, moi
avec la hache et l'assommoir d'acier
écrasons les uniformes des pères d'hier
de demain
plus de chefs, noirs, blancs, jaunes, rouges
démoralisation sacrée.

Héritiers de l'abîme
©Editions Granit

Victor Segalen

TEMPÊTE SOLIDE

Porte-moi sur tes vagues dures, mer figée, mer sans reflux ; tempête solide enfermant le vol des nues et mes espoirs. Et que je fixe en de justes caractères, Montagne, toute la hauteur de ta beauté.

L'œil, précédant le pied sur le sentier oblique te dompte avec peine. Ta peau est rugueuse. Ton air est vaste et descend droit du ciel froid. Derrière la frange visible d'autres sommets élèvent tes passes. Je sais que tu doubles le chemin qu'il faut surmonter. Tu entasses les efforts comme les pèlerins les pierres : en hommage.

En hommage à ton altitude, Montagne. Fatigue ma route : qu'elle soit âpre, qu'elle soit dure ; qu'elle aille très haut.

Et, te quittant pour la plaine, que la plaine a de nouveau pour moi de beauté !

Stèles

PIERRE MUSICALE

Voici le lieu où ils se reconnurent, les amants amoureux de la flûte inégale ;

Voici la table où ils se réjouirent l'époux habile et la fille enivrée ;

Voici l'estrade où ils s'aimaient par les tons essentiels,

Au travers du métal des cloches, de la peau dure des silex tintants,

À travers les cheveux du luth, dans la rumeur des tambours, sur le dos du tigre de bois creux,

Parmi l'enchantement des paons au cri clair, des grues à l'appel bref, du phénix au parler inouï.

Voici le faîte du palais sonnant que Mou-Koung, le père, dressa pour eux comme un socle,

Et voilà, — d'un envol plus suave que phénix, oiselles et paons, — voilà l'espace où ils ont pris essor.

*

Qu'on me touche : toutes ces voix vivent dans ma pierre musicale.

Stèles
©Mme Joly-Segalen

故君子
貴之也

ÉLOGE DU JADE

Si le Sage, faisant peu de cas de l'albâtre, vénère le pur
Jade onctueux, ce n'est point que l'albâtre soit com-
mun et l'autre rare : Sachez plutôt que le Jade est
bon,

Parce qu'il est doux au toucher — mais inflexible. Qu'il
est prudent : ses veines sont fines, compactes et soli-
des.

Qu'il est juste puisqu'il a des angles et ne blesse pas.
Qu'il est plein d'urbanité quand, pendu de la ceintu-
re, il se penche et touche terre.

Qu'il est musical : sa voix s'élève, prolongée jusqu'à la
chute brève. Qu'il est sincère, car son éclat n'est pas
voilé par ses défauts ni ses défauts par son éclat.

Comme la vertu, dans le Sage, n'a besoin d'aucune
parure, le Jade seul peut décemment se présenter
seul.

Son éloge est donc l'éloge même de la vertu.

Stèles
© Mme Joly-Segalen

EXTASE FUNESTE DE TSIN

Aucun jeu, aucun mouvement ici. Pas de meurtres, ni sang ni blessures ni souillures (du moins apparentes). Aucune débauche même vertueuse par l'excès dans son abomination ; — et pourtant, ce que voici fut pour Tsin désastreux autant que pour les autres les spectacles qui précèdent.

*

Cet Empereur, à peine connaissable sous la bure monacale du Bouddha, est assis simplement devant une écritoire. Les yeux lents fixés sur nous ne s'arrêtent point à nos yeux, mais prolongent vers l'arrière-espace leur inquiétante sérénité. Un seul geste, et immobile : celui de la main droite levée tenant le pinceau pointe en bas.

Tout est suspendu à cette pointe. Car d'un coup, le pinceau et les doigts, promulguant la Décision, peuvent jeter au combat les cent mille soldats bien armés dont l'élan et le choc gagneront l'imminente bataille. Mais ni les doigts ni le pinceau ne s'abaissent : — Comment ignorez-vous que le cri des armées, le bruit des victoires ; tout le cliquetis du monde, enfin, se dissout dans une vibration qui s'éteint...

*

Du moins pourrait-il épargner ou venger les fils qu'on lui tue ? Car Il entend comme nous, non loin d'ici, les égorgements et les râles.

Le pinceau ne s'abaisse pas, ne tremble pas : — Vous savez bien que l'amour, même paternel, est une entrave, et qu'un descendant prolonge seulement l'ignorance et la douleur de vivre...

*

Il préfère donc, abandonnant armes et fils, racheter ses femmes qu'on force non loin d'ici ? — Non. La femme surtout est le fardeau, l'arrêt, l'obstacle à la Grande Délivrance.

*

Qu'il choisisse la mort décente par le poison... Mais il décline ce goût peu discret — puisque mort et vie sont les deux reflets d'une seule ombre...

Il demeure ainsi, main levée, et ce pinceau, — dont le trait changerait le Dessous de tout le Ciel, — suspendu.

*

* *

Rien ne presse ; — excepté pour nous la troupe des rebelles au-dehors. Rien n'existe ; — excepté pour lui la Connaissance que rien n'existe, qu'il détient. Rien, du fond de cette âme extatique, n'oblige le geste à prononcer, ni les yeux à se refermer ou à cligner : au contraire, voici qu'ils grandissent et englobent l'espace...

(Venez. Ne nous attardons pas devant eux, ou bien vous verriez la Peinture disparaître comme une bulle éternuant ses couleurs, et vous sentiriez dans votre âme l'évanouissement dans votre âme des chaudes passions de toutes les couleurs qui font sa valeur humaine. Bien plus que débauche et folie, ceci est communicatif, absorbant, épuisant...)

Pour en finir, on l'étouffe sous des couvertures.

Peintures

VENT DES ROYAUMES

Lève, voix antique, et profond Vent des Royaumes.
  Relent du passé ; odeur des moments défunts.
  Long écho sans mur et goût salé des embruns
  Des âges ; reflux assaillant comme les Huns.

Mais tu ne viens pas de leurs plaines maléfiques :
  Tu n'es point comme eux poudré de sable et de bri-
      que,
  Tu ne descends pas des plateaux géographiques
  Ni des ailleurs, — des autrefois : du fond du temps.

Non point chargé d'eau, tu n'as pas désaltéré
  Des gens au désert : tu vas sans but, ignoré
  Du pôle, ignorant le méridion doré
  Et ne passes point sur les palmes et les baumes.

Tu es riche et lourd et suave et frais, pourtant.
  Une fois encor, descends avec la sagesse
  Ancienne, et malgré mon dégoût et ma mollesse
  Viens ressusciter tout de ta grande caresse.

COMMENTAIRE. — Le Poète entend sans doute ici par « Vent des Royaumes » (expression empruntée au Livre des Vers) cette inoubliable et torrentielle impression du Passé, envahissant parfois en triomphe le Présent, « l'abominable présent cadavérique », ainsi qu'il est dit ailleurs. Ce vent est bien le souffle du Passé. Ce vent n'est pas le « Jaune » qui dévale des Steppes Mongoles (d'où cette allusion historique des Huns). Il n'apporte point la poussière, ni la tempête, ni la pluie, — mais plénitude. Il se suffit de lui-même. Tout le goût du Passé se concrète un jour, une heure, un moment. Alors l'antiquité déborde et l'instant crève. La vie même, la très précieuse et très affairée vie, se suspend à son passage. On n'espère plus ; on ne désire plus ; on ne peut crier de joie : mais, de toutes les bouches de l'esprit on aspire et l'on gonfle de lui.

Cette ode au Passé ne peut donc être ancienne : il faut bien qu'elle
date d'aujourd'hui. —

Odes
©Mercure de France

Lors, que mon chant ne suive point en leur trop com-
   mune mesure
            Ces vains jeux de mots encadastrés.
Le rythme qu'il se fasse bond et, crevant la vieille ma-
   sure,
            Chemine au plus haut des cieux astrés.
Et quel célébrant célébré, hanteur des vieux lieux litur-
   giques,
            Prophète en haut-mal de l'avenir,
Quel récitant discipliné ou conducteur d'élans bacchi-
   ques
            Ne s'essoufflerait à ton gravir ?
Ou bien cet enfermé, — le fou ! — suant son encre à
   domicile,
            Prend peur à ton immense horla.
N'opposez point la motte au mont : l'Horeb au Ton-
   nant de Sicile,
            L'Olympe petit au Dokerla.
Mais sur les coupes de tes croupes, par les rimes de tes
   cimes, les créneaux
            Béant en tes rejets synclinaux ;
Et par les laisses de tes chaînes, par les cadences d'ava-
   lanches
            Des troupes de tes séquences blanches,
Il le faut : que — magique au monde rare dont tu fais le
   toit, —
            L'Hymne ne se fonde que sur toi.

Thibet
©Mercure de France

Georges Fourest

LA NÉGRESSE BLONDE

Quamvis ille niger quamvis tu candidus esses.
VIRGILE.

Electro similes auroque capilos.
OVIDE.

Fulvoque nitet coma gratior auro.
CALPURNIUS.

Et flavicomis radianta tergora villis.
CLAUDIEN.

I

Elle est noire comme cirage,
comme un nuage
au ciel d'orage,
et le plumage
du corbeau,
et la lettre A, selon Rimbaud ;
comme la nuit,
comme l'ennui,
l'encre et la suie !
Mais ses cheveux,
ses doux cheveux,
soyeux et longs
sont plus blonds, plus blonds
que le soleil
et que le miel
doux et vermeil,

que le vermeil,
plus qu'Ève, Hélène et Marguerite,
que le cuivre des lèchefrites,
qu'un épi d'or
de Messidor,
et l'on croirait d'ébène et d'or
La belle Négresse, la Négresse blonde !

II

Cannibale, mais ingénue,
elle est assise, toute nue,
sur une peau de kanguroo,
dans l'île de Tamamourou !
Là, pétauristes, potourous,
ornithorynques et wombats,
phascolomes prompts au combat,
près d'elle prennent leurs ébats !
Selon la mode Papoua,
sa mère, enfant, la tatoua :
en jaune, en vert, en vermillon,
en zinzolin, par millions
oiseaux, crapauds, serpents, lézards,
fleurs polychromes et bizarres,
chauves-souris, monstres ailés,
laids, violets, bariolés,
sur son corps noir sont dessinés.
Sur ses fesses bariolées
on écrivit en violet
deux sonnets sibyllins rimés
par le poète Mallarmé
et sur son ventre peint en bleu
fantastique se mord la queue
un amphisbène.
L'arête d'un poisson lui traverse le nez,
de sa dextre aux doigts terminés
par des ongles teints au henné,
elle caresse un échidné,
et parfois elle fait sonner

en souriant d'un air amène
à son col souple un beau collier
de dents humaines,
La belle Négresse, la Négresse blonde !

III

Or des Pierrots,
de blancs Pierrots, de doux Pierrots
blancs comme des poiriers en fleurs,
comme la fleur
des pâles nymphéas sur l'eau,
comme l'écorce des bouleaux,
comme le cygne, oiseau des eaux,
comme les os
d'un vieux squelette,
blancs comme un blanc papier de riz,
blanc comme un blanc Mois-de-Marie,
de doux Pierrots, de blancs Pierrots
dansent le falot boléro,
la fanfoulla, la bamboula,
éperdument au son de la
maigre guzla,
autour de la
Négresse blonde.

IV

Parfois un Pierrot tombe, alors
brandissant un scalpel en or
et riant un rire sonore,
un triomphant rire d'enfant,
vainqueur, moqueur et triomphant,
en grinçant la négresse fend
la poitrine de l'enfant blême
et puis scalpe l'enfant blême
et, de ses dents que le bétel
teint en ébène, bien vite elle

mange le cœur et la cervelle,
sans poivre, ni sel !
Ah ! buvant — suave liqueur ! —
le sang tout chaud, cervelle et cœur,
à belles dents, sans nul émoi,
elle dévore tout, et moi,
Négresse, je t'apporte ici
mon cœur et ma cervelle aussi,
mon foie itou,
va ! bâfre tout,
trou laï tou !
car, sans mentir, j'ai proclamé
que dans ce monde
laid, sublunaire, terraqué
et détraqué
pour qui n'est pas un paltoquet
comme Floquet[*],
seule fut digne d'être aimée
la blonde Négresse, la Négresse blonde !...

La Négresse blonde
© Corti

SARDINES À L'HUILE

> Sardines à l'huile fine sans têtes et sans arêtes.
> (*Réclames des sardiniers*, passim.)

Dans leur cercueil de fer-blanc
plein d'huile au puant relent
marinent décapités

---

[*] Il faut bien avouer que le nom du respectable et feu M. Floquet vient ici comme des cheveux sur la soupe. Mais bah ! (*Note de l'Auteur.*)

ces petits corps argentés
pareils aux guillotinés
là-bas au champ des navets !
Elles ont vu les mers, les
côtes grises de Thulé,
sous les brumes argentées
la Mer du Nord enchantée...
Maintenant dans le fer-blanc
et l'huile au puant relent
de toxiques restaurants
les servent à leurs clients !
Mais loin derrière la nue
leur pauvre âmette ingénue
dit sa muette chanson
au Paradis-des-poissons,
une mer fraîche et lunaire
pâle comme un poitrinaire,
la Mer de Sérénité
aux longs reflets argentés
où durant l'éternité,
sans plus craindre jamais les
cormorans et les filets,
après leur mort nageront
tous les bons petits poissons !...

Sans voix, sans mains, sans genoux[*]
sardines, priez pour nous !...

La Négresse blonde
©Corti

---

[*]Tout ce qu'il faut pour prier. *(Note de l'Auteur.)*

LE CID

Va, je ne te hais point.

P. CORNEILLE.

Le palais de Gormaz, comte et gobernador,
est en deuil : pour jamais dort couché sous la pierre
l'hidalgo dont le sang a rougi la rapière
de Rodrigue appelé le Cid Campeador.

Le soir tombe. Invoquant les deux saints Paul et
   Pierre
Chimène, en voiles noirs, s'accoude au mirador
et ses yeux dont les pleurs ont brûlé la paupière
regardent, sans rien voir, mourir le soleil d'or...

Mais un éclair, soudain, fulgure en sa prunelle :
sur la plaza Rodrigue est debout devant elle !
Impassible et hautain, drapé dans sa capa,

le héros meurtrier à pas lents se promène :
« Dieu ! » soupire à part soi la plaintive Chimène,
« qu'il est joli garçon l'assassin de Papa ! »

La Négresse blonde
©Corti

Paul-Jean Toulet

L'INGÉNUE

D'une amitié passionnée
    Vous me parlez encor,
Azur, aérien décor,
    Montagne Pyrénée,

Où me trompa si tendrement
    Cette ardente ingénue
Qui mentait, fût-ce toute nue,
    Sans rougir seulement.

Au lieu que toi, sublime enceinte,
    Tu es couleur du temps :
Neige en Mars ; roses du printemps...
    Août, sombre hyacinthe.

Les Contrerimes

L'immortelle, et l'œillet de mer
    Qui pousse dans le sable,
La pervenche trop périssable,
    Ou ce fenouil amer

Qui craquait sous la dent des chèvres
  Ne vous en souvient-il,
Ni de la brise au sel subtil
  Qui nous brûlait aux lèvres ?

Les Contrerimes

Toute allégresse a son défaut
  Et se brise elle-même.
Si vous voulez que je vous aime,
  Ne riez pas trop haut.

C'est à voix basse qu'on enchante
  Sous la cendre d'hiver
Ce cœur, pareil au feu couvert,
  Qui se consume et chante.

Les Contrerimes

ROMANCES SANS MUSIQUE

En Arles.

a. Dans Arle, où sont les Aliscams,
  Quand l'ombre est rouge, sous les roses,
    Et clair le temps,

Prends garde à la douceur des choses.
Lorsque tu sens battre sans cause
    Ton cœur trop lourd ;

Et que se taisent les colombes :
Parle tout bas, si c'est d'amour,
    Au bord des tombes.

Les trois dames d'Albi.

b. Filippa, Faïs, Esclarmonde,
Les plus rares, que l'on put voir,
    Beautés du monde ;

Mais toi si pâle encor d'avoir
Couru la lune l'autre soir
    Aux quatrerues,

Écoute : au bruit noir des chansons
Satan flagelle tes sœurs nues ;
    Viens, et dansons.

Plus oultre.

c. Au mois d'aimer, au mois de Mai,
Quand Zo' va cherchant sous les branches
    Le bien-aimé,

Son jupon, tendu sur les hanches,
Me fait songer à l'aile blanche
    Du voilier :

Mers qui battez au pied des mornes
Et dont un double Pilier
    Dressa les bornes.

Le temps d'Adonis.

d. Dans la saison qu'Adonis fut blessé,
    Mon cœur aussi de l'atteinte soudaine
        D'un regard lancé.

    Hors de l'abyme où le temps nous entraîne,
    T'évoquerai-je, ô belle, en vain — ô vaines
        Ombres, souvenirs.

    Ah ! dans mes bras qui pleurais demi-nue,
    Certe serais encore, à revenir,
        Ah ! la bienvenue.

Les Contrerimes

    Puisque tes jours ne t'ont laissé
    Qu'un peu de cendre dans la bouche,
    Avant qu'on ne tende la couche
    Où ton cœur dorme, enfin glacé,
    Retourne, comme au temps passé,
    Cueillir, près de la dune instable,
    Le lys qu'y courbe un souffle amer,
    — Et grave ces mots sur le sable :
    Le rêve de l'homme est semblable
    Aux illusions de la mer.

Les Contrerimes

Le sable où nos pas ont crié, l'or, ni la gloire,
Qu'importe, et de l'hiver le funèbre décor.
Mais que l'amour demeure, et me sourie encor
Comme une rose rouge à travers l'ombre noire.

Les Contrerimes

Voici que j'ai touché les confins de mon âge.
Tandis que mes désirs sèchent sous le ciel nu,
Le temps passe et m'emporte à l'abyme inconnu,
Comme un grand fleuve noir, où s'engourdit la nage.

Les Contrerimes

Jean Pellerin

LA GROSSE DAME CHANTE...

Manger le pianiste ? Entrer dans le Pleyel ?
Que va faire la dame énorme ? L'on murmure...
Elle racle sa gorge et bombe son armure :
La dame va chanter. Un œil fixant le ciel

— L'autre suit le papier, secours artificiel —
Elle chante. Mais quoi ? Le printemps ? La ramure ?
Ses rancœurs d'incomprise et de femme trop mûre ?
Qu'importe ! C'est très beau, très long, substantiel.

La note de la fin monte, s'assied, s'impose.
Le buffet se prépare aux assauts de la pause.
« Après, le concerto ?... — Mais oui, deux clavecins. »

Des applaudissements à la dame bien sage...
Et l'on n'entendra pas le bruit que font les seins
Clapotant dans la vasque immense du corsage.

Le Bouquet inutile

QUOTIDIENNES

À Tristan Derème.

C'est vrai, j'aurais pu devenir
　　　Fabricant d'élégies...
Je ne sais que me souvenir
　　　De notoires orgies.

Mais je veux écrire — à Paris,
　　　Un roman exotique.
— ? — Certes, vous aurez des houris
　　　Dansant sous le portique !

Je peindrai l'eau, le ciel, le port
　　　Et le désert « immense »
À l'heure grise où l'on commence
　　　À crier *Paris-Sport*.

Le Bouquet inutile

LA NUIT D'AVRIL

Je ne me suis pas fait la tête de Musset,
Je tartine des vers, je prépare un essai,
J'ai le quart d'un roman à sécher dans l'armoire.
... Mais que sont vos baisers, ô filles de mémoire !
Vous entendre dicter des mots après des mots,
Triste jeu !
　　　　　... Le loisir d'été sous les ormeaux,
Une écharpe du soir qui se lève et qui glisse...

Des couplets sur ce bon Monsieur de La Palice
Que répète un enfant dans le jardin couvert.
Ce crépuscule rouge, et puis jaune, et puis vert...
... Une femme passant le pont de la Concorde
... Le râle d'un archet pâmé sur une corde,
La danse, la chanson avec la danse, un son
De flûte, sur la danse entraînant la chanson,
Ce geste d'une femme et celui d'une branche...
Ah ! vains mots ! pauvres mots en habits du diman-
   che...
Ah ! vivre tout cela, le vivre et l'épuiser !...
Muse, reprends mon luth et garde ton baiser !

Le Bouquet inutile

Francis Carco

LE BOULEVARD

La fraîcheur vive du boulevard pourri d'automne.
Les larges feuilles des platanes dégringolent. C'est un
écroulement imprévu et bizarre dans la lumière croisée
des lampes à arc. Il tombe une petite pluie menue, ser-
rée que le vent incline parfois sur les visages. La nuit est
parfumée de l'odeur des feuillages gâtés : elle sent enco-
re l'ambre, l'œillet, la poudre, le fard et le caoutchouc
des imperméables.

Instincts
©Albin Michel

L'HEURE DU POÈTE

À Pierre et Jean Silvestre.

La fillette aux violettes
Équivoque, à l'œil cerné,
Reste seule après la fête
Et baise ses vieux bouquets.

Ce n'est ni la nuit, ni l'aube,
Mais cette heure où, dans Paris,
Les rôdeurs et les chiens maigres
Errent dans un brouillard gris...

L'heure amère des poètes
Qui se sentent tristement
Portés sur l'aile inquiète
Du désordre et du tourment.

Et ma lampe qui charbonne
Luit sur ce pauvre cahier
D'où se lèvent des fantômes
Que je croyais oubliés.

Petits airs

MINUIT

Au fond de l'impasse,
Un hôtel de passe :
Il pleut, c'est minuit.
J'entends sonner l'heure
D'une voix qui pleure
Et le pavé luit.
Qui donc ici passe ?
Quelle ombre s'efface ?
Quelle autre la suit,
Au fond de l'impasse,
Par ce soir de pluie ?

Romance de Paris

Tristan Derème

AU VACARME DES AUTOBUS...

Au vacarme des autobus
Et des cars qui rentrent des courses,
Pourquoi rêver dans l'ombre à l'eau verte des sources,
Où dans la paix du soir boivent mes boucs barbus ?
Me voilà loin de mes troènes,
Et, malheureux comme toujours,
J'évoque au bruit des carrefours,
Le silence des bois et la voix des sirènes.
Par ce printemps de quoi me sert
Que Paris ouvre mille ombrelles,
Si j'écoute gémir de rauques tourterelles,
Et si mon cœur encor s'ennuie en son désert ?
À vrai dire, ombrelles sont closes,
Car déjà règne un air obscur
Où l'on ne voit non plus les roses
Que les délices de l'azur ;
Et sans regarder aux fenêtres,
Ce soir triste, je mène encor
Sur ce vaste papier à lettres
Une plume sergent-major.
Je ne fais aucune rature,
Et ce qui me vient je l'écris ;
De tout mot je fais ma pâture :
Il bourdonne, le voilà pris.
Telle va ma littérature,
Ce soir. — Au fond, n'est-ce charmant,

(Je dis : pour moi) d'écrire ainsi sous la dictée,
    Et sans savoir, en ce moment,
    Quelle rime sera chantée,
    Qui daignera sonner en *ment*
      Ou bien en *tée ?*
    Autant vaudrait jouer aux dés !
    Ce sont propos, vous l'entendez,
    Qu'il ne sied guère de répandre,
    Car il serait juste que des
    Alguazils me menassent pendre.

    — Quoi ! plus de choix et plus d'esprit ;
    Plus de raison qui nous gouverne !
    Prendre le mot comme il fleurit,
Et n'avoir en la nuit pas même une lanterne !
Craignez que sous Phœbus quelque traître rival
Ne vous passe la bride en vous nommant cheval ;
Car ne faut-il que soient par les Muses guidées
Les lyres dont la voix enchante l'univers
Et qui savent nouer le myrte et les idées
    Dans la musique des beaux vers ?

— Il est vrai ; c'est l'ennui, Clymène, qui m'abuse
Et que vos jours lointains se fanent sous des cieux
Dont la lumière emplit mes soirs silencieux
    Et soucieux.
Mais qu'entre toutes la plus belle et docte Muse,
Et dans votre miroir ne voyez-vous ses yeux ?
Implore mon pardon du plus mélodieux
    Qu'on entende parmi les dieux.
Que par vous Apollon de flèches ne m'accable ;
Qu'il sache par vos soins qu'il est pour moi saison
De bannir le caprice et d'aimer la raison,
S'il est vrai qu'un amant puisse être raisonnable.

Poèmes des colombes

André Mary

RONDEAU DE JEANNOT

Jeannot de Paris, bras ballants,
Va de Montrouge à la Villette.
On lui vend pour truites merlans,
Gratteculs pour mirobolans,
Quignon dur pour miche moufflette.

Son sens ne vaut une gimblette,
Son goût vaut une poire blette ;
C'est le modèle des chalands,
            Jeannot.

Tous escogriffes, camps-volants,
Dormeuse ou marchand d'amulette,
Astroloc, faiseur de bilans,
Folliculaires pestilents,
Lui font avaler la boulette.
            Jeannot !

Rimes et bacchanales
© François Pradelle

CHANTS D'OISEAUX

Un petit vous taisez, dames ! C'est grand merveille
D'ouïr ces oiselets, le zizi, le lulu,
La jangle du bouvreuil, le caquet résolu
Du gaillard pinsonnet qui me perce l'oreille.

La grive et le moqueux entonnent un canon,
Tandis que va mêlant ses deux notes dolentes
Aux roulements lointains des tourtres roucoulantes
Le coucou qui ne sait que redire son nom.

Mais déjà je n'ois plus, si ce n'est par bouffées,
Le jacque jargonner ni hennir le poulain,
Tant aigre est le babil de ces chèvres coiffées,
Bavardes comme horloge et claquet de moulin.

Rimes et bacchanales
© François Pradelle

RONDEAU DE LA NEIGE

À monsieur Georges Dovime.

Tombe, la neige !
Triste manège :
Moucher, toussir,
Prendre élixir,
Au lit gésir.

Maint déplaisir
Mon mal rengrège.
Tombe, la neige.

Pardonnerai-je ?
Ou haïrai-je ?
Je n'ai loisir
De rien choisir.
Sur tout désir
Tombe la neige.

Rimes et bacchanales
©François Pradelle

Max Jacob

AVENUE DU MAINE

Les manèges déménagent.
Manèges, ménageries, où ?... et pour quels voyages ?
Moi qui suis en ménage
Depuis... ah ! y a bel âge !
De vous goûter, manèges,
Je n'ai plus... que n'ai-je ?...
L'âge.
Les manèges déménagent.
Ménager manager
De l'avenue du Maine
Qui ton manège mène
Pour mener ton ménage !
Ménage ton manège
Manège ton manège.
Manège ton ménage
Mets des ménagements
Au déménagement.
Les manèges déménagent.
Ah ! vers quels mirages ?
Dites pour quels voyages
Les manèges déménagent.

Les Œuvres burlesques et mystiques de frère Matorel

LA GUERRE

Les boulevards extérieurs, la nuit, sont pleins de neige ; les bandits sont des soldats ; on m'attaque avec des rires et des sabres, on me dépouille : je me sauve pour retomber dans un autre carré. Est-ce une cour de caserne, ou celle d'une auberge ? que de sabres ! que de lanciers ! il neige ! on me pique avec une seringue : c'est un poison pour me tuer ; une tête de squelette voilée de crêpe me mord le doigt. De vagues réverbères jettent sur la neige la lumière de ma mort.

Le Cornet à dés

ROMAN FEUILLETON

Donc, une auto s'arrêta devant l'hôtel à Chartres. Savoir qui était dans cette auto, devant cet hôtel, si c'était Toto, si c'était Totel, voilà ce que vous voudriez savoir, mais vous ne le saurez jamais... jamais... La fréquentation des Parisiens a fait beaucoup de bien aux hôteliers de Chartres, mais la fréquentation des hôteliers de Chartres a fait beaucoup de mal aux Parisiens pour certaines raisons. Un garçon d'hôtel prit les bottes du propriétaire de l'auto et les cira : ces bottes furent mal cirées, car l'abondance des autos dans les hôtels empêchait les domestiques de prendre les dispositions nécessaires à un bon cirage de bottes ; fort heureusement, la même abondance empêcha notre héros d'apercevoir que ses bottes étaient mal cirées. Que venait faire notre héros dans cette vieille cité de Chartres, qui est si connue ? il venait chercher un médecin, parce qu'il n'y en a pas assez à Paris pour le nombre de maladies qu'il avait.

Le Cornet à dés

ÉTABLISSEMENT D'UNE COMMUNAUTÉ AU BRÉSIL

On fut reçu par la fougère et l'ananas
L'antilope craintif sous l'ipécacuanha.
Le moine enlumineur quitta son aquarelle
Et le vaisseau n'avait pas replié son aile
Que cent abris légers fleurissaient la forêt.
Les nonnes labouraient. L'une d'elles pleurait
Trouvant dans une lettre un sujet de chagrin.
Un moine intempérant s'enivrait de raisin.
Et l'on priait pour le pardon de ce péché
On cueillait des poisons à la cime des branches
Et les moines vanniers tressaient des urnes blanches.
Un forçat évadé qui vivait de la chasse
Fut guéri de ses plaies et touché de la grâce :
Devenu saint, de tous les autres adoré,
Il obligeait les fauves à leur lécher les pieds.
Et les oiseaux du ciel, les bêtes de la terre
Leur apportaient à tous les objets nécessaires.
Un jour on eut un orgue au creux de murs crépis
Des troupeaux de moutons qui mordaient les épis
Un moine est bourrelier, l'autre est distillateur
Le dimanche après vêpre on herborise en chœur.

Saluez le manguier et bénissez la mangue
La flûte du crapaud vous parle dans sa langue
Les autels sont parés de fleurs vraiment étranges

Leurs parfums attiraient le sourire des anges,
Des sylphes, des esprits blottis dans la forêt
Autour des murs carrés de la communauté.
Or voici qu'un matin quand l'Aurore saignante
Fit la nuée plus pure et plus fraîche la plante
La forêt où la vigne au cèdre s'unissait,
Parut avoir la teigne. Un nègre paraissait
Puis deux, puis cent, puis mille et l'herbe en était
    teinte
Et le Saint qui pouvait dompter les animaux
Ne put rien sur ces gens qui furent ses bourreaux.
La tête du couvent roula dans l'herbe verte
Et des moines détruits la place fut déserte
Sans que rien dans l'azur frémît de la mort.

C'est ainsi que vêtu d'innocence et d'amour
J'avançais en traçant mon travail chaque jour
Priant Dieu et croyant à la beauté des choses
Mais le rire cruel, les soucis qu'on m'impose
L'argent et l'opinion, la bêtise d'autrui
Ont fait de moi le dur bourgeois qui signe ici.

Le Laboratoire central

LA RUE RAVIGNAN

À Dorival.

Importuner mon Fils à l'heure où tout repose
Pour contempler un mal dont toi-même souris ?
L'incendie est comme une rose
Ouverte sur la queue d'un paon gris.
Je vous dois tout, mes douleurs et mes joies...
J'ai tant pleuré pour être pardonné !
Cassez le tourniquet où je suis mis en cage !

Adieu, barreaux, nous partons vers le Nil ;
Nous profitons d'un Sultan en voyage
Et des villas bâties avec du fil
L'orange et le citron tapisseraient la trame
Et les galériens ont des turbans au front.
Je suis mourant, mon souffle est sur les cimes !
Des émigrants j'écoute les chansons
Port de Marseille, ohé ! la jolie ville,
Les jolies filles et les beaux amoureux !
Chacun ici est chaussé d'espadrilles :
La Tour de Pise et les marchands d'oignons.
Je te regrette, ô ma rue Ravignan !
De tes hauteurs qu'on appelle antipodes
Sur les pipeaux m'ont enseigné l'amour
Douces bergères et leurs riches atours
Venues ici pour nous montrer les modes.
L'une était folle ; elle avait une bique
Avec des fleurs à ses cornes de Pan ;
L'autre pour les refrains de nos fêtes bacchiques
La vague et pure voix qu'eût rêvée Malibran.
L'impasse de Guelma a ses corrégidors
Et la rue Caulaincourt ses marchands de tableaux
Mais la rue Ravignan est celle que j'adore
Pour les cœurs enlacés de mes porte-drapeaux.
Là, taillant des dessins dans les perles que j'aime,
Mes défauts les plus grands furent ceux de mes
    poèmes.

Le Laboratoire central

MUSIQUE ACIDULÉE

Boum ! Dame ! Amsterdam.
Barège n'est pas Baume-les-Dames !
Papa n'est pas là !
L'ipéca du rat n'est pas du chocolat.
Gros lot du Congo ? oh ! le beau Limpopo !
Port du mort, il sort de l'or *(bis)*.
Clair de mer de verre de terre
Rage, mage, déménage
Du fromage où tu nages
Papa n'est pas là.
L'ipéca du Maradjah de Nepala.
Pipi, j'ai envie
Hi ! faut y l'dire ici.
Vrai ? Vrai ?

Le Laboratoire central

LA TERRE

Envolez-moi au-dessus des chandelles noires de la
    terre,
au-dessus des cornes venimeuses de la terre.
Il n'y a de paix qu'au-dessus des serpents de la terre,
La terre est une grande bouche souillée,
ses hoquets, ses rires à gorge déployée,
sa toux, son haleine, ses ronflements quand elle dort
me triturent l'âme. Attirez-moi dehors !
Secouez-moi ! empoignez-moi, et toi terre chasse-moi.
Surnaturel, je me cramponne à ton drapeau de soie
que le grand vent me coule dans tes plis qui ondoient.

Je craque de discordes militaires avec moi-même,
je me suis comme une poulie, une voiture de dilem-
    mes
et je ne pourrai dormir que dans vos évidences.
Je vous envie, phénix, faisan doré, condors...
Donnez-moi une couverture volante qui me porte
au-dessus du tonnerre, dehors au cristal de vos portes.

                            (Ces messieurs n'aiment pas.)

Sacrifice impérial

LA BABYLONE

        La Babylone j'ai vu, Marie !
        La Babylone j'ai vu, Jésus !
        Sept étages et Jésus dessus !
        Sept étages avec des colonnes.
        Rez-de-chaussée les paresseux
        Souliers cirés, esprit ni âme,
        jolis messieurs et jolies dames.
        Au premier le riche et l'orgueil
        avec le tonnerre dans son œil.
        Au second j'ai vu la colère
        Taper du pied pour les faire taire
        Depuis le bas jusqu'au fronton
        les sept étages des sept démons.
        La puanteur chez les avares
        ceux qui ont pris la meilleure part
        et la luxure porc à porc
        avec les gourmands à la porte.
        Jésus dessus, Jésus dessous
        mais on ne Le voit pas du tout.

Morceaux choisis

BERTHE LA SERVANTE

Celui qui forgera la bague de nos noces
c'est Thomas de la grotte, le ferreur de chevaux
malgré qu'il est sorcier.
Je veux mettre aux doigts blancs de votre belle main
l'anneau d'or tiède encor du marteau de l'enclume.
« Monsieur le comte, je ne suis qu'une servante,
« la servante du bar, du bar de cet hôtel !
   — Ô Berthe ! si j'en juge par cette belle main
« Diane vous êtes, métamorphosée en bonne.
« Je vous ferai comtesse et je deviendrai dieu ! »

                          ❧

                    ❧   ❧

Monde ! monde ! pour moi tu n'es que pacotille !
Le lendemain des noces je l'ai trouvée défunte,
défunte dans mes bras.
Monde ! monde ! pour moi tout n'est que pacotille
puisque je l'ai perdue le lendemain des noces.
Venez ! le forgeron, le ferreur des chevaux,
prenez-moi le moulage de son bras, de sa main
car je veux le garder, garder sur mon bureau.
Surtout n'oubliez pas, ô ferreur de chevaux,
de lui passer au doigt l'anneau de mariage
et faites-le rougir au feu
pour qu'il s'enfonce dans le plâtre
comme il est dans mon cœur.
Seule la haine pourrait égaler mon amour
pour cette morte.

Ballades

Pierre Albert-Birot

AUX JEUNES POÈTES
POÈME GENRE DIDACTIQUE

Pour faire un poème
Pardonnez-moi ce pléonasme
Il suffit de se promener
Quelquefois sans bouger

Regardez dehors et dedans
Avec toutes les cellules
De votre vous

Et voici que vous êtes riche

Mais n'en dites rien à personne
Pour aujourd'hui
Ne faites pas le nouveau-riche
Apprenez les bonnes manières
Car la fortune est peu de chose
À qui ne sait pas s'en servir

Vous voici fécondés

Travaillez façonnez polissez assemblez
Tous ces immatériels matériaux

Maintenant
Que vous avez reçu le monde en vous
Portez le monde qui va naître

Obéissez
Parfois aux lois des autres
Parfois aux vôtres
Parfois encore et surtout

À la Loi
Qui n'est ni des autres ni de vous

Et vous serez aimés
Des mots des sons des rythmes
Qui s'ordonneront pour vous plaire

Soyez triple comme un dieu
Ou plutôt comme une mère
Et naîtra le poème

Mais j'aurais dû tout simplement vous dire
Copiez copiez
Religieusement
La Vérité que vous êtes
Et vous ferez un poème

À condition que vous soyez poète

La Lune ou le livre des poèmes

.

ISTHMIQUES

À pas lents
Majestueusement
Roi d'autrefois marchant à son couronnement
Tu t'es avancé dans   grandeur
Étroitement casqué de caoutchouc

Mannequin de Chirico
Tu as marché vers l'horizon qui t'attendait
Le Soleil était au milieu du Ciel
Comme une belle image dans l'âme d'un poète
Derrière il y avait peut-être quelques ombres qui traî-
naient
Mais tu as quitté la terre et ton corps a perdu la
mémoire
Ton corps d'homme s'est donné comme se donne un
corps de femme
Et tu as ouvert les yeux et tu as vu la naissance du
monde
Et tu as vu tes bras qui aimaient à pleins bras
Et tu as connu la ville beaucoup mieux qu'homme de
terre
Et tu as glissé dans l'éternité pendant 25 minutes
Et tu as vu la fin du monde
Et tu as ressuscité parce que je l'ai voulu
Et tu étais un peu las comme un Dieu d'autrefois
Revenant sur la Terre

Le Soleil était toujours au milieu du Ciel

La Lune ou le livre des poèmes

FLEUR DES CHAMPS

Ô Seigneur homme animal auquel je ressemble encore
un peu
Par la forme de mon corps et les envolées de mes
sens
Sais-tu que tu n'as pas encor dit partout que tu es là
Comme tu es lent à dire à la Nature non à droite à
gauche

Sais-tu qu'en maints endroits sur la Terre
Elle mène une vie qui s'en va n'importe où
Sais-tu qu'il y a des arbres des boutons d'or et des papil-
lons
Des bœufs des paysans et des moissons comme au
temps de Virgile
Et des Forêts vautrées à tort et à travers tout comme au
temps des bêtes
Et des pierres qui ne sont pas taillées tout comme si tu
n'étais pas là
Oui tu le sais ô Seigneur homme et tu trouves cela très
bien
Et tu te donnes à ces pierres difformes à ces arbres sans
ligne
Et aux chants de leurs oiseaux comme une jeune fille à
un jeune homme
Et tu copies la nature avecque tes pinceaux pour l'em-
porter dans ta maison
Et la mettre dans un cadre doré pauvre baiseur de pay-
sages
Et dans ta ville fille du fil-à-plomb tu dis Ah dans les
temps anciens
Tu es pourtant bien jeune Seigneur et tu n'es pas enco-
re un homme
Et je suis donc majeur avant toi moi qui fais passer
l'homme avant l'herbe
Et pourtant je suis jeune aussi puisque j'écris ce poème
assis dans l'herbe

La Lune ou le livre des poèmes

Guillaume Apollinaire

LE PONT MIRABEAU

Sous le pont Mirabeau coule la Seine
       Et nos amours
     Faut-il qu'il m'en souvienne
La joie venait toujours après la peine

       Vienne la nuit sonne l'heure
       Les jours s'en vont je demeure

Les mains dans les mains restons face à face
       Tandis que sous
     Le pont de nos bras passe
Des éternels regards l'onde si lasse

       Vienne la nuit sonne l'heure
       Les jours s'en vont je demeure

L'amour s'en va comme cette eau courante
       L'amour s'en va
     Comme la vie est lente
Et comme l'Espérance est violente

       Vienne la nuit sonne l'heure
       Les jours s'en vont je demeure

Passent les jours et passent les semaines
       Ni temps passé

Ni les amours reviennent
Sous le pont Mirabeau coule la Seine

Vienne la nuit sonne l'heure
Les jours s'en vont je demeure

Alcools

LA CHANSON DU MAL·AIMÉ

À Paul Léautaud.

Et je chantais cette romance
En 1903 sans savoir
Que mon amour à la semblance
Du beau Phénix s'il meurt un soir
Le matin voit sa renaissance

Un soir de demi-brume à Londres
Un voyou qui ressemblait à
Mon amour vint à ma rencontre
Et le regard qu'il me jeta
Me fit baisser les yeux de honte

Je suivis ce mauvais garçon
Qui sifflotait mains dans les poches
Nous semblions entre les maisons
Onde ouverte de la mer Rouge
Lui les Hébreux moi Pharaon

Que tombent ces vagues de briques
Si tu ne fus pas bien aimée
Je suis le souverain d'Égypte
Sa sœur-épouse son armée
Si tu n'es pas l'amour unique

Au tournant d'une rue brûlant
De tous les feux de ses façades
Plaies du brouillard sanguinolent
Où se lamentaient les façades
Une femme lui ressemblant

C'était son regard d'inhumaine
La cicatrice à son cou nu
Sortit saoule d'une taverne
Au moment où je reconnus
La fausseté de l'amour même

Lorsqu'il fut de retour enfin
Dans sa patrie le sage Ulysse
Son vieux chien de lui se souvint
Près d'un tapis de haute lisse
Sa femme attendait qu'il revînt

L'époux royal de Sacontale
Las de vaincre se réjouit
Quand il la retrouva plus pâle
D'attente et d'amour yeux pâlis
Caressant sa gazelle mâle

J'ai pensé à ces rois heureux
Lorsque le faux amour et celle
Dont je suis encore amoureux
Heurtant leurs ombres infidèles
Me rendirent si malheureux

Regrets sur quoi l'enfer se fonde
Qu'un ciel d'oubli s'ouvre à mes vœux
Pour son baiser les rois du monde
Seraient morts les pauvres fameux
Pour elle eussent vendu leur ombre

J'ai hiverné dans mon passé
Revienne le soleil de Pâques

Pour chauffer un cœur plus glacé
Que les quarante de Sébaste
Moins que ma vie martyrisés

Mon beau navire ô ma mémoire
Avons-nous assez navigué
Dans une onde mauvaise à boire
Avons-nous assez divagué
De la belle aube au triste soir

Adieu faux amour confondu
Avec la femme qui s'éloigne
Avec celle que j'ai perdue
L'année dernière en Allemagne
Et que je ne reverrai plus

Voie lactée ô sœur lumineuse
Des blancs ruisseaux de Chanaan
Et des corps blancs des amoureuses
Nageurs morts suivrons-nous d'ahan
Ton cours vers d'autres nébuleuses

Je me souviens d'une autre année
C'était l'aube d'un jour d'avril
J'ai chanté ma joie bien-aimée
Chanté l'amour à voix virile
Au moment d'amour de l'année

AUBADE
CHANTÉE À LAETARE UN AN PASSÉ

C'est le printemps viens-t'en Pâquette
Te promener au bois joli
Les poules dans la cour caquètent
L'aube au ciel fait de roses plis
L'amour chemine à ta conquête

Mars et Vénus sont revenus
Ils s'embrassent à bouches folles
Devant des sites ingénus
Où sous les roses qui feuillolent
De beaux dieux roses dansent nus

Viens ma tendresse est la régente
De la floraison qui paraît
La nature est belle et touchante
Pan sifflote dans la forêt
Les grenouilles humides chantent

Beaucoup de ces dieux ont péri
C'est sur eux que pleurent les saules
Le grand Pan l'amour Jésus-Christ
Sont bien morts et les chats miaulent
Dans la cour je pleure à Paris

Moi qui sais des lais pour les reines
Les complaintes de mes années
Des hymnes d'esclave aux murènes
La romance du mal aimé
Et des chansons pour les sirènes

L'amour est mort j'en suis tremblant
J'adore de belles idoles
Les souvenirs lui ressemblant
Comme la femme de Mausole
Je reste fidèle et dolent

Je suis fidèle comme un dogue
Au maître le lierre au tronc
Et les Cosaques Zaporogues
Ivrognes pieux et larrons
Aux steppes et au décalogue

Portez comme un joug le Croissant
Qu'interrogent les astrologues
Je suis le Sultan tout-puissant
Ô mes Cosaques Zaporogues
Votre Seigneur éblouissant

Devenez mes sujets fidèles
Leur avait écrit le Sultan
Ils rirent à cette nouvelle
Et répondirent à l'instant
À la lueur d'une chandelle

RÉPONSE DES COSAQUES ZAPOROGUES
AU SULTAN DE CONSTANTINOPLE

Plus criminel que Barrabas
Cornu comme les mauvais anges
Quel Belzébuth es-tu là-bas
Nourri d'immondice et de fange
Nous n'irons pas à tes sabbats

Poisson pourri de Salonique
Long collier des sommeils affreux
D'yeux arrachés à coup de pique
Ta mère fit un pet foireux
Et tu naquis de sa colique

Bourreau de Podolie Amant
Des plaies des ulcères des croûtes
Groin de cochon cul de jument
Tes richesses garde-les toutes
Pour payer tes médicaments

Voie lactée ô sœur lumineuse
Des blancs ruisseaux de Chanaan
Et des corps blancs des amoureuses

Nageurs morts suivrons-nous d'ahan
Ton cours vers d'autres nébuleuses

Regret des yeux de la putain
Et belle comme une panthère
Amour vos baisers florentins
Avaient une saveur amère
Qui a rebuté nos destins

Ses regards laissaient une traîne
D'étoiles dans les soirs tremblants
Dans ses yeux nageaient les sirènes
Et nos baisers mordus sanglants
Faisaient pleurer nos fées marraines

Mais en vérité je l'attends
Avec mon cœur avec mon âme
Et sur le pont des Reviens-t'en
Si jamais revient cette femme
Je lui dirai Je suis content

Mon cœur et ma tête se vident
Tout le ciel s'écoule par eux
Ô mes tonneaux des Danaïdes
Comment faire pour être heureux
Comme un petit enfant candide

Je ne veux jamais l'oublier
Ma colombe ma blanche rade
Ô marguerite exfoliée
Mon île au loin ma Désirade
Ma rose mon giroflier

Les satyres et les pyraustes
Les égypans les feux follets
Et les destins damnés ou faustes
La corde au cou comme à Calais
Sur ma douleur quel holocauste

Douleur qui doubles les destins
La licorne et le capricorne
Mon âme et mon corps incertain
Te fuient ô bûcher divin qu'ornent
Des astres des fleurs du matin

Malheur dieu pâle aux yeux d'ivoire
Tes prêtres fous t'ont-ils paré
Tes victimes en robe noire
Ont-elles vainement pleuré
Malheur dieu qu'il ne faut pas croire

Et toi qui me suis en rampant
Dieu de mes dieux morts en automne
Tu mesures combien d'empans
J'ai droit que la terre me donne
Ô mon ombre ô mon vieux serpent

Au soleil parce que tu l'aimes
Je t'ai menée souviens-t'en bien
Ténébreuse épouse que j'aime
Tu es à moi en n'étant rien
Ô mon ombre en deuil de moi-même

L'hiver est mort tout enneigé
On a brûlé les ruches blanches
Dans les jardins et les vergers
Les oiseaux chantent sur les branches
Le printemps clair l'avril léger

Mort d'immortels argyraspides
La neige aux boucliers d'argent
Fuit les dendrophores livides
Du printemps cher aux pauvres gens
Qui resourient les yeux humides

Et moi j'ai le cœur aussi gros
Qu'un cul de dame damascène
Ô mon amour je t'aimais trop

Et maintenant j'ai trop de peine
Les sept épées hors du fourreau

Sept épées de mélancolie
Sans morfil ô claires douleurs
Sont dans mon cœur et la folie
Veut raisonner pour mon malheur
Comment voulez-vous que j'oublie

LES SEPT ÉPÉES

La première est toute d'argent
Et son nom tremblant c'est Pâline
Sa lame un ciel d'hiver neigeant
Son destin sanglant gibeline
Vulcain mourut en la forgeant

La seconde nommée Noubosse
Est un bel arc-en-ciel joyeux
Les dieux s'en servent à leurs noces
Elle a tué trente Bé-Rieux
Et fut douée par Carabosse

La troisième bleu féminin
N'en est pas moins un chibriape
Appelé Lul de Faltenin
Et que porte sur une nappe
L'Hermès Ernest devenu nain

La quatrième Malourène
Est un fleuve vert et doré
C'est le soir quand les riveraines
Y baignent leurs corps adorés
Et des chants de rameurs s'y traînent

La cinquième Sainte-Fabeau
C'est la plus belle des quenouilles
C'est un cyprès sur un tombeau
Où les quatre vents s'agenouillent
Et chaque nuit c'est un flambeau

La sixième métal de gloire
C'est l'ami aux si douces mains
Dont chaque matin nous sépare
Adieu voilà votre chemin
Les coqs s'épuisaient en fanfares

Et la septième s'exténue
Une femme une rose morte
Merci que le dernier venu
Sur mon amour ferme la porte
Je ne vous ai jamais connue

Voie lactée ô sœur lumineuse
Des blancs ruisseaux de Chanaan
Et des corps blancs des amoureuses
Nageurs morts suivrons-nous d'ahan
Ton cours vers d'autres nébuleuses

Les démons du hasard selon
Le chant du firmament nous mènent
À sons perdus leurs violons
Font danser notre race humaine
Sur la descente à reculons

Destins destins impénétrables
Rois secoués par la folie
Et ces grelottantes étoiles
De fausses femmes dans vos lits
Aux déserts que l'histoire accable

Luitpold le vieux prince régent
Tuteur de deux royautés folles
Sanglote-t-il en y songeant
Quand vacillent les lucioles
Mouches dorées de la Saint-Jean

Près d'un château sans châtelaine
La barque aux barcarols chantants
Sur un lac blanc et sous l'haleine
Des vents qui tremblent au printemps
Voguait cygne mourant sirène

Un jour le roi dans l'eau d'argent
Se noya puis la bouche ouverte
Il s'en revint en surnageant
Sur la rive dormir inerte
Face tournée au ciel changeant

Juin ton soleil ardente lyre
Brûle mes doigts endoloris
Triste et mélodieux délire
J'erre à travers mon beau Paris
Sans avoir le cœur d'y mourir

Les dimanches s'y éternisent
Et les orgues de Barbarie
Y sanglotent dans les cours grises
Les fleurs aux balcons de Paris
Penchent comme la tour de Pise

Soirs de Paris ivres du gin
Flambant de l'électricité
Les tramways feux verts sur l'échine
Musiquent au long des portées
De rails leur folie de machines

Les cafés gonflés de fumée
Crient tout l'amour de leurs tziganes
De tous leurs siphons enrhumés

De leurs garçons vêtus d'un pagne
Vers toi toi que j'ai tant aimée

Moi qui sais des lais pour les reines
Les complaintes de mes années
Des hymnes d'esclave aux murènes
La romance du mal aimé
Et des chansons pour les sirènes

Alcools

L'ÉMIGRANT DE LANDOR ROAD

À André Billy.

Le chapeau à la main il entra du pied droit
Chez un tailleur très chic et fournisseur du roi
Ce commerçant venait de couper quelques têtes
De mannequins vêtus comme il faut qu'on se vête

La foule en tous les sens remuait en mêlant
Des ombres sans amour qui se traînaient par terre
Et des mains vers le ciel plein de lacs de lumière
S'envolaient quelquefois comme des oiseaux blancs

Mon bateau partira demain pour l'Amérique
        Et je ne reviendrai jamais
Avec l'argent gagné dans les prairies lyriques
Guider mon ombre aveugle en ces rues que j'aimais

Car revenir c'est bon pour un soldat des Indes
Les boursiers ont vendu tous mes crachats d'or fin
Mais habillé de neuf je veux dormir enfin
Sous des arbres pleins d'oiseaux muets et de singes

Les mannequins pour lui s'étant déshabillés
Battirent leurs habits puis les lui essayèrent
Le vêtement d'un lord mort sans avoir payé
Au rabais l'habilla comme un millionnaire

    Au-dehors les années
    Regardaient la vitrine
    Les mannequins victimes
    Et passaient enchaînées

Intercalées dans l'an c'étaient les journées veuves
Les vendredis sanglants et lents d'enterrements
De blancs et de tout noirs vaincus des cieux qui pleu-
   vent
Quand la femme du diable a battu son amant

Puis dans un port d'automne aux feuilles indécises
Quand les mains de la foule y feuillolaient aussi
Sur le pont du vaisseau il posa sa valise
    Et s'assit

Les vents de l'Océan en soufflant leurs menaces
Laissaient dans ses cheveux de longs baisers mouillés
Des émigrants tendaient vers le port leurs mains lasses
Et d'autres en pleurant s'étaient agenouillés

Il regarda longtemps les rives qui moururent
Seuls des bateaux d'enfant tremblaient à l'horizon
Un tout petit bouquet flottant à l'aventure
Couvrit l'Océan d'une immense floraison

Il aurait voulu ce bouquet comme la gloire
Jouer dans d'autres mers parmi tous les dauphins
    Et l'on tissait dans sa mémoire
    Une tapisserie sans fin
    Qui figurait son histoire

Mais pour noyer changées en poux
Ces tisseuses têtues qui sans cesse interrogent
Il se maria comme un doge
Aux cris d'une sirène moderne sans époux

Gonfle-toi vers la nuit Ô Mer Les yeux des squales
Jusqu'à l'aube ont guetté de loin avidement
Des cadavres de jours rongés par les étoiles
Parmi le bruit des flots et les derniers serments

Alcools

LE MUSICIEN DE SAINT-MERRY

J'ai enfin le droit de saluer des êtres que je ne connais
    pas
Ils passent devant moi et s'accumulent au loin
Tandis que tout ce que j'en vois m'est inconnu
Et leur espoir n'est pas moins fort que le mien

Je ne chante pas ce monde ni les autres astres
Je chante toutes les possibilités de moi-même hors de ce
    monde et des astres
Je chante la joie d'errer et le plaisir d'en mourir

Le 21 du mois de mai 1913
Passeur des morts et les mordonnantes mériennes
Des millions de mouches éventaient une splendeur
Quand un homme sans yeux sans nez et sans oreilles
Quittant le Sébasto entra dans la rue Aubry-le-Boucher
Jeune l'homme était brun et ce couleur de fraise sur les
    joues
Homme Ah ! Ariane
Il jouait de la flûte et la musique dirigeait ses pas

Il s'arrêta au coin de la rue Saint-Martin
Jouant l'air que je chante et que j'ai inventé
Les femmes qui passaient s'arrêtaient près de lui
Il en venait de toutes parts
Lorsque tout à coup les cloches de Saint-Merry se
    mirent à sonner
Le musicien cessa de jouer et but à la fontaine
Qui se trouve au coin de la rue Simon-Le-Franc
Puis Saint-Merry se tut
L'inconnu reprit son air de flûte
Et revenant sur ses pas marcha jusqu'à la rue de la Ver-
    rerie
Où il entra suivi par la troupe des femmes
Qui sortaient des maisons
Qui venaient par les rues traversières les yeux fous
Les mains tendues vers le mélodieux ravisseur
Il s'en allait indifférent jouant son air
Il s'en allait terriblement

Puis ailleurs
À quelle heure un train partira-t-il pour Paris

À ce moment
Les pigeons des Moluques fientaient des noix musca-
    des
En même temps
Mission catholique de Bôma qu'as-tu fait du sculpteur

Ailleurs
Elle traverse un pont qui relie Bonn à Beuel et disparaît
    à travers Pützchen

Au même instant
Une jeune fille amoureuse du maire

Dans un autre quartier
Rivalise donc poète avec les étiquettes des parfu-
    meurs

En somme ô rieurs vous n'avez pas tiré grand-chose des
    hommes
Et à peine avez-vous extrait un peu de graisse de leur
    misère
Mais nous qui mourons de vivre loin l'un de l'autre
Tendons nos bras et sur ces rails roule un long train de
    marchandises

Tu pleurais assise près de moi au fond d'un fiacre

Et maintenant
Tu me ressembles tu me ressembles malheureusement

Nous nous ressemblons comme dans l'architecture du
    siècle dernier
Ces hautes cheminées pareilles à des tours
Nous allons plus haut maintenant et ne touchons plus le
    sol

Et tandis que le monde vivait et variait

Le cortège des femmes long comme un jour sans pain
Suivait dans la rue de la Verrerie l'heureux musicien

Cortèges ô cortèges
C'est quand jadis le roi s'en allait à Vincennes
Quand les ambassadeurs arrivaient à Paris
Quand le maigre Suger se hâtait vers la Seine
Quand l'émeute mourait autour de Saint-Merry

Cortèges ô cortèges
Les femmes débordaient tant leur nombre était grand
Dans toutes les rues avoisinantes
Et se hâtaient raides comme balle
Afin de suivre le musicien
Ah ! Ariane et toi Pâquette et toi Amine
Et toi Mia et toi Simone et toi Mavise
Et toi Colette et toi la belle Geneviève
Elles ont passé tremblantes et vaines

Et leurs pas légers et prestes se mouvaient selon la
    cadence
De la musique pastorale qui guidait
Leurs oreilles avides

L'inconnu s'arrêta un moment devant une maison à
    vendre
Maison abandonnée
Aux vitres brisées
C'est un logis du seizième siècle
La cour sert de remise à des voitures de livraisons
C'est là qu'entra le musicien
Sa musique qui s'éloignait devint langoureuse
Les femmes le suivirent dans la maison abandonnée
Et toutes y entrèrent confondues en bande
Toutes toutes y entrèrent sans regarder derrière elles
Sans regretter ce qu'elles ont laissé
Ce qu'elles ont abandonné
Sans regretter le jour la vie et la mémoire
Il ne resta bientôt plus personne dans la rue de la Ver-
    rerie
Sinon moi-même et un prêtre de Saint-Merry
Nous entrâmes dans la vieille maison
Mais nous n'y trouvâmes personne

Voici le soir
À Saint-Merry c'est l'Angélus qui sonne
Cortèges ô cortèges
C'est quand jadis le roi revenait de Vincennes
Il vint une troupe de casquettiers
Il vint des marchands de bananes
Il vint des soldats de la garde républicaine
Ô nuit
Troupeau de regards langoureux des femmes
Ô nuit
Toi ma douleur et mon attente vaine
J'entends mourir le son d'une flûte lointaine

Calligrammes

LE CHANT D'AMOUR

Voici de quoi est fait le chant symphonique de
    l'amour
Il y a le chant de l'amour de jadis
Le bruit des baisers éperdus des amants illustres
Les cris d'amour des mortelles violées par les dieux
Les virilités des héros fabuleux érigées comme des piè-
    ces contre avions
Le hurlement précieux de Jason
Le chant mortel du cygne
Et l'hymne victorieux que les premiers rayons du soleil
    ont fait chanter à Memnon l'immobile
Il y a le cri des Sabines au moment de l'enlèvement
Il y a aussi les cris d'amour des félins dans les jongles
La rumeur sourde des sèves montant dans les plantes
    tropicales
Le tonnerre des artilleries qui accomplissent le terrible
    amour des peuples
Les vagues de la mer où naît la vie et la beauté

Il y a là le chant de tout l'amour du monde

Calligrammes

LA MANDOLINE
L'ŒILLET ET LE BAMBOU

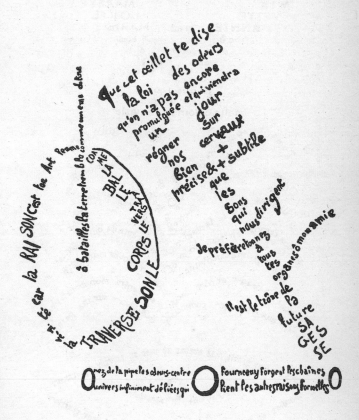

LA COLOMBE POIGNARDÉE
ET LE JET D'EAU

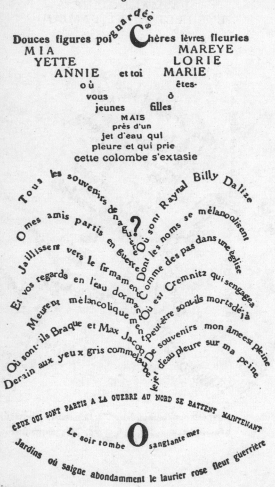

Douces figures poignardées Chères lèvres fleuries
MIA   MAREYE
    YETTE   LORIE
      ANNIE   et toi   MARIE
          où   êtes-
          vous   ô
          jeunes   filles
              MAIS
          près d'un
          jet d'eau qui
          pleure et qui prie
      cette colombe s'extasie

Tous les souvenirs de naguère
O mes amis partis en guerre   Où sont Raynal Billy Dalize
Dont les noms se mélancolisent
Jaillissent vers le firmament   Comme des pas dans une église
Et vos regards en l'eau dormant   Où est Cremnitz qui s'engagea
Meurent mélancoliquement   Où sont-ils peut-être sont-ils morts déjà
Où sont-ils Braque et Max Jacob   De souvenirs mon âme est pleine
Derain aux yeux gris comme l'aube et jet d'eau pleure sur ma peine

CEUX QUI SONT PARTIS A LA GUERRE AU NORD SE BATTENT MAINTENANT
Le soir tombe O sanglante mer
Jardins où saigne abondamment le laurier rose fleur guerrière

André Salmon

CHANSON MARINE

À Maurice Chevrier.

Si la mulâtresse qui peigne
Ses crins, de nuit, sous les thuyas
Aime le marin, c'est qu'il a
Le poil solaire quand il baigne
Sa chair forte dans le delta.

Et si l'enfant blanc de l'Europe
Aime l'amante de couleur
C'est pour sa nouvelle saveur,
Comme il aima le fils d'un pope
Et l'épouse d'un grand seigneur.

Ce soir, dans la case fleurie,
Chacun apaisera sa faim ;
Sur des peaux aux rauques parfums
Ils connaîtront en des féeries
Selsibil et Paris lointain.

Debout sur le Sirath tragique
Il se reverra petit gars
Dévorant de vieux almanachs,
S'essayant à mordre la chique
Au clair de lune, hors des draps.

Et plus tard il conservera
« Son portrait » à l'encre de Chine
Entre une boussole, un compas
Et « Le passage de la ligne »
Par un copain resté là-bas.

Créances

Ossip Ossipovitch Apraxin
De la petite noblesse du Gouvernement de Toula
Vous en souvenez-vous, abonnés du Théâtre Michel et
    du Cirque,
Promeneurs de la promenade des Harengs, rue Grande
    Morskaia, le dimanche ?
Ossip Ossipovitch Apraxin
Qui préférait aux restaurants français Donon, l'Ours ou
    Cuba,
La noce chez Palkin
La maison de nuit pompeuse autant qu'un ministère,
Ossip Ossipovitch Apraxin l'élégant militaire
Avec sa casquette large, ses sous-pieds, sa chinelle,
Sa moustache en pinceau, ses favoris, son nez de blanc
    Polichinelle,
Ah ! c'était un si bon enfant
Ossip Ossipovitch, Cipa le sacripant,
Lieutenant en premier aux Tirailleurs de la Famille
    Impériale,
Ceux qui portaient le bonnet
Carré à la polonaise (Ossip qui haïssait tant les Polo-
    nais !)
Et la tunique verte à godets, à revers amarante.
Ossip Ossipovitch Apraxin ne possédait pas quatre mil-
    le roubles de rente
Mais Marfa Rosemberg, la belle bijoutière de l'Italian-
    skaya,

L'entretenait si bien !... et c'est la colonelle
Obramoff qui payait ses pelisses et sa chinelle
Et Daria, du Petit Théâtre, sur le canal,
Quelque chose comme le Théâtre Antoine à Paris,
Le fournissait de bottes et de poudre de riz
Et de cire pour ses moustaches.
Et c'est Dina-Lily
La dompteuse de singes du Cirque Ciniselli
Qui fit ciseler en Autriche le pommeau d'or de sa crava-
    che.
Pourtant il engageait ses bois, ses champs, ses chasses
Parce que c'est chic d'avoir des dettes dans la Garde.
Ossip Ossipovitch Apraxin à treize ans
N'était rien qu'un grossier petit paysan
Entassant ses kopecks pour en faire des roubles
Et les jouant aux dés pour en avoir le double.
Quand il eut un billet à l'image de Paul, Cipa s'en fut
    trouver Natache à la cuisine.
Il ne connaissait de la femme que les mollets dorés de
    sa cousine
Contemplés goulûment quand sur l'escarpolette
Le vent gonflait la jupe courte comme un ballon
Et Cipa, ses mains froides à ses tempes violettes,
Déchiffrait des phrases étranges, brûlantes, dans les
    broderies du pantalon.
C'est tout ce qu'il savait de la femme et de la poésie
Et les vers de Catulle amoureux de Lesbie
Qu'avait traduits l'oncle Afanase
En russe de gymnase.
Natache flambait un poulet ;
Elle était haute et ronde et le foyer l'aveuglait
Et c'était une image terrible de l'amour !
Ossip avait longtemps attendu ce beau jour.
— Tu n'es qu'une imbécile !
Tu n'as pas de souliers pour aller à la ville,
Ta robe de Pâques, ma mère te l'a retenue
Pour un vase cassé ; mon billet n'est pas faux,
Je te demande seulement de te mettre toute nue
Et de me laisser caresser ta peau,

Doucement, un quart d'heure, comme tu me caressais
Autrefois, dans mon lit, sous les rideaux baissés...
— Cipa, c'est un péché !
— Natache, et le cocher ?
— Cipa, vous êtes fou !
— Tu n'auras pas l'argent, ma mère saura tout.
— Sans doute vous n'êtes pas laid.
Toula sait la rigueur de Madame Apraxin.
Natache renvoyée fut se jeter dans la rivière ;
Ossip battu fit au démon libérateur une prière,
Le démon l'exauça qui l'aimait comme un fils
Et la vie de Cipa ne fut que maléfices :
La colonelle
L'aimait paré de coûteuses fourrures
Et Marfa pourvoyait au jeu de son amant ;
Lily payait aussi l'appartement
Et Daria des bagatelles.
Qui payait le laquais, les liqueurs, les cigares,
Les noces chez Palkin, Krestowsky, l'Aquarium, les voi-
    tures ?
Ossip Ossipovitch Apraxin, lieutenant en premier,
    figure
                    Aux Anas
Tome III, livre VI, § 129, de l'obscure Okhrana,
Novembre en fit un fier général rouge.
C'est lui qui balaya la perspective Newsky
Et la Liteinaya et le Parc Alexandre et c'est lui qui,
Au nom du peuple massacra le peuple dans ses bou-
    ges.
Il fit pendre Marfa et reçut des éloges
Pour avoir poignardé la Daria dans sa loge ;
Il fit fouetter la colonelle et n'épargna Lily
Que par respect du camarade qu'il trouva dans son lit.
Il est poète encore s'il n'eut qu'un seul amour
Natache la paysanne, la bonne et simple fille,
Bonne et simple comme la terre russe qui est à tous
Et que partage Ossip avec son sabre à la poignée duquel
    le nom de Marfa brille !
Et parce qu'il est resté bon garçon et railleur

Il dit : Je les tiraille car je suis Tirailleur !
J'ai tiraillé par les oreilles
Les plus jeunes et les vieilles,
Tiraillé par les cheveux
Les oncles et le neveu.
J'ai salué du sabre le tsar en l'abattant ;
Hier ? Ah ! nous ne savions pas vivre mais aujourd'hui
    c'est épatant !
Nous apportons au monde un nouvel évangile
Les redresseurs de torts sont tous des imbéciles
C'est abattre qu'il faut, à l'exemple de Dieu
Qui chaque jour abat les jeunes et les vieux.
Mes dettes sont payées !
Une fille noyée
Rachète les créances de celles qui m'ont maudit,
Natache toute nue est mon seul paradis.
Et des hommes s'en vont plus forts que d'une cons-
    cience
Parce qu'ils ont dans la poche de leur blouse garance
Un ordre exact signé d'Ossip Ossipovitch Apraxin
Pour qui le bien et le mal ne valent pas la simplicité
D'une innocente plus belle que sa riche cousine.

Carreaux

Pierre Reverdy

NOMADE

La porte qui ne s'ouvre pas
La main qui passe
                    Au loin un verre qui se casse
La lampe fume
Les étincelles qui s'allument
                    Le ciel est plus noir
                    Sur les toits

Quelques animaux
Sans leur ombre

                    Un regard
                    Une tache sombre

La maison où l'on n'entre pas

Plupart du temps
© Flammarion

LA SAVEUR DU RÉEL

Il marchait sur un pied sans savoir où il poserait l'autre. Au tournant de la rue le vent balayait la poussière et sa bouche avide engouffrait tout l'espace.

Il se mit à courir espérant s'envoler d'un moment à l'autre, mais au bord du ruisseau les pavés étaient humides et ses bras battant l'air n'ont pu le retenir. Dans sa chute il comprit qu'il était plus lourd que son rêve et il aima, depuis, le poids qui l'avait fait tomber.

Plupart du temps
© Flammarion

LUMIÈRE

Une petite tache brille entre les paupières qui battent. La chambre est vide et les volets s'ouvrent dans la poussière. C'est le jour qui entre ou quelque souvenir qui fait pleurer tes yeux. Le paysage du mur — l'horizon de derrière — ta mémoire en désordre et le ciel plus près d'eux. Il y a des arbres et des nuages, des têtes qui dépassent et des mains blessées par la lumière. Et puis c'est un rideau qui tombe et qui enveloppe toutes ces formes dans la nuit.

Plupart du temps
© Flammarion

NAISSANCE À L'ORAGE

Toute la face ronde
                    Au coin sombre du ciel
    L'épée
              la mappemonde
sous les rideaux de l'air

                              Des paupières plus longues
        Dans la chambre à l'envers
                    Un nuage s'effondre

                          La nuit sort d'un éclair

Plupart du temps
© Flammarion

LE SOMMEIL DU CŒUR

De ses ongles il griffait la paroi dure de cette cage. Il était prisonnier du cauchemar ou de ses ennemis.

On marchait au dehors. Une main qui cherchait la sienne le frôla. Plus fraîche que l'aube sur son front. La fenêtre s'ouvrait au vent trop fort qui roulait sur les toits. C'était encore la nuit.

Et sa poitrine libre respirait un air frais qui changeait le décor. Mais, dans sa mémoire persiste un mauvais souvenir. Et il y a aussi le nom de celui qui était la cause de ce rêve.

Main d'œuvre
© Mercure de France

MARCHE SANS DIRECTION

Sur le train des ailes
            la voix qui s'éteint
L'énorme prunelle
            sur le ciel déteint
Il y a des bruits dans l'air
        Si la terre s'étale
        l'horizon se cache
        Tout est à refaire
On fuit au gré du vent qui couche dans les lignes
Tous les arbres rompus au pas du voyageur
Toutes les bornes mortes qui gardent le ruisseau
Et toutes les étoiles qui croupissent dans l'eau
L'oiseau qui chante sur une branche de la nuit
Un fruit noir à cet arbre
        que le vent a cueilli
Un mot de plus qui tombe
La fin d'une chanson
        Le nom de ce visage
           Le feu de la maison

Main d'œuvre
© Mercure de France

DEVANT SOI

Les dernières étincelles au bout des barres
        Étoiles
Les trajectoires se dispersent dans les rideaux du ciel
C'est l'ombre qui traîne
        Le sous-bois est plus sombre

Il ne fait pas encore nuit
             sur la route
      Les arbres se sont endormis
Entre les murs quelqu'un appelle
                et passe
Un éclair d'hirondelle
Les roues tournent en remontant
         On n'écouterait pas ce chant
Dans l'air où les oiseaux se cachent
Des noms dans le temps qui s'effacent
Et seul celui qui reste
Entre les bras levés qui jamais ne se lassent
En attendant que quelque chose vienne
        On ne sait quoi

Main d'œuvre
© Mercure de France

HORIZONTAL ET TOUT EST DIT

Je voudrais tomber de plus haut
Quand le sanglot de la pluie cesse
Un rire humide entr'ouvre la fenêtre
On a encore le temps de venir
Le quart est fait puis la demie
Les heures gluantes qui passent
C'est la dernière fois que l'on prendra le train
Le jour se fait encore attendre
On peut venir de là ou de plus loin
Ce sera toujours pour descendre
Dans la rue vide où personne ne vient
Une seule voiture glisse
Un air triste que l'on retient
Tout tourne plus vite que le temps

Les oiseaux qu'emporte le vent
La glace me regarde et rit
La pendule bat la mesure
À mon cœur qui n'est pas guéri
Tout est remis d'autres blessures
Le calme plane
On est tout seul
La chambre n'est pas assez grande
Pour garder pendant le sommeil
Les rêves qui fuient sur la bande

Main d'œuvre
© Mercure de France

LE FROID DE L'AIR SUR L'ESPRIT
ET SUR LE VISAGE

Il n'y avait plus autour de son corps immatériel et noir que des débris, que des lambeaux d'étoffe noire.

Elle se tenait entre la maison et le ciel et, plus précisément, contre le côté droit de la fenêtre.

Mais le ciel lui paraissait si grand, les trous du ciel, la nuit, qui se cachaient, le jour, derrière les nuages, qu'elle regardait toujours du côté de ma chambre. Et cette lumière sous la cheminée, ce feu qui baissait au souffle bruyant de la cheminée — il me semble qu'elle aurait pu croire ou que j'ai cru — que ce pouvait être une étoile.

Et ses deux yeux derrière le carreau avec ce vent.

Flaques de verre
© Flammarion

TOUJOURS LA ROUTE

La tourmente s'est égarée trop bas, dans les gouffres de la lumière, aux bourrelets de temps qui débordent le toit — la lame sans soleil d'un midi plein de neige.

Sur fond gris inutile, les dessins d'une halte, pour l'œil qui cherche la parole. Une étrave de pourpre s'élève au creux du ciel et coupe l'horizon. Le fil rompu laisse tomber tout le poids du malheur qui s'écrase sans bruit. Sur les têtes blanchies, sur les bourgeons de rêve les lacets perfides du désastre tourbillonnent. Sur le sol, il n'y a plus que les ardeurs cassées, les projets vermoulus et, dans un coin plus noir où s'accumulent des masses de rochers ou de laves durcies en désordre — la chair pétrifiée, l'esprit glacé d'horreur, une lueur d'espoir qui tremble, indécise et tentante comme un piège.

La Liberté des mers
© Flammarion

TARD DANS LA VIE

Je suis dur
Je suis tendre
   Et j'ai perdu mon temps
   À rêver sans dormir
   À dormir en marchant
Partout où j'ai passé
J'ai trouvé mon absence
Je ne suis nulle part

Excepté le néant
Mais je porte caché au plus haut des entrailles
À la place où la foudre a frappé trop souvent
Un cœur où chaque mot a laissé son entaille
Et d'où ma vie s'égoutte au moindre mouvement

La Liberté des mers
© Flammarion

Jules Romains

Le présent vibre.

En haut du boulevard le crépuscule humain
Se cristallise en arc électrique. Un bruit mince
Frétille. Le courant, qui s'acharne à passer
Et s'accroche aux buissons des molécules, saigne.
Les frissons de l'éther partent en trépignant.
La foule du trottoir a repris confiance.
L'ombre appelait les cœurs et les menait danser
Sur des airs de chansons alanguis ou obscènes,
Loin, dans la solitude et dans le souvenir.
Or, la lumière trace une piste de cirque ;
Les rythmes un instant y tournent, subjugués ;
Les âmes qu'on cachait tantôt, on les dégaine
Pour tremper leurs tranchants parallèles et nus
Dans la clarté.
                    Mais, au fond des corps, les cellules
Sentent de merveilleux effluves onduler
Vers elles. L'arc, crépitant de fougue solaire,
Darde en chacune le désir d'être un héros.
Des rayons qu'on ne voit pas vibrent, clairons rauques
L'unité de la chair commence de craquer ;
Les globules captifs ragent comme des guêpes
Dans une toile d'araignée, et l'air est plein
De libertés que nouent de nouvelles étreintes.
La lueur aide un arbre à vouloir le printemps.

Dans les chairs, les cerveaux pensent moins ; et les
  branches
Souhaitent moins une âme et tâchent de grandir.
L'esprit cède sa force à l'influx électrique.
La rue est résolue à jouir, tout à coup.
Au coin des carrefours il se caille des couples ;
Les germes bougent. Des hommes vont s'attabler
Aux tavernes en petits groupes circulaires.
La foule rêve d'être un village au soleil.

La Vie unanime

ODE
À LA FOULE QUI EST ICI

Ô Foule ! Te voici dans le creux du théâtre,
Docile aux murs, moulant ta chair à la carcasse ;
Et tes rangs noirs partent de moi comme un reflux.

Tu es.
       Cette lumière où je suis est à toi.
Tu couves la clarté sous tes ailes trop lourdes,
Et tu l'aimes, ainsi qu'une aigle aime ses œufs.

La ville est là, tout près ; mais tu ne l'entends plus ;
Elle aura beau gonfler la rumeur de ses rues,
Frapper contre tes murs et vouloir que tu meures,
Tu ne l'entendras pas, et tu seras, ô Foule !
Pleine de ton silence unique et de ma voix.

Tu es chaude comme le dedans d'une chair ;
Tes yeux, chacun des yeux que tu tournes vers moi,
Je ne vois pas si sa prunelle est noire ou bleue ;
Mais je sens qu'il me touche ; qu'il m'entre son feu

Dans la poitrine, et je les sens, tous à la fois,
Se croiser sous ma peau comme un millier d'épées.

Tu me brûles. Pourtant tu ne me tueras pas.

La flamme que tes corps ne peuvent plus garder
A ruisselé le long des nerfs et des regards
Et se ramasse en moi qui deviens ton cratère.

Écoute ! Peu à peu, la voix sort de ma chair ;
Elle monte, elle tremble et tu trembles.
                                        Éprouve
L'ascension de ma parole à travers toi.
Elle te cherche, elle te trouve, elle te prend ;
Elle entoure soudain tes âmes qui se rendent ;
Elle est en toi l'invasion et la victoire.

Les mots que je te dis, il faut que tu les penses !
Ils pénètrent en rangs dans les têtes penchées,
Ils s'installent brutalement, ils sont les maîtres ;
Ils poussent, ils bousculent, ils jettent dehors
L'âme qui s'y logeait comme une vieille en pleurs.

Tout ce qu'ils méditaient, les gens qui sont ici,
Cette peine qu'ils traînent depuis des années ;
Le chagrin né d'hier qui grandit ; la douleur
Dont ils ne parlent pas, dont ils ne parleront
Jamais, et qui, le soir, leur fait manger leurs larmes ;
Et même ce désir qui dessèche les lèvres,
Il n'en faut plus ! Je n'en veux plus ! Je chasse tout !

Foule ! Ton âme entière est debout dans mon corps.

Une force d'acier dont je tiens les deux bouts
Perce de part en part ta masse, et la recourbe.
Ta forme est moi. Tes gradins et tes galeries,
C'est moi qui les empoigne ensemble et qui les plie,
Comme un paquet de souples joncs, sur mon genou.

Ne te défends pas, foule femelle,
C'est moi qui te veux, moi qui t'aurai !
Laisse tout mon souffle qui te crée
Passer comme le vent de la mer.

La brutalité de mon amour
A fait tressauter tes milliers d'os ;
Ce brusque embrassement t'effarouche !

Quelque chose en toi veut résister,
Foule femelle, mais rien ne l'ose !

Tu vas mourir tantôt sous le poids de tes heures ;
Les hommes, déliés, glisseront par les portes,
Les ongles de la nuit t'arracheront la chair.
Qu'importe !

Tu es mienne avant que tu sois morte ;
Les corps qui sont ici, la ville peut les prendre :
Ils garderont au front comme une croix de cendre
Le vestige du dieu que tu es maintenant.

Odes et prières

DANS LE PETIT WAGON BELGE

Tandis que t'appuyant à la vitre brouillée
Qui sait donner au jour la douceur d'un regard
Tu guettes, comme le chasseur guette un chevreuil,
Le passage de la frontière dans les bois,
Et que, malgré le train qui me cogne le dos,
Je fais peser toute mon âme au même point
Pour deviner si quelque chose va finir

Et si commencera quelque chose,
                                    des hommes,
Prisonniers avec nous de ce lieu fugitif,
Nous entourent d'une pensée où l'on a chaud.

Ils sont nés avant nous, dans une autre patrie.
Ils vivent. Le milieu de leur face barbue
Tient une pipe courte et fait un bruit de mots.
Tu ne vois pas leurs yeux qui se collent sur nous
Comme des mouches bleues sur des pêches sucrées.
C'est en vain que ton âme est penchée au dehors.
Ramène-la. Ne cherche pas à te défendre.
Sens l'impalpable exil nous entrer dans la peau,
Imprégner l'épaisseur de la chair, membre à membre ;
Sens-le monter comme la force du sommeil
De tes pieds à ton cœur, et de ton cœur au mien.

Le Voyage des amants

Marcel Martinet

Une feuille de hêtre !

De ma fuite d'entre les hommes
Avais-je escompté
La libération sans borne et sans rivage,
La révélation magique, le miracle ?

Peut-être.

Mais je n'ai rapporté
Que cette feuille d'arbre,
Cette petite feuille à peine dentelée.

Est-ce là ce miracle
Qui m'aurait commandé de marcher jusqu'au soir
Et qui m'aurait permis de rentrer chez les hommes ?

J'avais imaginé peut-être
Des horizons prodigieux,
La découverte de secrets
Cachés encore à tous les yeux,

Des renaissances de visages,
La majesté des choses vierges
Jamais nommées, jamais connues.

Je ne me souviens plus. Peut-être.
Mais je rapporte en témoignage
La petite feuille de hêtre.

Une feuille de hêtre
© Plein chant

Ce dont il me souvient
C'est du sombre besoin
Qui me forçait alors à fuir, à fuir au loin,
C'est du besoin de solitude et de retraite
Qui repoussait de moi l'humanité déserte.

Je ne pouvais plus, je ne pouvais plus rester parmi les
    hommes.
J'avais donné beaucoup, j'avais tout donné peut-être,
À qui, à qui et pour quoi avais-je donné tant
    d'amour ?
Nous traversions de ces sombres jours
Où les hommes épuisés s'abandonnent.

Je ne doutais pas de leurs lendemains et de leurs
    réveils,
Mais j'étais épuisé moi-même
Et j'avais gagné mon droit à la solitude,
À quitter les hommes, leur terrible multitude,
À m'écarter d'eux pour pouvoir leur revenir,

Et maintes choses vitales
Moi aussi m'avaient quitté,
La disponibilité
De mon corps et de mon âme
Et l'amour et l'amitié
S'éloignaient de mon passage.
Pour ne rien renier et pour ne pas trahir
Comme il me fallait fuir !

Et c'est alors, dans ma retraite
Qui a duré beaucoup d'années,
Que j'ai fait cette découverte,
La découverte d'un témoin
Que jamais je n'avais cherché.

Voyage, grand voyage !
Je ne rapporte rien
Que cette feuille d'arbre,
La petite feuille de hêtre.

Une feuille de hêtre
©Plein chant

Pierre Jean Jouve

NATURE

Superbe nature ! Un monde entier de routes
Ruisseaux et rochers
Objets volumineux
De beaux grains de la peau et d'huileux mouvements
Par exemple ceux du bassin d'arrière en avant
De rire et de sommeil
Forme qui sort et rentre
Et de sève et de ramure horizontale avec le vent ;
Double coque des seins et plantation marine
Sous les bras, hanche gonflée par l'eau, frappée
D'un poids trop lourd de sensualité
Les omoplates faisant pitié comme des pierres
Mouillées, elle se lave
Et l'eau refaisant le brillant du ciel, la poudre épaisse
Du paysage de rondeur revient et c'est le monde
De nouveau les beaux grains de la peau et le sommeil
S'il bouge sur les lombes le pays rosé
Voit la puissance du vent sec avec les songes
De tous les côtés se produire ;
Les charnelles montagnes maigrissant le soir
Sur les longueurs d'un plateau religieux,
Aux gorges les brumes tuent la brise égarée.
Puis la grandeur de toute la masse rhabillée,
Et plus tard un nouveau changement survenu
Et sous la lune...

Les Noces
©Mercure de France

MONDE SENSIBLE

L'âme est seule au-dessus du monde bleu
De la terre belle et animale, sans espace.

Un jour la terre en mouvement
Avec les tons, les brises, l'odeur du sexe et les saisons
Et les rires qui comme les paroles ne reviennent plus

Et les arbres dont le bord est majestueux
Et sous la chaleur immense les efforts
Du passager ou voyageur,

Ne sont rien à l'âme obscure et qui se meut
Vers un autre pouvoir et vers une autre touche
D'adoration

À l'intérieur de son aveugle ressort ;
                              mais d'autres jours
Tout est un, et un en un, et tout en un
Et un en Dieu
Et Dieu présent dans le tronc d'arbre mort.

Les Noces
©Mercure de France

LAMENTATIONS AU CERF

Sanglant comme la nuit, admirable en effroi, et sensible
              Sans bruit, tu meurs à notre approche.
Apparais sur le douloureux et le douteux

Si rapide impuissant de sperme et de sueur
Qu'ait été le chasseur ; si coupable son
                    Ombre et si faible l'amour
Qu'il avait ! Apparais dans un corps
Pelage vrai et
                    Chaud, toi qui passes la mort.
Oui toi dont les blessures
                    Marquent les trous de notre vrai amour
À force de nos coups, apparais et reviens
Malgré l'amour, malgré que
                    Crache la blessure.

Sueur de Sang
©Mercure de France

UNE SEULE FEMME ENDORMIE

Par un temps humide et profond tu étais plus belle
Par une pluie désespérée tu étais plus chaude
Par un jour de désert tu me semblais plus humide
Quand les arbres sont dans l'aquarium du temps
Quand la mauvaise colère du monde est dans les
    cœurs
Quand le malheur est las de tonner sur les feuilles
Tu étais douce
Douce comme les dents de l'ivoire des morts
Et pure comme le caillot de sang
Qui sortait en riant des lèvres de ton âme.

Par un temps humide et profond le monde est plus
    noir
Par un jour de désert le cœur est plus humide.

Matière céleste
© Mercure de France

TEMPO DI MOZART

Le ciel le vaste ciel est de souffle et de pierre
Durcis pierre d'azur, et tremble air du rocher,
Quel acier d'anciens violons chante
Comme ils sont caressants les cœurs du génie vert

Que la pierre est précieuse avec les monts de cendre
Qu'il est pur ! sans saison, le volume de l'or
Quelle ardeur froide dans ses plis
Inviolable hymen du jour

La terre enfoncerait son sein dans la justice
L'azur l'azur l'azur ! tendre et bleu périrait.

Mais l'heure ainsi qu'un drame de regards
Qu'un amour violateur de vierge maternelle
Comme la vénéneuse chair des fleurs des champs
Ou grande comme la passion du Christ à l'ombre
A changé.

Céleste ouragan retenu par un bord
Le néant est pendu sur le bord de tes yeux
Ouragan mâle ! Tout est perdu, tout est tranquille
Du monde que fait la haine de tes yeux

Tout est blanc tout est expirant mais éclatant
De ce qui passe sur la douleur de tes yeux
Tout s'effondre en des fontaines nues de larmes,
Se tue, et dans le silence des anges
L'abandon pâle le plus précieux s'accomplit.

Je suis celui qui aime
Enfant dont les langes se sont déroulés
En nuages en vues de l'âme et en prières

Enfant dont l'œil de rayons fut transpercé
Enfant d'amoureuse colère
Tandis que mon œil d'homme s'aveuglait.

Matière céleste
© Mercure de France

Les soleils disparus sont des mots éternels
Dont la phrase arrondie a cette forme : extase
De terre musicienne et de verdure et d'or
De village pendu au balcon le plus rare
De prairie et de roc glaciaire entremêlés ;
Ô beauté de là-bas, songe de l'extrême heure,
Un furieux brasier d'automne se formait
Aux vallées par dessous les herbes potagères,
La descente faisait l'amour à la chaleur
Les masures de bois tourmentaient la lumière
Et la noblesse était défunte aux châtaigniers,
Et partant l'on sentait la perte d'espérance
Par gravitation de désirs insensés.

Mélodrame
© Mercure de France

AIR MAGIQUE

Là-haut sur le toit même souffle un air magique
Frisant continuel le flot et les forêts
Un air si rare au milieu des formes tragiques
Harmonieuses par l'intense ciel creusé ;

L'air baigne
Les poumons et le cœur et la chair ou douleur
Le chagrin l'espérance et la mélancolie,
L'air revêtu de foin et d'absente chaleur,

Effaçant jusqu'aux haines d'un amour — magique,
Des forêts comme l'orgue aux prologues du vert
Il engendre un grand être
Jouant le vrai théâtre en notre éternité.

Moires
© Mercure de France

Valery Larbaud

ODE

Prête-moi ton grand bruit, ta grande allure si douce,
Ton glissement nocturne à travers l'Europe illuminée,
Ô train de luxe ! et l'angoissante musique
Qui bruit le long de tes couloirs de cuir doré,
Tandis que derrière les portes laquées, aux loquets de
    cuivre lourd,
Dorment les millionnaires.
Je parcours en chantonnant tes couloirs
Et je suis ta course vers Vienne et Budapesth,
Mêlant ma voix à tes cent mille voix,
Ô Harmonika-Zug !

J'ai senti pour la première fois toute la douceur de
    vivre,
Dans une cabine du Nord-Express, entre Wirballen et
    Pskow.
On glissait à travers des prairies où des bergers,
Au pied de groupes de grands arbres pareils à des
    collines,
Étaient vêtus de peaux de moutons crues et sales...
(Huit heures du matin en automne, et la belle cantatrice
Aux yeux violets chantait dans la cabine à côté.)
Et vous, grandes places à travers lesquelles j'ai vu passer
    la Sibérie et les monts du Samnium,
La Castille âpre et sans fleurs, et la mer de Marmara
    sous une pluie tiède !

Prêtez-moi, ô Orient-Express, Sud-Brenner-Bahn, prêtez-
   moi
Vos miraculeux bruits sourds et
Vos vibrantes voix de chanterelle ;
Prêtez-moi la respiration légère et facile
Des locomotives hautes et minces, aux mouvements
Si aisés, les locomotives des rapides,
Précédant sans effort quatre wagons jaunes à lettres
   d'or
Dans les solitudes montagnardes de la Serbie,
Et, plus loin, à travers la Bulgarie pleine de roses...

Ah ! il faut que ces bruits et que ce mouvement
Entrent dans mes poèmes et disent
Pour moi ma vie indicible, ma vie
D'enfant qui ne veut rien savoir, sinon
Espérer éternellement des choses vagues.

A.O. Barnabooth, ses œuvres complètes

L'ANCIENNE GARE DE CAHORS

Voyageuse ! ô cosmopolite ! à présent
Désaffectée, rangée, retirée des affaires.
Un peu en retrait de la voie,
Vieille et rose au milieu des miracles du matin,
Avec ta marquise inutile
Tu étends au soleil des collines ton quai vide
(Ce quai qu'autrefois balayait
La robe d'air tourbillonnant des grands express)
Ton quai silencieux au bord d'une prairie,
Avec les portes toujours fermées de tes salles d'attente,
Dont la chaleur de l'été craquèle les volets...

Ô gare qui as vu tant d'adieux,
Tant de départs et tant de retours,
Gare, ô double porte ouverte sur l'immensité charmante
De la Terre, où quelque part doit se trouver la joie de
    Dieu
Comme une chose inattendue, éblouissante ;
Désormais tu reposes et tu goûtes les saisons
Qui reviennent portant la brise ou le soleil, et tes
    pierres
Connaissent l'éclair froid des lézards ; et le chatouille-
    ment
Des doigts légers du vent dans l'herbe où sont les rails
Rouges et rugueux de rouille,
Est ton seul visiteur.
L'ébranlement des trains ne te caresse plus :
Ils passent loin de toi sans s'arrêter sur ta pelouse,
Et te laissent à ta paix bucolique, ô gare enfin tran-
    quille
Au cœur frais de la France.

A.O. Barnabooth, ses œuvres complètes

VOIX DES SERVANTES

Par la fenêtre ouverte au matin de printemps
(On respire donc un air vivant enfin !) j'entends
Leurs voix jeunes emplir la *jaula* sonore...
Ah ! pour un moment de joie dans mon cher cœur,
Pour un de ces moments dilatés de santé,
Un de ces moments cruels où l'on est bien soi !
Vivre dans un coin des cent mille replis d'une ville,
Comme une pensée criminelle dans un cerveau,
Et pouvoir acheter tout ce qu'il y a dans les boutiques

Flamboyantes, comme celles de Paris, de Vienne ou de
    Londres,
Les restaurants, les bijouteries, les rues ouvertes
(L'estomac est une besace pleine, les yeux
Sont deux lanternes allumées).
Vivre donc, oh, de ce matin bleu à ce soir rouge !
Est-ce que je mourrai « un matin de printemps »
Comme celui-là, plein d'air vivant et de chansons ?
Oh, mais gonflez mon cœur de vos chansons,
    servantes !
Voix impériales, voix des filles du Sud !
Énergiques et graves comme les voix des garçons,
Vous vous mêlez à la chaleur et à l'air bleu,
À cette couronne que le soleil pose, là-haut, au mur
    aigu,
Cette bandelette orangée, aux confins des cieux, et que
    je vois
Levant la tête vers les abîmes éthérés.

Rythmant le travail, les airs en chœur,
Les vieilles scies, les refrains neufs ;
Et les choses sentimentales de toujours :
La « Paloma » et « Llora, pobre corazon »,
Les choses d'il y a dix ans, vous vous souvenez ?
« Con una falda de percal blanca... »
(Mon vieux cœur, tous nos beaux matins de la Navé !)
Les zarzuelas de l'an dernier, comme
« El arte de ser bonita » ou « La gatita blanca ».
Écoutez ces furieuses, criant à grosses voix, l'air :
« Anteayer vi a una señora... »
(Vous vieillirez, refrains, et vous aussi, ô voix
Qui, pures, vous élancez de ces gorges charmantes !)

Ô servantes de mon enfance, je pense à vous,
Divinités au seuil de la maison profonde,
Bonnes sambas crépues, et vous, cholitas rouges,
Toi, surtout, ma Lola, grande vieille farouche
Avec des yeux fous et durs fixés au loin sur le monde.
Mais c'est toi qu'aujourd'hui je voudrais tant revoir,

Et ravoir (bien plus tard, à Paris, je me souviens)
Toi, Rose Auroy, dans les jardins de l'ambassade,
En rabane rayée et foulard rouge à pois bouton d'or,
Et me disant (je revois tes grands yeux
D'un noir doré, profonds et graves
— Car je t'aimais surtout pour douloureuse et grave)
« Mossié, veut-ti savoi les sirandanes ? »
Les sirandanes, milatresse, les sirandanes !
« Mon la maison, l'a beaucoup di fenêtes, une seule
    pôte ? »
Et je cherchais, au fond de tes yeux inoubliables,
Le mot de l'énigme, ô poseuse de sirandanes !
Alors tu disais comme sortant d'un rêve,
Riant soudain : « Dé à coude ! Mossié, dé à coude ! »
Rose Auroy, te souviens-tu de ce petit garçon exotique
Que la vieille Lola nommait « Milordito » ?
Ô Servantes, chantez ! voix brûlantes, voix fières !
Toutes les criadas de la maison, chantez !
Amparo, Carmeta, Angustias, chantez !
Et remplissez ce cœur qui vous dédie ces larmes...

A.O. Barnabooth, ses œuvres complètes

LE DON DE SOI-MÊME

Je m'offre à chacun comme sa récompense ;
Je vous la donne même avant que vous l'ayez méritée.

Il y a quelque chose en moi,
Au fond de moi, au centre de moi,
Quelque chose d'infiniment aride
Comme le sommet des plus hautes montagnes ;
Quelque chose de comparable au point mort de la
    rétine,

Et sans écho,
Et qui pourtant voit et entend ;
Un être ayant une vie propre, et qui, cependant,
Vit toute ma vie, et écoute, impassible,
Tous les bavardages de ma conscience.

Un être fait de néant, si c'est possible,
Insensible à mes souffrances physiques,
Qui ne pleure pas quand je pleure,
Qui ne rit pas quand je ris,
Qui ne rougit pas quand je commets une action
     honteuse,
Et qui ne gémit pas quand mon cœur est blessé ;
Qui se tient immobile et ne donne pas de conseils,
Mais semble dire éternellement :
« Je suis là, indifférent à tout. »

C'est peut-être du vide comme est le vide,
Mais si grand que le Bien et le Mal ensemble
Ne le remplissent pas.
La haine y meurt d'asphyxie,
Et le plus grand amour n'y pénètre jamais.

Prenez donc tout de moi : le sens de ces poèmes,
Non ce qu'on lit, mais ce qui paraît au travers malgré
     moi :
Prenez, prenez, vous n'avez rien.
Et où que j'aille, dans l'univers entier,
Je rencontre toujours,
Hors de moi comme en moi,
L'irremplissable Vide,
L'inconquérable Rien.

A.O. Barnabooth, ses œuvres complètes

CARPE DIEM...

Cueille ce triste jour d'hiver sur la mer grise,
D'un gris doux, la terre est bleue et le ciel bas
Semble tout à la fois désespéré et tendre ;
Et vois la salle de la petite auberge
Si gaie et si bruyante en été, les dimanches,
Et où nous sommes seuls aujourd'hui, venus
De Naples, non pour voir Baïes et l'entrée des Enfers,
Mais pour nous souvenir mélancoliquement.

Cueille ce triste jour d'hiver sur la mer grise,
Mon amie, ô ma bonne amie, ma camarade !
Je crois qu'il est pareil au jour
Où Horace composa l'ode à Leuconoé.
C'était aussi l'hiver, alors, comme l'hiver
Qui maintenant brise sur les rochers adverses la mer
Tyrrhénienne, un jour où l'on voudrait
Écarter le souci et faire d'humbles besognes,
Être sage au milieu de la nature grave,
Et parler lentement en regardant la mer...

Cueille ce triste jour d'hiver sur la mer grise...
Te souviens-tu de Marienlyst ? (Oh, sur quel rivage,
Et en quelle saison sommes-nous ? je ne sais.)
On y va d'Elseneur, en été, sur des pelouses
Pâles ; il y a le tombeau d'Hamlet et un hôtel
Éclairé à l'électricité, avec tout le confort moderne.
C'était l'été du Nord, lumineux, doux voilé.
Souviens-toi : on voyait la côte suédoise, en face,
Bleue, comme ce profil lointain de l'Italie.
Oh ! aimes-tu ce jour autant que moi je l'aime ?

Cueille ce triste jour d'hiver sur la mer grise...
Oh ! que n'ai-je passé ma vie à Elseneur !
Le petit port danois est tranquille, près de la gare,

Comme le port définitif des existences.
Vivre danoisement dans la douceur danoise
De cette ville où est un château avec des dômes en
   bronze
Vert-de-grisés ; vivre dans l'innocence, oui,
De n'importe quelle petite ville, quelque part,
Où tout le monde serait pensif et silencieux,
Et où l'on attendrait paisiblement la mort.

Cueille ce triste jour d'hiver sur la mer grise,
Et laisse-moi cacher mes yeux dans tes mains fraîches ;
J'ai besoin de douceur et de paix, ô ma sœur.
Sois mon jeune héros, ma Pallas protectrice,
Sois mon certain refuge et ma petite ville ;
Ce soir, mi Socorro, je suis une humble femme
Qui ne sait plus qu'être inquiète et être aimée.

A.O. Barnabooth, ses œuvres complètes

Blaise Cendrars

PROSE DU TRANSSIBÉRIEN
ET DE LA
PETITE JEANNE DE FRANCE

dédiée aux musiciens

En ce temps-là j'étais en mon adolescence
J'avais à peine seize ans et je ne me souvenais déjà plus
    de mon enfance
J'étais à 16.000 lieues du lieu de ma naissance
J'étais à Moscou, dans la ville des mille et trois clochers
    et des sept gares
Et je n'avais pas assez des sept gares et des mille et trois
    tours
Car mon adolescence était si ardente et si folle
Que mon cœur, tour à tour, brûlait comme le temple
    d'Éphèse ou comme la Place Rouge de Moscou
Quand le soleil se couche.
Et mes yeux éclairaient des voies anciennes.
Et j'étais déjà si mauvais poète
Que je ne savais pas aller jusqu'au bout.

Le Kremlin était comme un immense gâteau tartare
Croustillé d'or,
Avec les grandes amandes des cathédrales toutes
    blanches
Et l'or mielleux des cloches...
Un vieux moine me lisait la légende de Novgorode
J'avais soif
Et je déchiffrais des caractères cunéiformes

Puis, tout à coup, les pigeons du Saint-Esprit s'envo-
 laient sur la place
Et mes mains s'envolaient aussi, avec des bruissements
 d'albatros
Et ceci, c'était les dernières réminiscences du dernier
 jour
Du tout dernier voyage
Et de la mer.

Pourtant, j'étais fort mauvais poète.
Je ne savais pas aller jusqu'au bout.
J'avais faim
Et tous les jours et toutes les femmes dans les cafés et
 tous les verres
J'aurais voulu les boire et les casser
Et toutes les vitrines et toutes les rues
Et toutes les maisons et toutes les vies
Et toutes les roues des fiacres qui tournaient en tourbil-
 lon sur les mauvais pavés
J'aurais voulu les plonger dans une fournaise de glaives
Et j'aurais voulu broyer tous les os
Et arracher toutes les langues
Et liquéfier tous ces grands corps étranges et nus sous
 les vêtements qui m'affolent...
Je pressentais la venue du grand Christ rouge de la
 révolution russe...
Et le soleil était une mauvaise plaie
Qui s'ouvrait comme un brasier.

En ce temps-là j'étais en mon adolescence
J'avais à peine seize ans et je ne me souvenais déjà plus
 de ma naissance
J'étais à Moscou, où je voulais me nourrir de flammes
Et je n'avais pas assez des tours et des gares que constel-
 laient mes yeux
En Sibérie tonnait le canon, c'était la guerre
La faim le froid la peste le choléra
Et les eaux limoneuses de l'Amour charriaient des mil-
 lions de charognes

Dans toutes les gares je voyais partir tous les derniers
　　trains
Personne ne pouvait plus partir car on ne délivrait plus
　　de billets
Et les soldats qui s'en allaient auraient bien voulu
　　rester...
Un vieux moine me chantait la légende de Novgorode.

Moi, le mauvais poète qui ne voulais aller nulle part, je
　　pouvais aller partout
Et aussi les marchands avaient encore assez d'argent
Pour aller tenter faire fortune.
Leur train partait tous les vendredis matin.
On disait qu'il y avait beaucoup de morts.
L'un emportait cent caisses de réveils et de coucous de
　　la Forêt-Noire
Un autre, des boîtes à chapeaux, des cylindres et un
　　assortiment de tire-bouchons de Sheffield
Un autre, des cercueils de Malmoë remplis de boîtes de
　　conserve et de sardines à l'huile
Puis il y avait beaucoup de femmes
Des femmes des entre-jambes à louer qui pouvaient aus-
　　si servir
Des cercueils
Elles étaient toutes patentées
On disait qu'il y avait beaucoup de morts là-bas
Elles voyageaient à prix réduits
Et avaient toutes un compte-courant à la banque.

Or, un vendredi matin, ce fut enfin mon tour
On était en décembre
Et je partis moi aussi pour accompagner le voyageur en
　　bijouterie qui se rendait à Kharbine
Nous avions deux coupés dans l'express et 34 coffres de
　　joaillerie de Pforzheim
De la camelote allemande « Made in Germany »
Il m'avait habillé de neuf, et en montant dans le train
　　j'avais perdu un bouton

— Je m'en souviens, je m'en souviens, j'y ai souvent
   pensé depuis —
Je couchais sur les coffres et j'étais tout heureux de pou-
   voir jouer avec le browning nickelé qu'il m'avait aussi
   donné

J'étais très heureux insouciant
Je croyais jouer aux brigands
Nous avions volé le trésor de Golconde
Et nous allions, grâce au transsibérien, le cacher de l'au-
   tre côté du monde
Je devais le défendre contre les voleurs de l'Oural qui
   avaient attaqué les saltimbanques de Jules Verne
Contre les khoungouzes, les boxers de la Chine
Et les enragés petits mongols du Grand-Lama
Alibaba et les quarante voleurs
Et les fidèles du terrible Vieux de la montagne
Et surtout, contre les plus modernes
Les rats d'hôtel
Et les spécialistes des express internationaux.

Et pourtant, et pourtant
J'étais triste comme un enfant
Les rythmes du train
La « *moelle chemin-de-fer* » des psychiatres américains
Le bruit des portes des voix des essieux grinçant sur les
   rails congelés
Le ferlin d'or de mon avenir
Mon browning le piano et les jurons des joueurs de
   cartes dans le compartiment d'à côté
L'épatante présence de Jeanne
L'homme aux lunettes bleues qui se promenait nerveu-
   sement dans le couloir et qui me regardait en pas-
   sant
Froissis de femmes
Et le sifflement de la vapeur
Et le bruit éternel des roues en folie dans les ornières
   du ciel
Les vitres sont givrées

Pas de nature !
Et derrière, les plaines sibériennes le ciel bas et les
    grandes ombres des Taciturnes qui montent et qui
    descendent
Je suis couché dans un plaid
Bariolé
Comme ma vie
Et ma vie ne me tient pas plus chaud que ce châle
Écossais
Et l'Europe tout entière aperçue au coupe-vent d'un
    express à toute vapeur
N'est pas plus riche que ma vie
Ma pauvre vie
Ce châle
Effiloché sur des coffres remplis d'or
Avec lesquels je roule
Que je rêve
Que je fume
Et la seule flamme de l'univers
Est une pauvre pensée...

Du fond de mon cœur des larmes me viennent
Si je pense, Amour, à ma maîtresse ;
Elle n'est qu'une enfant, que je trouvai ainsi
Pâle, immaculée, au fond d'un bordel.

Ce n'est qu'une enfant, blonde, rieuse et triste,
Elle ne sourit pas et ne pleure jamais ;
Mais au fond de ses yeux, quand elle vous y laisse
    boire,
Tremble un doux lys d'argent, la fleur du poète.

Elle est douce et muette, sans aucun reproche,
Avec un long tressaillement à votre approche ;
Mais quand moi je lui viens, de-ci, de-là, de fête,
Elle fait un pas, puis ferme les yeux — et fait un pas.

Car elle est mon amour, et les autres femmes
N'ont que des robes d'or sur de grands corps de flam-
    mes,

Ma pauvre amie est si esseulée,
Elle est toute nue, n'a pas de corps — elle est trop
   pauvre.

Elle n'est qu'une fleur candide, fluette,
La fleur du poète, un pauvre lys d'argent,
Tout froid, tout seul, et déjà si fané
Que les larmes me viennent si je pense à son cœur.

Et cette nuit est pareille à cent mille autres quand un
   train file dans la nuit
— Les comètes tombent —
Et que l'homme et la femme, même jeunes, s'amusent à
   faire l'amour.

Le ciel est comme la tente déchirée d'un cirque pauvre
   dans un petit village de pêcheurs
En Flandres
Le soleil est un fumeux quinquet
Et tout au haut d'un trapèze une femme fait la lune.
La clarinette le piston une flûte aigre et un mauvais
   tambour
Et voici mon berceau
Mon berceau
Il était toujours près du piano quand ma mère comme
   Madame Bovary jouait les sonates de Beethoven
J'ai passé mon enfance dans les jardins suspendus de
   Babylone
Et l'école buissonnière, dans les gares devant les trains
   en partance
Maintenant, j'ai fait courir tous les trains derrière moi
Bâle-Tombouctou
J'ai aussi joué aux courses à Auteuil et à Longchamp
Paris-New York
Maintenant, j'ai fait courir tous les trains tout le long de
   ma vie
Madrid-Stockholm
Et j'ai perdu tous mes paris
Il n'y a plus que la Patagonie, la Patagonie, qui convien-

ne à mon immense tristesse, la Patagonie, et un voya-
ge dans les mers du Sud
Je suis en route
J'ai toujours été en route
Je suis en route avec la petite Jehanne de France
Le train fait un saut périlleux et retombe sur toutes ses
roues
Le train retombe sur ses roues
Le train retombe toujours sur toutes ses roues

« Blaise, dis, sommes-nous bien loin de Montmartre ? »

Nous sommes loin, Jeanne, tu roules depuis sept jours
Tu es loin de Montmartre, de la Butte qui t'a nourrie du
Sacré-Cœur contre lequel tu t'es blottie
Paris a disparu et son énorme flambée
Il n'y a plus que les cendres continues
La pluie qui tombe
La tourbe qui se gonfle
La Sibérie qui tourne
Les lourdes nappes de neige qui remontent
Et le grelot de la folie qui grelotte comme un dernier
désir dans l'air bleu
Le train palpite au cœur des horizons plombés
Et ton chagrin ricane...

« Dis, Blaise, sommes-nous bien loin de Montmartre ? »

Les inquiétudes
Oublie les inquiétudes
Toutes les gares lézardées obliques sur la route
Les fils télégraphiques auxquels elles pendent
Les poteaux grimaçants qui gesticulent et les étran-
glent
Le monde s'étire s'allonge et se retire comme un accor-
déon qu'une main sadique tourmente
Dans les déchirures du ciel, les locomotives en furie
S'enfuient
Et dans les trous,

Les roues vertigineuses les bouches les voix
Et les chiens du malheur qui aboient à nos trousses
Les démons sont déchaînés
Ferrailles
Tout est un faux accord
Le *broun-roun-roun* des roues
Chocs
Rebondissements
Nous sommes un orage sous le crâne d'un sourd...

« Dis, Blaise, sommes-nous bien loin de Montmartre ? »

Mais oui, tu m'énerves, tu le sais bien, nous sommes
    bien loin
La folie surchauffée beugle dans la locomotive
La peste le choléra se lèvent comme des braises arden-
    tes sur notre route
Nous disparaissons dans la guerre en plein dans un tun-
    nel
La faim, la putain, se cramponne aux nuages en déban-
    dade
Et fiente des batailles en tas puants de morts
Fais comme elle, fais ton métier...

« Dis, Blaise, sommes-nous bien loin de Montmartre ? »

Oui, nous le sommes, nous le sommes
Tous les boucs émissaires ont crevé dans ce désert
Entends les sonnailles de ce troupeau galeux Tomsk
Tchéliabinsk Kainsk Obi Taïchet Verkné Oudinsk Kour-
    gane Samara Pensa-Touloune
La mort en Mandchourie
Est notre débarcadère est notre dernier repaire
Ce voyage est terrible
Hier matin
Ivan Oulitch avait les cheveux blancs
Et Kolia Nicolaï Ivanovitch se ronge les doigts depuis
    quinze jours...
Fais comme elles la Mort la Famine fais ton métier

Ça coûte cent sous, en transsibérien, ça coûte cent rou-
  bles
En fièvre les banquettes et rougeoie sous la table
Le diable est au piano
Ses doigts noueux excitent toutes les femmes
La Nature
Les Gouges
Fais ton métier
Jusqu'à Kharbine...

« Dis, Blaise, sommes-nous bien loin de Montmartre ? »

Non, mais... fiche-moi la paix... laisse-moi tranquille
Tu as les hanches angulaires
Ton ventre est aigre et tu as la chaude-pisse
C'est tout ce que Paris a mis dans ton giron
C'est aussi un peu d'âme... car tu es malheureuse
J'ai pitié j'ai pitié viens vers moi sur mon cœur
Les roues sont les moulins à vent du pays de Cocagne
Et les moulins à vent sont les béquilles qu'un mendiant
  fait tournoyer
Nous sommes les culs-de-jatte de l'espace
Nous roulons sur nos quatre plaies
On nous a rogné les ailes
Les ailes de nos sept péchés
Et tous les trains sont les bilboquets du diable
Basse-cour
Le monde moderne
La vitesse n'y peut mais
Le monde moderne
Les lointains sont par trop loin
Et au bout du voyage c'est terrible d'être un homme
  avec une femme...

« Blaise, dis, sommes-nous bien loin de Montmartre ? »

J'ai pitié j'ai pitié viens vers moi je vais te conter une
  histoire
Viens dans mon lit

Viens sur mon cœur
Je vais te conter une histoire...

Oh viens ! viens !

Aux Fidji règne l'éternel printemps
La paresse
L'amour pâme les couples dans l'herbe haute et la chau-
    de syphilis rôde sous les bananiers
Viens dans les îles perdues du Pacifique !
Elles ont nom du Phénix, des Marquises
Bornéo et Java
Et Célèbes à la forme d'un chat.

Nous ne pouvons pas aller au Japon
Viens au Mexique !
Sur ses hauts plateaux les tulipiers fleurissent
Les lianes tentaculaires sont la chevelure du soleil
On dirait la palette et les pinceaux d'un peintre
Des couleurs étourdissantes comme des gongs,
Rousseau y a été
Il y a ébloui sa vie
C'est le pays des oiseaux
L'oiseau du paradis, l'oiseau-lyre
Le toucan, l'oiseau moqueur
Et le colibri niche au cœur des lys noirs
Viens !
Nous nous aimerons dans les ruines majestueuses d'un
    temple aztèque
Tu seras mon idole
Une idole bariolée enfantine un peu laide et bizarre-
    ment étrange
Oh viens !

Si tu veux nous irons en aéroplane et nous survolerons
    le pays des mille lacs,
Les nuits y sont démesurément longues
L'ancêtre préhistorique aura peur de mon moteur
J'atterrirai

Et je construirai un hangar pour mon avion avec les os
    fossiles de mammouth
Le feu primitif réchauffera notre pauvre amour
Samowar
Et nous nous aimerons bien bourgeoisement près du
    pôle
Oh viens !

Jeanne Jeannette Ninette nini ninon nichon
Mimi mamour ma poupoule mon Pérou
Dodo dondon
Carotte ma crotte
Chouchou p'tit-cœur
Cocotte
Chérie p'tite chèvre
Mon p'tit-péché mignon
Concon
Coucou
Elle dort.

Elle dort
Et de toutes les heures du monde elle n'en a pas gobé
    une seule
Tous les visages entrevus dans les gares
Toutes les horloges
L'heure de Paris l'heure de Berlin l'heure de Saint-
    Pétersbourg et l'heure de toutes les gares
Et à Oufa, le visage ensanglanté du canonnier
Et le cadran bêtement lumineux de Grodno
Et l'avance perpétuelle du train
Tous les matins on met les montres à l'heure
Le train avance et le soleil retarde
Rien n'y fait, j'entends les cloches sonores
Le gros bourdon de Notre-Dame
La cloche aigrelette du Louvre qui sonna la Barthéle-
    my
Les carillons rouillés de Bruges-la-Morte
Les sonneries électriques de la bibliothèque de New-
    York

Les campagnes de Venise
Et les cloches de Moscou, l'horloge de la Porte-Rouge
qui me comptait les heures quand j'étais dans un
bureau
Et mes souvenirs
Le train tonne sur les plaques tournantes
Le train roule
Un gramophone grasseye une marche tzigane
Et le monde, comme l'horloge du quartier juif de Pra-
gue, tourne éperdument à rebours.

Effeuille la rose des vents
Voici que bruissent les orages déchaînés
Les trains roulent en tourbillon sur les réseaux enchevê-
trés
Bilboquets diaboliques
Il y a des trains qui ne se rencontrent jamais
D'autres se perdent en route
Les chefs de gare jouent aux échecs
Tric-trac
Billard
Caramboles
Paraboles
La voie ferrée est une nouvelle géométrie
Syracuse
Archimède
Et les soldats qui l'égorgèrent
Et les galères
Et les vaisseaux
Et les engins prodigieux qu'il inventa
Et toutes les tueries
L'histoire antique
L'histoire moderne
Les tourbillons
Les naufrages
Même celui du *Titanic* que j'ai lu dans le journal
Autant d'images-associations que je ne peux pas déve-
lopper dans mes vers
Car je suis encore fort mauvais poète

Car l'univers me déborde
Car j'ai négligé de m'assurer contre les accidents de che-
    min de fer
Car je ne sais pas aller jusqu'au bout
Et j'ai peur.

J'ai peur
Je ne sais pas aller jusqu'au bout
Comme mon ami Chagall je pourrais faire une série de
    tableaux déments
Mais je n'ai pas pris de notes en voyage
« Pardonnez-moi mon ignorance
« Pardonnez-moi de ne plus connaître l'ancien jeu des
    vers »
Comme dit Guillaume Apollinaire
Tout ce qui concerne la guerre on peut le lire dans les
    Mémoires de Kouropatkine
Ou dans les journaux japonais qui sont aussi cruelle-
    ment illustrés
À quoi bon me documenter
Je m'abandonne
Aux sursauts de ma mémoire...

À partir d'Irkoutsk le voyage devint beaucoup trop
    lent
Beaucoup trop long
Nous étions dans le premier train qui contournait le lac
    Baïkal
On avait orné la locomotive de drapeaux et de lam-
    pions
Et nous avions quitté la gare aux accents tristes de
    l'hymne au Tzar.
Si j'étais peintre je déverserais beaucoup de rouge,
    beaucoup de jaune sur la fin de ce voyage
Car je crois bien que nous étions tous un peu fous
Et qu'un délire immense ensanglantait les faces éner-
    vées de mes compagnons de voyage
Comme nous approchions de la Mongolie
Qui ronflait comme un incendie.

Le train avait ralenti son allure
Et je percevais dans le grincement perpétuel des roues
Les accents fous et les sanglots
D'une éternelle liturgie

J'ai vu
J'ai vu les trains silencieux les trains noirs qui reve-
    naient de l'Extrême-Orient et qui passaient en fantô-
    mes
Et mon œil, comme le fanal d'arrière, court encore der-
    rière ces trains
À Talga 100.000 blessés agonisaient faute de soins
J'ai visité les hôpitaux de Krasnoïarsk
Et à Khilok nous avons croisé un long convoi de soldats
    fous
J'ai vu dans les lazarets des plaies béantes des blessures
    qui saignaient à pleines orgues
Et les membres amputés dansaient autour ou s'envo-
    laient dans l'air rauque
L'incendie était sur toutes les faces dans tous les
    cœurs
Des doigts idiots tambourinaient sur toutes les vitres
Et sous la pression de la peur les regards crevaient com-
    me des abcès
Dans toutes les gares on brûlait tous les wagons
Et j'ai vu
J'ai vu des trains de 60 locomotives qui s'enfuyaient à
    toute vapeur pourchassées par les horizons en rut et
    des bandes de corbeaux qui s'envolaient désespéré-
    ment après
Disparaître
Dans la direction de Port-Arthur.

À Tchita nous eûmes quelques jours de répit
Arrêt de cinq jours vu l'encombrement de la voie
Nous le passâmes chez Monsieur Iankéléwitch qui vou-
    lait me donner sa fille unique en mariage
Puis le train repartit.

Maintenant c'était moi qui avais pris place au piano et
   j'avais mal aux dents
Je revois quand je veux cet intérieur si calme le magasin
   du père et les yeux de la fille qui venait le soir dans
   mon lit
Moussorgsky
Et les lieder de Hugo Wolf
Et les sables du Gobi
Et à Khaïlar une caravane de chameaux blancs
Je crois bien que j'étais ivre durant plus de 500 kilomè-
   tres
Mais j'étais au piano et c'est tout ce que je vis
Quand on voyage on devrait fermer les yeux
Dormir
J'aurais tant voulu dormir
Je reconnais tous les pays les yeux fermés à leur
   odeur
Et je reconnais tous les trains au bruit qu'ils font
Les trains d'Europe sont à quatre temps tandis que ceux
   d'Asie sont à cinq ou sept temps
D'autres vont en sourdine sont des berceuses
Et il y en a qui dans le bruit monotone des roues me
   rappellent la prose lourde de Maeterlinck
J'ai déchiffré tous les textes confus des roues et j'ai ras-
   semblé les éléments épars d'une violente beauté
Que je possède
Et qui me force.

Tsitsika et Kharbine
Je ne vais pas plus loin
C'est la dernière station
Je débarquai à Kharbine comme on venait de mettre le
   feu aux bureaux de la Croix-Rouge.

Ô Paris
Grand foyer chaleureux avec les tisons entrecroisés de
   tes rues et tes vieilles maisons qui se penchent au-
   dessus et se réchauffent
Comme des aïeules

Et voici des affiches, du rouge du vert multicolores com-
  me mon passé bref du jaune
Jaune la fière couleur des romans de la France à l'étran-
  ger.
J'aime me frotter dans les grandes villes aux autobus en
  marche
Ceux de la ligne Saint-Germain-Montmartre m'empor-
  tent à l'assaut de la Butte
Les moteurs beuglent comme les taureaux d'or
Les vaches du crépuscule broutent le Sacré-Cœur
Ô Paris
Gare centrale débarcadère des volontés carrefour des
  inquiétudes
Seuls les marchands de couleur ont encore un peu de
  lumière sur leur porte
La Compagnie Internationale des Wagons-Lits et des
  Grands Express Européens m'a envoyé son prospec-
  tus
C'est la plus belle église du monde
J'ai des amis qui m'entourent comme des garde-fous
Ils ont peur quand je pars que je ne revienne plus
Toutes les femmes que j'ai rencontrées se dressent aux
  horizons
Avec les gestes piteux et les regards tristes des séma-
  phores sous la pluie
Bella, Agnès, Catherine et la mère de mon fils en Ita-
  lie
Et celle, la mère de mon amour en Amérique
Il y a des cris de sirène qui me déchirent l'âme
Là-bas en Mandchourie un ventre tressaille encore com-
  me dans un accouchement
Je voudrais
Je voudrais n'avoir jamais fait mes voyages
Ce soir un grand amour me tourmente
Et malgré moi je pense à la petite Jehanne de France.
C'est par un soir de tristesse que j'ai écrit ce poème en
  son honneur
Jeanne
La petite prostituée

Je suis triste je suis triste
J'irai au *Lapin agile* me ressouvenir de ma jeunesse per-
    due
Et boire des petits verres
Puis je rentrerai seul

Paris

Ville de la Tour unique du grand Gibet et de la Roue.

Paris, 1913.

Du monde entier
©Denoël

LE VENTRE DE MA MÈRE

C'est mon premier domicile
Il était tout arrondi
Bien souvent je m'imagine
Ce que je pouvais bien être...

Les pieds sur ton cœur maman
Les genoux tout contre ton foie
Les mains crispées au canal
Qui aboutissait à ton ventre

Le dos tordu en spirale
Les oreilles pleines les yeux vides
Tout recroquevillé tendu
La tête presque hors de ton corps

Mon crâne à ton orifice
Je jouis de ta santé
De la chaleur de ton sang
Des étreintes de papa

Bien souvent un feu hybride
Électrisait mes ténèbres
Un choc au crâne me détendait
Et je ruais sur ton cœur

Le grand muscle de ton vagin
Se resserrait alors durement
Je me laissais douloureusement faire
Et tu m'inondais de ton sang

Mon front est encore bosselé
De ces bourrades de mon père
Pourquoi faut-il se laisser faire
Ainsi à moitié étranglé ?

Si j'avais pu ouvrir la bouche
Je t'aurais mordu
Si j'avais pu déjà parler
J'aurais dit :

Merde, je ne veux pas vivre !

Au cœur du monde
©Denoël

Paul Morand

ODE À MARCEL PROUST

Ombre
née de la fumée de vos fumigations,
le visage et la voix
mangés
par l'usage de la nuit,
Céleste,
avec sa rigueur, douce, me trempe dans le jus noir
de votre chambre
qui sent le bouchon tiède et la cheminée morte.

Derrière l'écran des cahiers,
sous la lampe blonde et poisseuse comme une confi-
    ture,
Votre visage gît sur un traversin de craie.
Vous me tendez des mains gantées de filoselle ;
silencieusement votre barbe repousse
au fond de vos joues.
Je dis :
— Vous avez l'air d'aller fort bien.
Vous répondez :
— Cher ami, j'ai failli mourir trois fois dans la jour-
    née.

Vos fenêtres à tout jamais fermées
vous refusent au boulevard Haussmann
rempli à pleins bords ;

comme une auge brillante,
du fracas de tôle des tramways.
Peut-être n'avez-vous jamais vu le soleil ?
Mais vous l'avez reconstitué, comme Lemoine, si véridi-
   que,
que vos arbres fruitiers dans la nuit
ont donné les fleurs.
Votre nuit n'est pas notre nuit :
C'est plein des lueurs blanches
des cattleyeas et des robes d'Odette,
cristaux des flûtes, des lustres
et des jabots tuyautés du Général de Froberville.
Votre voix, blanche aussi, trace une phrase si longue
qu'on dirait qu'elle plie, alors que, comme un malade
sommeillant qui se plaint,
vous dites : qu'on vous a fait un énorme chagrin.

Proust, à quels raouts allez-vous donc la nuit
pour en revenir avec des yeux si las et si lucides ?
Quelles frayeurs à nous interdites avez-vous connues
pour en revenir si indulgent et si bon ?
et sachant les travaux des âmes
et ce qui se passe dans les maisons,
et que l'amour fait si mal ?

Étaient-ce de si terribles veilles que vous y laissâtes
cette rose fraîcheur
du portrait de Jacques-Émile Blanche ?
et que vous voici, ce soir,
pétri de la pâleur docile des cires
mais heureux que l'on croie à votre agonie douce
de dandy gris perle et noir ?

1915.

Lampes à arc

MORT D'UN AUTRE JUIF

C'est parce que ce régiment de tueurs est strictement
    gouvernemental,
c'est parce que ce peuple a peur de sa révolution
comme de tout ce qui pourrait le rendre à lui-même,
    c'est-à-dire à son néant,
c'est parce qu'il n'imagine pas d'autre bien-être
que de se sentir tous blottis autour de l'État
comme autour d'un poêle,
c'est parce que les hommes sont heureux d'obéir
et de n'avoir pas à être libres,
qu'il y a du sang gelé
sur le quai de l'Isaar,
et qu'un cadavre juif est là,
mains liées derrière le dos,
nu jusqu'à la ceinture.
Très vert sur la neige,
le front haut serré entre des cheveux de laine,
il a repris une majesté orientale
calme, comme de savoir que par sa mort
ce qu'il sentait en lui d'immortel
est assuré en effet de ne plus mourir.
Ses joues portent l'empreinte de clous de souliers
et sa bouche brisée
pend, comme une boîte jadis pleine de cris ;
cris d'une race éternellement rebelle
suant tant qu'il faudra le sang noir des révoltes
jamais taries
sous le pressoir des lois chrétiennes ;
communiquant, sous les fondations mêmes des États,
entre continents, par de mystérieux égouts,
(laissant les radios aux propagandes nationales et les
    câbles aux arbitrages de bourse),
et lui, parmi les plus grands de cette race,
sans autre patrie que son esprit,

heureux d'être pauvre et niant toute autre possession
    que celle des Textes,
courtier d'idéal touchant à chaque révolte sa commis·
    sion,
sécrétant une pensée acide qui corrode les doctrines
    aériennes,
inépuisablement généreux et fidèle à la vérité,
sous le masque d'une éternelle trahison,
mais singulièrement redoutable.
C'est pourquoi le cadavre, dépouillé de ses chaussures,
gît, par ce matin de gel,
au pied du Maximilianeum.

Les enfants ont mis sous ses ongles
des aiguilles de gramophone.

Lampes à arc

SOUTHERN PACIFIC

L'express de luxe *Coucher-de-Soleil*
lace le pays
d'est en ouest.
Quinze wagons blindés,
pareils à des sous·sols de banque
dans lesquels circulent les nègres amidonnés,
avec des plateaux pleins de glace,
frères des nègres qui portent des sorbets
sur les fresques de Tiepolo.
Quand le train passe,
l'on comprend tout le chagrin,
que les maisons
ont
à être des immeubles.

Le wagon traverse des déserts rouges
et des déserts blancs
parsemés de cactus turgides
comme des asperges de cinq mètres, cannelées,
poilues,
quelquefois même avec des bras.
Il perfore des villes de zinc
et des villes de bois
tiré par la grande locomotive qui sonne
la cloche.
En entrant dans les gares
elle a un cri de la gorge
que Proust eût aimé,
avec son goût pour les voix enrouées.
Est-ce cela,
ou ce glas,
ou la pensée que l'automobile de l'amoureux,
n'ayant pas vu la tête de mort du passage à niveau,
s'est écrasée contre le chasse-pierres,
ou simplement
leur puissance en chevaux-vapeur
qui donne envie de pleurer
quand s'avancent
les locomotives du Southern Pacific ?
Elles ont des perles au cou ;
des mécaniciens gantés
les caressent.
Les machines sont les seules femmes
que les Américains savent rendre heureuses.

USA

Pierre Mac Orlan

LA FILLE DE LONDRES

CRÉÉE PAR GERMAINE MONTERO.

I

Un rat est venu dans ma chambre.
Il a rongé la souricière,
Il a arrêté la pendule
Et renversé le pot à bière.
Je l'ai pris entre mes bras blancs.
Il était chaud comme un enfant.
Je l'ai bercé bien tendrement.
Et je lui chantais doucement :

Refrain.

Dors mon rat, mon flic, dors mon vieux boby,
Ne siffle pas sur les quais endormis
Quand je tiendrai la main de mon chéri.

II

Un Chinois est sorti de l'ombre,
Un Chinois a regardé Londres.
Sa casquette était de marine
Orné' d'une ancre coralline.
Devant la porte de Charly,

À Pennyfields, j'lui ai souri,
Dans le silence de la nuit,
En chuchotant je lui ai dit :

Refrain.

Je voudrais, je voudrais je n'sais trop quoi,
Je voudrais ne plus entendre ma voix.
J'ai peur, j'ai peur de toi, j'ai peur de moi.

III

Sur son maillot de laine bleue
On pouvait lire en lettres rondes
Le nom d'une vieill' « Compagnie »
Qui, paraît-il, fait l'tour du monde.
Nous sommes entrés chez Charly,
À Pennyfields, loin des soucis.
Et j'ai dansé toute la nuit
Avec mon Chin'toc ébloui.

Refrain.

Et chez Charly, il faisait jour et chaud.
Tess jouait « Daisy Bell » sur son vieux piano
Un piano avec des dents de chameau.

IV

J'ai conduit l'Chinois dans ma chambre.
Il a mis le rat à la porte,
Il a remonté la pendule.
Il a rempli le pot à bière.
Je l'ai pris dans mes bras tremblants
Pour le bercer comme un enfant.

Il s'est endormi sur le dos...
Alors, j'lui ai pris son couteau.

Refrain.

C'était un couteau perfide et glacé,
Un sal' couteau rouge de vérités,
Un sal' couteau roug'... sans spécialités.

(1926-1951.)

Chansons pour accordéon

LE MANÈGE D'AÉROPLANES

À la fête de Montmartre, au milieu de l'année 1906, Guillaume Apollinaire, Salmon, Jacques Vaillant, Julien Callé et moi, nous montâmes sur ce manège de monoplans dans le but de participer au progrès tout en restant attachés au sol par des traditions littéraires et par le pignon de ce manège.

Comme nous étions riches et naturellement bienveillants, nous jetâmes sur la foule qui criait « Noël » des cigares allumés, des épluchures de bananes, des oranges sucées et des billes de billard.

Une musique angélique nous entraînait dans son vertige et les monoplans tournaient comme les volants d'un jupon de danseuse.

Il fallut enfin descendre.

Et c'est depuis ce jour que j'ai fait l'acquisition d'un râtelier, de deux béquilles en bois et d'une perruque discrète. À cette époque nous savions accumuler les souvenirs.

Poésies documentaires complètes

Charles Ferdinand Ramuz

Ce jour-là, quand je t'ai vue,
j'étais comme quand on regarde le soleil ;
j'avais un grand feu dans la tête,
je ne savais plus ce que je faisais,
j'allais tout de travers comme un qui a trop bu,
et mes mains tremblaient.

Je suis allé tout seul par le sentier des bois,
je croyais te voir marcher devant moi,
et je te parlais,
mais tu ne me répondais pas.

J'avais peur de te voir, j'avais peur de t'entendre,
j'avais peur du bruit de tes pieds dans l'herbe,
j'avais peur de ton rire dans les branches ;
et je me disais : « Tu es fou,
ah ! si on te voyait, comme on se moquerait de toi ! »
Ça ne servait à rien du tout.

Et, quand je suis rentré, c'était minuit passé,
mais je n'ai pas pu m'endormir.
Et le lendemain, en soignant mes bêtes,
je répétais ton nom, je disais : « Marianne... »
Les bêtes tournaient la tête pour entendre ;
je me fâchais, je leur criais : « Ça vous regarde ?
allons, tranquilles, eh ! Comtesse, eh ! la Rousse. »
et je les prenais par les cornes.

Ça a duré ainsi trois jours
et puis je n'ai plus eu la force.
Il a fallu que je la revoie.
Elle est venue, elle a passé,
elle n'a pas pris garde à moi.

Le Petit Village
© Mermod

Le jour de notre noce, j'y pense tout le temps,
il fera un soleil comme on n'a jamais vu ;
il fera bon aller en char
à cause du vent frais qui vous souffle au visage,
quand la bonne jument va trottant sur la route
et qu'on claque du fouet pour qu'elle aille plus fort.

On lui donnera de l'avoine,
en veux-tu, en voilà ;
on l'étrillera bien qu'elle ait l'air d'un cheval
comme ceux de la ville ;
et trotte ! et tu auras ton voile qui s'envole,

et tu souriras au travers
parce qu'il aura l'air
de faire signe aux arbres,
comme quand on agite un mouchoir au départ.

On se regardera, on dira : « On s'en va,
on commence le grand voyage ;
heureusement qu'il n'y a pas
des océans à traverser. »
Et quand nous serons arrivés,
la cloche sonnera, la porte s'ouvrira,
l'orgue se mettra à jouer ;

tu diras oui, je dirai oui ;
et nos voix trembleront un peu
et hésiteront à cause du monde
et parce qu'on n'aime à se dire ces choses
que tout doucement à l'oreille.

Le Petit Village
© Mermod

Jules Supervielle

HOÚLE

Vous auberges et routes, vous ciels en jachère,
Vous campagnes captives des mois de l'année,
Forêts angoissées qu'étouffe la mousse,
Vous m'éveillez la nuit pour m'interroger.
Voici un peuplier qui me touche du doigt,
Voici une cascade qui me chante à l'oreille,
Un affluent fiévreux s'élance dans mon cœur,
Une étoile soulève, abaisse mes paupières
Sachant me déceler parmi morts et vivants
Même si je me cache dans un herbeux sommeil
Sous le toit voyageur du rêve.

Depuis les soirs en arrêt que traverse le bison
Jusqu'à ce matin de mai cherchant encore sa joie
Et qui dans mes yeux menteurs n'est peut-être qu'une
    fable,
La terre est une quenouille que filent lune et soleil
Et je suis un paysage échappé de ses fuseaux,
Une vague de la mer naviguant depuis Homère
Recherchant un beau rivage pour que bruissent trois
    mille ans.

La mémoire humaine roule sur le globe et l'enveloppe
Lui faisant un ciel sensible innervé à l'infini,
Mais les bruits sont fauchés ras dans toute l'histoire du
    monde

On n'entend pas plus de voix qu'un sourire au fil des
     lèvres
Et voici seul sur la route planétaire notre cœur
Flambant comme du bois sec entre deux monts de
     silence
Qui sur lui s'écrouleront au vent mince de la mort.

Gravitations

SAISIR

Saisir, saisir le soir, la pomme et la statue,
Saisir l'ombre et le mur et le bout de la rue.

Saisir le pied, le cou de la femme couchée
Et puis ouvrir les mains. Combien d'oiseaux lâchés

Combien d'oiseaux perdus qui deviennent la rue,
L'ombre, le mur, le soir, la pomme et la statue.

> Mains, vous vous userez
> À ce grave jeu-là.
> Il faudra vous couper
> Un jour, vous couper ras.

*

Ce souvenir que l'on cache dans ses bras, à travers la
     fumée et les cris,
Comme une jeune femme échappée à l'incendie,
Il faudra bien l'étendre dans le lit blanc de la mémoire,
     aux rideaux tirés,
Et le regarder avec attention.
Que personne n'entre dans la chambre !

Il y a là maintenant un grand corps absolument nu
Et une bouche qu'on croyait à jamais muette
Et qui soupire : « Amour », avec les lèvres mêmes de la
  vérité.

*

Grands yeux dans ce visage,
Qui vous a placés là ?
De quel vaisseau sans mâts
Êtes-vous l'équipage ?

Depuis quel abordage
Attendez-vous ainsi
Ouverts toute la nuit ?

Feux noirs d'un bastingage
Étonnés mais soumis
À la loi des orages.

Prisonniers des mirages,
Quand sonnera minuit
Baissez un peu les cils
Pour reprendre courage.

*

Vous avanciez vers lui, femme des grandes plaines,
Nœud sombre du désir, distances au soleil.

Et vos lèvres soudain furent prises de givre
Quand son visage lent s'est approché de vous.

Vous parliez, vous parliez, des mots blafards et nus
S'en venaient jusqu'à lui, mille mots de statue.

Vous fîtes de cet homme une maison de pierre,
Une lisse façade aveugle nuit et jour.

Ne peut-il dans ses murs creuser une fenêtre,
Une porte laissant faire six pas dehors ?

*

Saisir quand tout me quitte,
Et avec quelles mains
Saisir cette pensée,
Et avec quelles mains
Saisir enfin le jour
Par la peau de son cou,
Le tenir remuant
Comme un lièvre vivant ?
Viens, sommeil, aide-moi,
Tu saisiras pour moi
Ce que je n'ai pu prendre,
Sommeil aux mains plus grandes.

*

Un visage à mon oreille,
Un visage de miroir,
Vient s'appuyer dans le noir.
« Beau visage, reste, veille,
Reste et ne t'alarme pas.
C'est un homme et son sommeil
Qui sont là proches de toi,
Fais qu'ils pénètrent tous deux
Dans le bois de mille lieues
Aux feuilles toutes baissées
Comme paupières fermées,
Territoire où les oiseaux
Chantent sous leurs ailes closes
Et se réveillent à l'aube
Pour se taire et regarder.
— Dors, j'écoute et je regarde
Si la Terre est toujours là,
Si les arbres sont les arbres,
Si les routes obéissent,

Et si l'étoile novice
Que tu découvris hier
Brille encor dans le ciel lisse
Et s'approche de notre air.
Dors, tandis que les maisons
Dans leur force et leurs étages
Lasses de passer les âges
Disparaissent un instant.
— Est-ce bien toi que j'entends
À travers ce grand sommeil,
Chaîne blanche de montagnes
Qui me sépare de toi ?
Suis-je sur la vieille Terre
Où les distances ressemblent
À ces lignes de nos mains,
Nul ne sait qui les assemble ?
— Sur chaque herbe et chaque tige
Sur les plus fuyants poissons
Je veille et te les préserve,
Je les sauve pour demain.
Et tu trouveras aussi
Pour te déceler le monde
Les insectes, la couleur
Des yeux et le son des heures.
Vienne le sommeil te prendre.
Déjà ton lit se souvient
D'avoir été un berceau.
Que tes mains s'ouvrent et laissent
S'échapper force et faiblesses,
Que ton cœur et ton cerveau
Tirent enfin leurs rideaux,
Que ton sang s'apaise aussi
Pour favoriser la nuit. »

Le Forçat innocent

LE SILLAGE

On voyait le sillage et nullement la barque
Parce que le bonheur avait passé par là.

Ils s'étaient regardés dans le fond de leurs yeux
Apercevant enfin la clairière attendue

Où couraient de grands cerfs dans toute leur franchise.
Les chasseurs n'entraient pas dans ce pays sans lar-
    mes.

Ce fut le lendemain, après une nuit froide,
Qu'on reconnut en eux des noyés par amour

Mais ce que l'on pouvait prendre pour leur douleur
Nous faisait signe à tous de ne pas croire en elle.

Un peu de leur voilure errait encore en l'air
Toute seule, prenant le vent pour son plaisir,

Loin de la barque et des rames à la dérive.

Les Amis inconnus

ALTER EGO

Une souris s'échappe
(Ce n'en était pas une)
Une femme s'éveille
(Comment le savez-vous ?)

Et la porte qui grince
(On l'huila ce matin)
Près du mur de clôture
(Le mur n'existe plus)
Ah ! je ne puis rien dire
(Eh bien, vous vous tairez !)
Je ne puis pas bouger
(Vous marchez sur la route)
Où allons-nous ainsi ?
(C'est moi qui le demande)
Je suis seul sur la Terre
(Je suis là près de vous)
Peut-on être si seul
(Je le suis plus que vous,
Je vois votre visage
Nul ne m'a jamais vu).

Les Amis inconnus

DANS L'OUBLI DE MON CORPS

Dans l'oubli de mon corps
Et de tout ce qu'il touche
Je me souviens de vous,
Dans l'effort d'un palmier
Près de mers étrangères
Malgré tant de distances
Voici que je découvre
Tout ce qui faisait vous.
Et puis je vous oublie
Le plus fort que je peux
Je vous montre comment
Faire en moi pour mourir.

Et je ferme les yeux
Pour vous voir revenir
Du plus loin de moi·même
Où vous avez failli
Solitaire, périr.

La Fable du monde

Saint-John Perse

POUR FÊTER
UNE ENFANCE

« King Light's Settlements »

I

Palmes... !
Alors on te baignait dans l'eau-de-feuilles-vertes ; et
l'eau encore était du soleil vert ; et les servantes de ta
mère, grandes filles luisantes, remuaient leurs jambes
chaudes près de toi qui tremblais...
(Je parle d'une haute condition, alors, entre les robes,
au règne de tournantes clartés.)

Palmes ! et la douceur
d'une vieillesse des racines... ! La terre
alors souhaita d'être plus sourde, et le ciel plus pro-
fond, où des arbres trop grands, las d'un obscur des-
sein, nouaient un pacte inextricable...
(J'ai fait ce songe, dans l'estime : un sûr séjour entre
les toiles enthousiastes.)

Et les hautes
racines courbes célébraient
l'en allée des voies prodigieuses, l'invention des voû-
tes et des nefs,
et la lumière alors, en de plus purs exploits féconde,
inaugurait le blanc royaume où j'ai mené peut-être un
corps sans ombre...

(Je parle d'une haute condition, jadis, entre des hom-
mes et leurs filles, et qui mâchaient de telle feuille.)

Alors, les hommes avaient
une bouche plus grave, les femmes avaient des bras
plus lents ;
alors, de se nourrir comme nous de racines, de
grandes bêtes taciturnes s'ennoblissaient ;
et plus longues sur plus d'ombre se levaient les pau-
pières...
(J'ai fait ce songe, il nous a consumés sans reliques.)

II

Et les servantes de ma mère, grandes filles luisantes...
Et nos paupières fabuleuses... Ô
clartés ! ô faveurs !
Appelant toute chose, je récitai qu'elle était grande,
appelant toute bête, qu'elle était belle et bonne.
Ô mes plus grandes
fleurs voraces, parmi la feuille rouge, à dévorer tous
mes plus beaux
insectes verts ! Les bouquets au jardin sentaient le
cimetière de famille. Et une très petite sœur était mor-
te : j'avais eu, qui sent bon, son cercueil d'acajou entre
les glaces de trois chambres. Et il ne fallait pas tuer l'oi-
seau-mouche d'un caillou... Mais la terre se courbait
dans nos jeux comme fait la servante,
celle qui a droit à une chaise si l'on se tient dans la
maison.

... Végétales ferveurs, ô clartés ô faveurs ! ...
Et puis ces mouches, cette sorte de mouches, vers le
dernier étage du jardin, qui étaient comme si la lumière
eût chanté !

... Je me souviens du sel, je me souviens du sel que la
nourrice jaune dut essuyer à l'angle de mes yeux.

Le sorcier noir sentenciait à l'office : « Le monde est comme une pirogue, qui, tournant et tournant, ne sait plus si le vent voulait rire ou pleurer... »

Et aussitôt mes yeux tâchaient à peindre
un monde balancé entre les eaux brillantes, connais-saient le mât lisse des fûts, la hune sous les feuilles, et les guis et les vergues, les haubans de liane,
où trop longues, les fleurs
s'achevaient en des cris de perruches.

III

... Puis ces mouches, cette sorte de mouches, et le dernier étage du jardin... On appelle. J'irai... Je parle dans l'estime.

— Sinon l'enfance, qu'y avait-il alors qu'il n'y a plus ?

Plaines ! Pentes ! Il y
avait plus d'ordre ! Et tout n'était que règnes et confins de lueurs. Et l'ombre et la lumière alors étaient plus près d'être une même chose... Je parle d'une esti-me... Aux lisières le fruit
pouvait choir
sans que la joie pourrît au rebord de nos lèvres.

Et les hommes remuaient plus d'ombre avec une bouche plus grave, les femmes plus de songe avec des bras plus lents.

... Croissent mes membres, et pèsent, nourris d'âge ! Je ne connaîtrai plus qu'aucun lieu de moulins et de cannes, pour le songe des enfants, fût en eaux vives et chantantes ainsi distribué... À droite
on rentrait le café, à gauche le manioc
(ô toiles que l'on plie, ô choses élogieuses !)

Et par ici étaient les chevaux bien marqués, les mulets au poil ras, et par là-bas les bœufs ;
ici les fouets, et là le cri de l'oiseau Annaô — et là encore la blessure des cannes au moulin.

Et un nuage
violet et jaune, couleur d'icaque, s'il s'arrêtait soudain
à couronner le volcan d'or,
appelait-par-leur-nom, du fond des cases,
les servantes !

Sinon l'enfance, qu'y avait-il alors qu'il n'y a
plus ?...

                              IV

Et tout n'était que règnes et confins de lueurs. Et les
troupeaux montaient, les vaches sentaient le sirop-de-
batterie... Croissent mes membres
et pèsent, nourris d'âge ! Je me souviens des pleurs
d'un jour trop beau dans trop d'effroi, dans trop d'ef-
froi !... du ciel blanc, ô silence ! qui flamba comme un
regard de fièvre... Je pleure, comme je
pleure, au creux de vieilles douces mains...

Oh ! c'est un pur sanglot, qui ne veut être secouru,
oh ! ce n'est que cela, et qui déjà berce mon front com-
me une grosse étoile du matin.

... Que ta mère était belle, était pâle
lorsque si grande et lasse, à se pencher,
elle assurait ton lourd chapeau de paille ou de soleil,
coiffé d'une double feuille de siguine,
et que, perçant un rêve aux ombres dévoué, l'éclat
des mousselines
inondait ton sommeil !

... Ma bonne était métisse et sentait le ricin ; toujours
j'ai vu qu'il y avait les perles d'une sueur brillante sur
son front, à l'entour de ses yeux — et si tiède, sa bou-
che avait le goût des pommes-rose, dans la rivière,
avant midi.

... Mais de l'aïeule jaunissante
  et qui si bien savait soigner la piqûre des mousti-
ques,
  je dirai qu'on est belle, quand on a des bas blancs, et
que s'en vient, par la persienne, la sage fleur de feu vers
vos longues paupières
  d'ivoire.

... Et je n'ai pas connu toutes Leurs voix, et je n'ai pas
connu toutes les femmes, tous les hommes qui servaient
dans la haute demeure
  de bois ; mais pour longtemps encore j'ai mémoire
  des faces insonores, couleur de papaye et d'ennui,
qui s'arrêtaient derrière nos chaises comme des astres
morts.

                              V

... Ô ! j'ai lieu de louer !
  Mon front sous des mains jaunes,
  mon front, te souvient-il des nocturnes sueurs ?
  du minuit vain de fièvre et d'un goût de citerne ?
  et des fleurs d'aube bleue à danser sur les criques du
matin
  et de l'heure midi plus sonore qu'un moustique, et
des flèches lancées par la mer de couleurs... ?

  Ô j'ai lieu ! ô j'ai lieu de louer !
  Il y avait à quai de hauts navires à musique. Il y avait
des promontoires de campêche ; des fruits de bois qui
éclataient... Mais qu'a-t-on fait des hauts navires à musi-
que qu'il y avait à quai ?

  Palmes... ! Alors
  une mer plus crédule et hantée d'invisibles départs,
  étagée comme un ciel au-dessus des vergers,
  se gorgeait de fruits d'or, de poissons violets et d'oi-
seaux.

Alors, des parfums plus affables, frayant aux cimes les plus fastes,

ébruitaient ce souffle d'un autre âge,

et par le seul artifice du cannelier au jardin de mon père — ô feintes !

glorieux d'écailles et d'armures un monde trouble délirait.

(... Ô j'ai lieu de louer ! Ô fable généreuse, ô table d'abondance !)

VI

Palmes !

et sur la craquante demeure tant de lances de flamme !

... Les voix étaient un bruit lumineux sous-le-vent... La barque de mon père, studieuse, amenait de grandes figures blanches : peut-être bien, en somme, des Anges dépeignés ; ou bien des hommes sains, vêtus de belle toile et casqués de sureau (comme mon père, qui fut noble et décent).

... Car au matin, sur les champs pâles de l'Eau nue, au long de l'Ouest, j'ai vu marcher des Princes et leurs Gendres, des hommes d'un haut rang, tous bien vêtus et se taisant, parce que la mer avant midi est un Dimanche où le sommeil a pris le corps d'un Dieu, pliant ses jambes.

Et des torches, à midi, se haussèrent pour mes fuites.

Et je crois que des Arches, des Salles d'ébène et de fer-blanc s'allumèrent chaque soir au songe des volcans,

à l'heure où l'on joignait nos mains devant l'idole à robe de gala.

Palmes ! et la douceur
d'une vieillesse des racines... ! Les souffles alizés, les
ramiers et la chatte marronne
    trouaient l'amer feuillage où, dans la crudité d'un
soir au parfum de Déluge,
    les lunes roses et vertes pendaient comme des man-
gues.

                              *

    ... Or les Oncles parlaient bas à ma mère. Ils avaient
attaché leur cheval à la porte. Et la Maison durait, sous
les arbres à plumes.

                                        1907.

Éloges

    Fais choix d'un grand chapeau dont on séduit le
bord. L'œil recule d'un siècle aux provinces de l'âme.
Par la porte de craie vive on voit les choses de la plaine :
choses vivantes, ô choses
    excellentes !

    des sacrifices de poulains sur les tombes d'enfants,
des purifications de veuves dans les roses et des rassem-
blements d'oiseaux verts dans les cours en l'honneur
des vieillards ;
    beaucoup de choses sur la terre à entendre et à voir,
choses vivantes parmi nous !
    des célébrations de fêtes en plein air pour les anniver-
saires de grands arbres et des cérémonies publiques en
l'honneur d'une mare ; des dédicaces de pierres noires,
parfaitement rondes, des inventions de sources en lieux
morts, des consécrations d'étoffes, à bout de perches,

aux approches des cols, et des acclamations violentes,
sous les murs, pour des mutilations d'adultes au soleil,
pour des publications de linges d'épousailles !

   bien d'autres choses encore à hauteur de nos tem-
pes : les pansements de bêtes aux faubourgs, les mouve-
ments de foules au-devant des tondeurs, des puisatiers
et des hongreurs ; les spéculations au souffle des mois-
sons et la ventilation d'herbages, à bout de fourches,
sur les toits ; les constructions d'enceintes de terre cuite
et rose, de sécheries de viandes en terrasses, de galeries
pour les prêtres, de capitaineries ; les cours immenses
du vétérinaire ; les corvées d'entretien de routes mule-
tières, de chemins en lacets dans les gorges ; les fonda-
tions d'hospices en lieux vagues ; les écritures à l'arrivée
des caravanes et les licenciements d'escortes aux quar-
tiers de changeurs ; les popularités naissantes sous l'au-
vent, devant les cuves à friture ; les protestations de
titres de créance ; les destructions de bêtes albinos, de
vers blancs sous la terre, les feux de ronces et d'épines
aux lieux souillés de mort, la fabrication d'un beau pain
d'orge et de sésame ; ou bien d'épeautre ; et la fumée
des hommes en tous lieux...

   ha ! toutes sortes d'hommes dans leurs voies et
façons : mangeurs d'insectes, de fruits d'eau ; porteurs
d'emplâtres, de richesses ! l'agriculteur et l'adalingue,
l'acuponcteur et le saunier ; le péager, le forgeron ;
marchands de sucre, de cannelle, de coupes à boire en
métal blanc et de lampes de corne ; celui qui taille un
vêtement de cuir, des sandales dans le bois et des bou-
tons en forme d'olives ; celui qui donne à la terre ses
façons ; et l'homme de nul métier : homme au faucon,
homme à la flûte, homme aux abeilles ; celui qui tire
son plaisir du timbre de sa voix, celui qui trouve son
emploi dans la contemplation d'une pierre verte ; qui
fait brûler pour son plaisir un feu d'écorces sur son
toit ; qui se fait sur la terre un lit de feuilles odorantes,
qui s'y couche et repose ; qui pense à des dessins de
céramiques vertes pour des bassins d'eaux vives ; et
celui qui a fait des voyages et songe à repartir ; qui a

vécu dans un pays de grandes pluies ; qui joue aux dés,
aux osselets, au jeu des gobelets ; ou qui a déployé sur
le sol ses tables à calcul ; celui qui a des vues sur l'em-
ploi d'une calebasse ; celui qui traîne un aigle mort
comme un faix de branchages sur ses pas (et la plume
est donnée, non vendue, pour l'empennage des flèches),
celui qui récolte le pollen dans un vaisseau de bois (et
mon plaisir, dit-il, est dans cette couleur jaune) ; celui
qui mange des beignets, des vers de palmes, des fram-
boises ; celui qui aime le goût de l'estragon ; celui qui
rêve d'un poivron ; ou bien encore celui qui mâche
d'une gomme fossile, qui porte une conque à son oreil-
le, et celui qui épie le parfum de génie aux cassures
fraîches de la pierre ; celui qui pense au corps de fem-
me, homme libidineux ; celui qui voit son âme au reflet
d'une lame ; l'homme versé dans les sciences, dans
l'onomastique ; l'homme en faveur dans les conseils,
celui qui nomme les fontaines, qui fait un don de sièges
sous les arbres, de laines teintes pour les sages ; et fait
sceller aux carrefours de très grands bols de bronze
pour la soif ; bien mieux, celui qui ne fait rien, tel hom-
me et tel dans ses façons, et tant d'autres encore ! les
ramasseurs de cailles dans les plis de terrains, ceux qui
récoltent dans les broussailles les œufs tiquetés de vert,
ceux qui descendent de cheval pour ramasser des cho-
ses, des agates, une pierre bleu pâle que l'on taille à
l'entrée des faubourgs (en manière d'étuis, de tabatières
et d'agrafes, ou de boules à rouler aux mains des para-
lytiques) ; ceux qui peignent en sifflant des coffrets en
plein air, l'homme au bâton d'ivoire, l'homme à la chai-
se de rotin, l'ermite orné de mains de fille et le guerrier
licencié qui a planté sa lance sur son seuil pour attacher
un singe... ha ! toutes sortes d'hommes dans leurs voies
et façons, et soudain ! apparu dans ses vêtements du
soir et tranchant à la ronde toutes questions de préséan-
ce, le Conteur qui prend place au pied du térébinthe...

Ô généalogiste sur la place ! combien d'histoires de
familles et de filiations ? — et que le mort saisisse le vif,

comme il est dit aux tables du légiste, si je n'ai vu toute
chose dans son ombre et le mérite de son âge : les
entrepôts de livres et d'annales, les magasins de l'astro-
nome et la beauté d'un lieu de sépultures, de très vieux
temples sous les palmes, habités d'une mule et de trois
poules blanches — et par delà le cirque de mon œil,
beaucoup d'actions secrètes en chemin : les campe-
ments levés sur des nouvelles qui m'échappent, les
effronteries de peuples aux collines et les passages de
rivières sur des outres ; les cavaliers porteurs de lettres
d'alliance, l'embuscade dans les vignes, les entreprises
de pillards au fond des gorges et les manœuvres à tra-
vers champs pour le rapt d'une femme, les marchanda-
ges et les complots, l'accouplement des bêtes en forêt
sous les yeux des enfants, et des convalescences de pro-
phètes au fond des bouveries, les conversations muettes
de deux hommes sous un arbre....

mais par-dessus les actions des hommes sur la terre,
beaucoup de signes en voyage, beaucoup de graines en
voyage, et sous l'azyme du beau temps, dans un grand
souffle de la terre, toute la plume des moissons !...

jusqu'à l'heure du soir où l'étoile femelle, chose pure
et gagée dans les hauteurs du ciel...

Terre arable du songe ! Qui parle de bâtir ? — J'ai vu
la terre distribuée en de vastes espaces et ma pensée
n'est point distraite du navigateur.

Anabase .

NEIGES

À Françoise-Renée Saint-Leger Leger.

I

Et puis vinrent les neiges, les premières neiges de l'absence, sur les grands lés tissés du songe et du réel ; et toute peine remise aux hommes de mémoire, il y eut une fraîcheur de linges à nos tempes. Et ce fut au matin, sous le sel gris de l'aube, un peu avant la sixième heure, comme en un havre de fortune, un lieu de grâce et de merci où licencier l'essaim des grandes odes du silence.

Et toute la nuit, à notre insu, sous ce haut fait de plume, portant très haut vestige et charge d'âmes, les hautes villes de pierre ponce forées d'insectes lumineux n'avaient cessé de croître et d'exceller, dans l'oubli de leur poids. Et ceux-là seuls en surent quelque chose, dont la mémoire est incertaine et le récit est aberrant. La part que prit l'esprit à ces choses insignes, nous l'ignorons.

Nul n'a surpris, nul n'a connu, au plus haut front de pierre, le premier affleurement de cette heure soyeuse, le premier attouchement de cette chose fragile et très futile, comme un frôlement de cils. Sur les revêtements de bronze et sur les élancements d'acier chromé, sur les moellons de sourde porcelaine et sur les tuiles de gros verre, sur la fusée de marbre noir et sur l'éperon de métal blanc, nul n'a surpris, nul n'a terni

cette buée d'un souffle à sa naissance, comme la première transe d'une lame mise à nu... Il neigeait, et voici,

nous en dirons merveilles : l'aube muette dans sa plu-
me, comme une grande chouette fabuleuse en proie
aux souffles de l'esprit, enflait son corps de dahlia
blanc. Et de tous les côtés il nous était prodige et fête.
Et le salut soit sur la face des terrasses, où l'Architecte,
l'autre été, nous a montré des œufs d'engoulevent !

II

Je sais que des vaisseaux en peine dans tout ce nais-
sain pâle poussent leur meuglement de bêtes sourdes
contre la cécité des hommes et des dieux ; et toute la
misère du monde appelle le pilote au large des estuai-
res. Je sais qu'aux chutes des grands fleuves se nouent
d'étranges alliances, entre le ciel et l'eau : de blanches
noces de noctuelles, de blanches fêtes de phryganes. Et
sur les vastes gares enfumées d'aube comme des palme-
raies sous verre, la nuit laiteuse engendre une fête du
gui.

Et il y eut aussi cette sirène des usines, un peu avant
la sixième heure et la relève du matin, dans ce pays,
là-haut, de très grands lacs, où les chantiers illuminés
toute la nuit tendent sur l'espalier du ciel une haute
treille sidérale : mille lampes choyées des choses grèges
de la neige... De grandes nacres en croissance, de
grandes nacres sans défaut méditent-elles leur réponse
au plus profond des eaux ? — ô toutes choses à renaî-
tre, ô vous toute réponse ! Et la vision enfin sans faille
et sans défaut !...

Il neige sur les dieux de fonte et sur les aciéries cin-
glées de brèves liturgies ; sur le mâchefer et sur l'ordure
et sur l'herbage des remblais : il neige sur la fièvre et
sur l'outil des hommes — neige plus fine qu'au désert la
graine de coriandre, neige plus fraîche qu'en avril le
premier lait des jeunes bêtes... Il neige par là-bas vers
l'Ouest, sur les silos et sur les ranchs et sur les vastes

plaines sans histoire enjambées de pylônes ; sur les tra-
cés de villes à naître et sur la cendre morte des camps
levés ;

sur les hautes terres non rompues, envenimées d'aci-
des, et sur les hordes d'abiès noirs empêtrés d'aigles
barbelés, comme des trophées de guerre... Que disiez-
vous, trappeur, de vos deux mains congédiées ? Et sur
la hache du pionnier quelle inquiétante douceur a cette
nuit posé la joue ?... Il neige, hors chrétienté, sur les
plus jeunes ronces et sur les bêtes les plus neuves. Épou-
se du monde ma présence !... Et quelque part au monde
où le silence éclaire un songe de mélèze, la tristesse sou-
lève son masque de servante.

III

Ce n'était pas assez que tant de mers, ce n'était pas
assez que tant de terres eussent dispersé la course de
nos ans. Sur la rive nouvelle où nous halons, charge
croissante, le filet de nos routes, encore fallait-il tout ce
plain-chant des neiges pour nous ravir la trace de nos
pas... Par les chemins de la plus vaste terre étendrez-
vous le sens et la mesure de nos ans, neiges prodigues
de l'absence, neiges cruelles au cœur des femmes où
s'épuise l'attente ?

Et Celle à qui je pense entre toutes femmes de ma
race, du fond de son grand âge lève à son Dieu sa face
de douceur. Et c'est un pur lignage que tient sa grâce en
moi. « Qu'on nous laisse tous deux à ce langage sans
paroles dont vous avez l'usage, ô vous toute présence, ô
vous toute patience ! Et comme un grand *Ave* de grâce
sur nos pas chante tout bas le chant très pur de notre
race. Et il y a un si long temps que veille en moi cette
affre de douceur...

« Dame de haut parage fut votre âme muette à l'ombre de vos croix ; mais chair de pauvre femme, en son grand âge, fut votre cœur vivant de femme en toutes femmes suppliciée... Au cœur du beau pays captif où nous brûlerons l'épine, c'est bien grande pitié des femmes de tout âge à qui le bras des hommes fit défaut. Et qui donc vous mènera, dans ce plus grand veuvage, à vos Églises souterraines où la lampe est frugale, et l'abeille, divine ?

« ... Et tout ce temps de mon silence en terre lointaine, aux roses pâles des ronciers j'ai vu pâlir l'usure de vos yeux. Et vous seule aviez grâce de ce mutisme au cœur de l'homme comme une pierre noire... Car nos années sont terres de mouvance dont nul ne tient le fief, mais comme un grand *Ave* de grâce sur nos pas nous suit au loin le chant de pur lignage ; et il y a un si long temps que veille en nous cette affre de douceur...

« Neigeait-il, cette nuit, de ce côté du monde où vous joignez les mains ?... Ici, c'est bien grand bruit de chaînes par les rues, où vont courant les hommes à leur ombre. Et l'on ne savait pas qu'il y eût encore au monde tant de chaînes, pour équiper les roues en fuite vers le jour. Et c'est aussi grand bruit de pelles à nos portes, ô vigiles ! Les nègres de voirie vont sur les aphtes de la terre comme gens de gabelle. Une lampe

« survit au cancer de la nuit. Et un oiseau de cendre rose, qui fut de braise tout l'été, illumine soudain les cryptes de l'hiver, comme l'Oiseau du Phase aux Livres d'heures de l'An Mille... Épouse du monde ma présence, épouse du monde mon attente ! Que nous ravisse encore la fraîche haleine de mensonge !... Et la tristesse des hommes est dans les hommes, mais cette force aussi qui n'a de nom, et cette grâce, par instants, dont il faut bien qu'ils aient souri. »

IV

Seul à faire le compte, du haut de cette chambre
d'angle qu'environne un Océan de neiges. ... Hôte pré-
caire de l'instant, homme sans preuve ni témoin, déta-
cherai-je mon lit bas comme une pirogue de sa cri-
que ?... Ceux qui campent chaque jour plus loin du lieu
de leur naissance, ceux qui tirent chaque jour leur bar-
que sur d'autres rives, savent mieux chaque jour le
cours des choses illisibles ; et remontant les fleuves vers
leur source, entre les vertes apparences, ils sont gagnés
soudain de cet éclat sévère où toute langue perd ses
armes.

Ainsi l'homme mi-nu sur l'Océan des neiges, rom-
pant soudain l'immense libration, poursuit un singulier
dessein où les mots n'ont plus prise. Épouse du monde
ma présence, épouse du monde ma prudence !... Et du
côté des eaux premières me retournant avec le jour,
comme le voyageur, à la néoménie, dont la conduite est
incertaine et la démarche est aberrante, voici que j'ai
dessein d'errer parmi les plus vieilles couches du langa-
ge, parmi les plus hautes tranches phonétiques : jusqu'à
des langues très lointaines, jusqu'à des langues très
entières et très parcimonieuses,

comme ces langues dravidiennes qui n'eurent pas de
mots distincts pour « hier » et pour « demain ». Venez et
nous suivez, nous n'avons mots à dire : nous remontons
ce pur délice sans graphie où court l'antique phrase
humaine ; nous nous mouvons parmi de claires élisions,
des résidus d'anciens préfixes ayant perdu leur initiale,
et devançant les beaux travaux de linguistique, nous
nous frayons nos voies nouvelles jusqu'à ces locutions
inouïes, où l'aspiration recule au-delà des voyelles et la
modulation du souffle se propage, au gré de telles labia-
les mi-sonores, en quête de pures finales vocaliques.

... Et ce fut au matin, sous le plus pur vocable, un beau pays sans haine ni lésine, un lieu de grâce et de merci pour la montée des sûrs présages de l'esprit ; et comme un grand *Ave* de grâce sur nos pas, la grande roseraie blanche de toutes neiges à la ronde... Fraîcheur d'ombelles, de corymbes, fraîcheur d'arille sous la fève, ha ! tant d'azyme encore aux lèvres de l'errant !... Quelle flore nouvelle, en lieu plus libre, nous absout de la fleur et du fruit ? Quelle navette d'os aux mains des femmes de grand âge, quelle amande d'ivoire aux mains des femmes de jeune âge

nous tissera linge plus frais pour la brûlure des vivants ?... Épouse du monde notre patience, épouse du monde notre attente !... Ah ! tout l'hièble du songe à même notre visage ! Et nous ravisse encore, ô monde ! ta fraîche haleine de mensonge !... Là où les fleuves encore sont guéables, là où les neiges encore sont guéables, nous passerons ce soir une âme non guéable... Et au delà sont les grands lés du songe, et tout ce bien fongible où l'être engage sa fortune...

*

Désormais cette page où plus rien ne s'inscrit.

New York, 1944.

Exil

CHANTÉ
PAR CELLE QUI FUT LÀ

Amour, ô mon amour, immense fut la nuit, immense notre veille où fut tant d'être consumé.
Femme vous suis-je, et de grand sens, dans les ténèbres du cœur d'homme.
La nuit d'été s'éclaire à nos persiennes closes ; le raisin

noir bleuit dans les campagnes ; le câprier des bords
de route montre le rose de sa chair ; et la senteur du
jour s'éveille dans vos arbres à résine.

Femme vous suis-je, ô mon amour, dans les silences du
cœur d'homme.
La terre, à son éveil, n'est que tressaillement d'insectes
sous les feuilles : aiguilles et dards sous toutes feuil-
les...
Et moi j'écoute, ô mon amour, toutes choses courir à
leurs fins. La petite chouette de Pallas se fait entendre
dans le cyprès ; Cérès aux tendres mains nous ouvre
les fruits du grenadier et les noix du Quercy ; le rat-
lérot bâtit son nid dans les fascines d'un grand arbre ;
et les criquets-pèlerins rongent le sol jusqu'à la tombe
d'Abraham.

Femme vous suis-je, et de grand songe, dans tout l'espa-
ce du cœur d'homme :
demeure ouverte à l'éternel, tente dressée sur votre
seuil, et bon accueil fait à la ronde à toutes promesses
de merveilles.
Les attelages du ciel descendent les collines ; les chas-
seurs de bouquetins ont brisé nos clôtures ; et sur le
sable de l'allée j'entends crier les essieux d'or du dieu
qui passe notre grille... Ô mon amour de très grand
songe, que d'offices célébrés sur le pas de nos portes !
que de pieds nus courant sur nos carrelages et sur
nos tuiles !...

Grands Rois couchés dans vos étuis de bois sous les dal-
les de bronze, voici, voici de notre offrande à vos
mânes rebelles :
reflux de vie en toutes fosses, hommes debout sur tou-
tes dalles, et la vie reprenant toutes choses sous son
aile !
Vos peuples décimés se tirent du néant ; vos reines poi-
gnardées se font tourterelles d'orage ; en Souabe
furent les derniers reîtres ; et les hommes de violence
chaussent l'éperon pour les conquêtes de la science.

Aux pamphlets de l'histoire se joint l'abeille du désert, et les solitudes de l'Est se peuplent de légendes... La Mort au masque de céruse se lave les mains dans nos fontaines.

Femme vous suis-je, ô mon amour, en toutes fêtes de mémoire. Écoute, écoute, ô mon amour,
le bruit que fait un grand amour au reflux de la vie. Toutes choses courent à la vie comme courriers d'empire.
Les filles de veuves à la ville se peignent les paupières ; les bêtes blanches du Caucase se payent en dinars ; les vieux laqueurs de Chine ont les mains rouges sur leurs jonques de bois noir ; et les grandes barques de Hollande embaument le girofle. Portez, portez, ô chameliers, vos laines de grand prix aux quartiers de foulons. Et c'est aussi le temps des grands séismes d'Occident, quand les églises de Lisbonne, tous porches béant sur les places et tous retables s'allumant sur fond de corail rouge, brûlent leurs cires d'Orient à la face du monde... Vers les Grandes Indes de l'Ouest s'en vont les hommes d'aventure.

Ô mon amour du plus grand songe, mon cœur ouvert à l'éternel, votre âme s'ouvrant à l'empire,
que toutes choses hors du songe, que toutes choses par le monde nous soient en grâce sur la route !
La Mort au masque de céruse se montre aux fêtes chez les Noirs, la Mort en robe de griot changerait-elle de dialecte ?... Ah ! toutes choses de mémoire, ah ! toutes choses que nous sûmes, et toutes choses que nous fûmes, tout ce qu'assemble hors du songe le temps d'une nuit d'homme, qu'il en soit fait avant le jour pillage et fête et feu de braise pour la cendre du soir !
— mais le lait qu'au matin un cavalier tartare tire du flanc de sa bête, c'est à vos lèvres, ô mon amour, que j'en garde mémoire.

1968.

Chanté par Celle qui fut là

Jean Cocteau

Rien ne m'effraye plus que la fausse accalmie
D'un visage qui dort ;
Ton rêve est une Égypte et toi c'est la momie
Avec son masque d'or.

Où ton regard va-t-il sous cette riche empreinte
D'une reine qui meurt,
Lorsque la nuit d'amour t'a défaite et repeinte
Comme un noir embaumeur ?

Abandonne, ô ma reine, ô mon canard sauvage,
Les siècles et les mers ;
Reviens flotter dessus, regagne ton visage
Qui s'enfonce à l'envers.

Plain-chant

Notre entrelacs d'amour à des lettres ressemble,
Sur un arbre se mélangeant ;
Et, sur ce lit, nos corps s'entortillent ensemble,
Comme à ton nom le nom de Jean.

Croiriez-vous point, ô mer, reconnaître votre œuvre,
　　　Et les monstres de vos haras,
Si vous sentiez bouger cette amoureuse pieuvre
　　　Faite de jambes et de bras.

Mais le nœud dénoué ne laisse que du vide ;
　　　Et tu prends le cheval aux crins,
Le cheval du sommeil, qui, d'un sabot rapide,
　　　Te dépose aux bords que je crains.

Plain-chant

Je regarde la mer qui toujours nous étonne
Parce que, si méchante, elle rampe si court,
Et nous lèche les pieds comme prise d'amour,
Et d'une moire en lait sa bordure festonne.

Lorsque j'y veux plonger, son champagne m'étouffe ;
Mes membres sont tenus par un vivant métal ;
Tu sembles retourner à ton pays natal
Car Vénus en sortit sa fabuleuse touffe.

Ce poison qui me glace est un vin qui t'enivre.
Quand je te vois baigner je suis sûr que tu mens ;
Le sommeil et la mer sont tes vrais éléments...
Hélas ! tu le sais trop, je ne peux pas t'y suivre.

Plain-chant

PAR LUI·MÊME

1

Accidents du mystère et fautes de calculs
Célestes, j'ai profité d'eux, je l'avoue.
Toute ma poésie est là : Je décalque
L'invisible (invisible à vous).
J'ai dit : « Inutile de crier, haut les mains ! »
Au crime déguisé en costume inhumain ;
J'ai donné le contour à des charmes informes ;
Des ruses de la mort la trahison m'informe ;
J'ai fait voir, en versant mon encre bleue en eux,
Des fantômes soudain devenus arbres bleus.

Dire que l'entreprise est simple ou sans danger
Serait fou. Déranger les anges !
Découvrir le hasard apprenant à tricher
Et des statues en train d'essayer de marcher.
Sur le belvédère des villes que l'on voit
Vides, et d'où l'on ne distingue plus que les voix
Des coqs, les écoles, les trompes d'automobile,
(Ces bruits étant les seuls qui montent d'une ville)
J'ai entendu descendre des faubourgs du ciel,
Étonnantes rumeurs, cris d'une autre Marseille.

2

GRÈCE :

Où le marbre et la mer frisaient comme un mouton,
Où les serpents noués décoraient le bâton,
Où de cruels oiseaux posaient des devinettes,
Où le navire était hérissé de houlettes,
Où le berger suivait les aigles libertins,
Où l'inceste sans cœur, monté sur des patins,
Persécutait les rois, les reines de théâtre,

Avec ses cris de folle, avec ses yeux de plâtre...
Voilà si je ne m'abuse le style grec,
Les dieux (plutôt le diable) ayant plumes et becs,
Et coiffé d'un chapeau commode pour la fuite,
Mercure tenant à la main le chiffre huit.

3

Puis l'enfance. La mienne on y voyait souvent
Les jockeys accroupis sur le fleuve du vent ;
Et ces garçons hautains, ces princes du collège
Dont l'arme favorite est la boule de neige.
La fenêtre mêlait oiseaux et fils de fer.
Vint l'amour : Madeleine aux jolis yeux louchons.
Ses doigts avec les miens trichaient dans le manchon...
Elle m'a fait du mal autant qu'on en peut faire.

Ensuite ont commencé les fantômes, les bustes,
Sous des gants noirs, la nuit, cachant des mains robustes.
Et la mort ravissante, adroite sur le fil,
Vite me présenta l'un et l'autre profil.

Opéra
© Stock

L'HÔTEL

La mer veille. Le coq dort.
La rue meurt de la mer. Île faite en corps noirs.
Fenêtres sur la rue meurent de jalousies.
La chambre avec balcon sans volets sur la mer
Voit les fenêtres sur la mer,
Voile et feux naître sur la mer,
Le bal qu'on donne sur la mer.
Le balcon donne sur la mer.

La chambre avec balcon s'envolait sur la mer.
Dans la rue les rats de boue meurent
(Le *14* que j'eus y est),
Sur la mer les rameurs debout.
La fenêtre devant hait celles des rues ;
Sel de vent, aisselles des rues,
Aux bals du quatorze Juillet.

Opéra
©Stock

DIMANCHE SOIR

Sur une mer en l'air de maisons et de vide
Rappelez-vous le bal : un bateau fait en fil.
Les marins enroulés que la valse dévide
Offraient aux amateurs un grand choix de profils.

Le piano d'amour, les marins mécaniques,
Les filles méprisant les bras nus des rameurs ;
Quelquefois sur la piste un jeune épileptique
Se battait contre l'ange et poussait des clameurs.

Loin, la lune éclairait une léproserie,
De pâles corridors, des arcades autour,
Où les voleurs d'enfants, chers aux Saintes Marie,
Détellent les chevaux et battent le tambour.

Ce n'étaient que maisons qui naufragent, qui plon-
    gent ;
Et les balcons, partout chargés d'ombres d'amants,
Au lieu de s'échapper loin de leurs bâtiments,
Se laissaient avec eux engloutir par le songe.

Opéra
© Stock

LE MODÈLE DES DORMEURS

Le sommeil est une fontaine
Pétrifiante. Le dormeur,
Couché sur sa main lointaine,
Est une pierre en couleurs.

Dormeurs sont valets de cartes,
Dormeurs n'ont ni haut ni bas,
De nous un dormeur s'écarte,
Immobile à tour de bras.

Les rêves sont la fiente
Du sommeil. Ceux qui les font
Troublent l'eau pétrifiante
Et les prennent par le fond.

(L'eau pétrifiante explique
Cet air maladroitement
Copié d'après l'antique
D'un modèle nu dormant.)

Opéra
© Stock

LES ALLIANCES

Ce sont les anges qui préparent
Les boules bleues de la lessive,
Aussi les blanchisseuses lavent
À genoux dans le lavoir.

Puis tordent les ailes de linge
Puis suspendent partout des anges.

Comme l'ange et comme Jacob
Femmes et anges se battent,
Se tirent les cheveux, les robes,
À pleines mains, à quatre pattes.

Le lavoir est un lieu cruel ;
Parfois on se démet la hanche.
Mais toujours reviennent les anges
Apporter les boules de ciel.

Batteuses d'anges, de tapis,
Prenez garde à vos alliances !
Car les anges sans surveillance
Sont pis encore que des pies.

Opéra
©Stock

OH ! LÀ LÀ !

Les dieux existent : c'est le diable. J'aimais la vie ; elle
me déteste ; j'en meurs. Je ne vous conseille pas d'imi-
ter mes rêves. La mort y corne des cartes, y jette du
linge sale, y couvre les murs de signatures illisibles, de
dessins dégoûtants. Le lendemain, je suis le personnage
à clef d'une histoire étonnante qui se passe au ciel.

Opéra
©Stock

ÉPITAPHE

Halte pèlerin mon voyage
Allait de danger en danger
Il est juste qu'on m'envisage
Après m'avoir dévisagé

1959-1961.

Le Requiem

Francis Picabia

CULBUTES

Dislocation de l'eau immobile
   Haricots
   Opium
   Explosion
Le signal des flûtes godille
   À mes pieds.
Biscornus dans le pli de son hiéroglyphe
   Enceinte
   Ébréchée
   Maison
Magiques enclos à midi
De tous côtés horizontal séjour
   Née
La méthode à embrasser
   Néant.

Cinquante-deux miroirs
©Belfond

PYJAMA BLANC

M'interrompant dans mon spleen
Sur une petite pelouse clergyman,
Une jolie figure entre doucement dans
                    ma propriété !
Venez sans perquisitions, tout bonnement
Et prenez le chemin des échantillons nouveaux
Comme vous pouvez le voir je suis extraordinaire,
Je ne sais pas, conduisez-moi
Je veux visiter toutes les pièces
Et pour consacrer chaque instant
                    à une complicité
Je vous ai apporté l'empreinte
du petit cachet-diamant.
Je me tracasse encore comme si
                    j'étais un autre
Cela est fort étrange...

Écrits
© Belfond

LE GERME

L'homme animal
Vers le néant
Enveloppe ses sens
Les ombres de son égout
Sont l'obstacle à l'amour
Système chinois d'athéisme
Comme un regard vide

Moelles squelettes couleur de limaçon
De la pénétration mutuelle
Mécanisme aveugle et muet
Nous trouverons des ailes qui vivent selon Platon
Dans les apparences des réalités.

La Fille née sans mère
© Belfond

ODEUR

Toiles d'araignée lamentables du marquis de faïence
Tissus emmêlés dans un faux pas en cadence
Dans sa robe au pied du Christ rose
La surprise c'était des grands yeux
Vaguement anxieux comme une huile vénérable
Engourdis de bonheur dans un jardin unique
Émotion extraordinaire sur l'ivoire.
Peu à peu la mer respirait comme on respire
Et dans une sorte de dédoublement
Une grande paix de buis projetait vers elle
L'irrésistible sommation du panorama mortuaire
Les cheveux en désordre son âme religieuse
Souriait à mesure que ma vie originale
Se donnait tout entière
Comme un soleil de soie
Architectures magnifiques dans les vagues

La Fille née sans mère
© Belfond

Georges Ribemont-Dessaignes

J.

Bègue Ventriloque
Ok Okokok
Dans sa vessie est remonté après une descente en para-
    chute
Le cerveau de l'aimée
Œuf à la coque de ses rêves cuits
Beurre Soufre Platine
Et puis rien
Et alors

Dada
© Champ libre

ATTENTE

Les hirondelles du souvenir
Voyagent d'un doigt à l'autre
Et sur le bout du doigt
Le lézard vert de l'avenir
Mange les mouches du cœur.

Je donnerai cette pastille
À la langue qui baisera l'ennui fidèle,
J'accepterai la main
Qui donnera des graines de soleil,
De lune, d'étoiles et de nuages
À mon perroquet vert.
Je crie :
À moi, à moi, à moi !
Mais je sais bien que ce n'est qu'un perroquet à l'œil
    vorace,
Car je n'appelle pas, ni moi, ni vous ni personne.
Sous le masque j'ai mis le vide.
Dans le vide j'ai mis les mille lettres de l'alphabet,
Cela fait un beau concert
Bien qu'il n'y ait personne.
Et pourtant j'attends, j'attends,
J'attends le zéro qui ne viendra jamais.

Dada
©Champ libre

SE CONFONDRE

De rien, choses, naissez, cruelles apparences,
Néant, vieux magasin, prends ton enseigne visible.

Et toi, bel univers, si vieux, si jeune, ô monde incon-
    nu,
Tu prendras ta place
Dans les draps de mon sang, dans les plis de mes
    mains,
Sur la paix de mes lèvres,
Je tâcherai de naître à tes apparences,
Je t'interrogerai comme il se doit,
Je t'aimerai pour toi.

Je ne serai rien, je serai tout,
Une herbe, un éphémère, un air,
Bételgeuse, une voix —

Non, rien,
Le vide, et la vue.

Ecce homo

Tristan Tzara

SAGE DANSE MARS

la glace casse une lampe fuit et la trompette jaune est
ton poumon et carré les dents de l'étoile timbre poste
de jésus-fleur-chemise la montre tournez tournez pier-
res du noir
dans l'âme froide je suis seul et je le sais je suis seul et
danse seigneur tu sais que je l'aime vert et mince car
je l'aime grandes roues broyant l'or fort voilà celui
qui gèle toujours
marche sur les bouts de mes pieds
vide tes yeux et mords l'étoile
que j'ai posée entre tes dents
siffle
prince violon siffle blanc d'oiseaux

Vingt-cinq poèmes
©Flammarion

JE SORS DE MON APPARTEMENT SOMPTUEUX

l'hiver nous dévore
cigarette en poudre d'or
le bonjour de joconde
dit bonjour à tout le monde

la fatigue des animaux sonne
sur les sacs de sel et de papillons d'air et de douleur
mais la lumière carnivore
et le bonjour de joconde
il fait froid il fait froid
disent toujours bonjour à tout le monde

on se balance les yeux ouverts sur la corde en équili-
  bre
les yeux ouverts dansent sur la pointe des pieds
il fait froid froid dans la bouteille de la voix fermée
il fait froid lourd sur la route
et le vent pousse la lumière sur la route
c'est un bonjour de joconde qui siffle tout le long de la
  route
comme les autres autos vélos aéros motos sur la route

l'hiver nous dévore
nous les bouts d'or des cigarettes en poudre d'or
les gens distingués

De nos oiseaux
© Flammarion

CHANSON DADA

I

la chanson d'un dadaïste
qui avait dada au cœur
fatiguait trop son moteur
qui avait dada au cœur

l'ascenseur portait un roi
lourd fragile autonome
il coupa son grand bras droit
l'envoya au pape à rome

c'est pourquoi
l'ascenseur
n'avait plus dada au cœur

mangez du chocolat
lavez votre cerveau
dada
dada
buvez de l'eau

II

la chanson d'un dadaïste
qui n'était ni gai ni triste
et aimait une bicycliste
qui n'était ni gaie ni triste

mais l'époux le jour de l'an
savait tout et dans une crise
envoya au vatican
leurs deux corps en trois valises

ni amant
ni cycliste
n'étaient plus ni gais ni tristes

mangez de bons cerveaux
lavez votre soldat
dada
dada
buvez de l'eau

III

la chanson d'un bicycliste
qui était dada de cœur
qui était donc dadaïste
comme tous les dadas de cœur

un serpent portait des gants
il ferma vite la soupape
mit des gants en peau d'serpent
et vint embrasser le pape

c'est touchant
ventre en fleur
n'avait plus dada au cœur

buvez du lait d'oiseaux
lavez vos chocolats
dada
dada
mangez du veau

De nos oiseaux
©Flammarion

BIFURCATION

je ne veux pas te quitter
mon sourire est attaché à ton corps
et le baiser de l'algue à la pierre
à l'intérieur de mon âge je porte un enfant gai et
  bruyant
il n'y a que toi qui saches le faire sortir du coquillage
comme l'escargot avec de fines voix

parmi l'herbe il y a
les mains fraîches des fleurs qui se tendent vers moi
mais il n'y a que ta voix qui soit fine
comme ta main est fine comme le soir est impalpable
  comme le repos

Indicateur des chemins de cœur
  Flammarion

VOLT

les tours penchées les cieux obliques
les autos tombant dans le vide des routes
les animaux bordant les routes rurales
avec des branches couvertes d'hospitalières qualités
et d'oiseaux en forme de feuilles sur leurs têtes
tu marches mais c'est une autre qui marche sur tes
  pas
distillant son dépit à travers les fragments de mémoire
  et d'arithmétique
entourée d'une robe presque sourde le bruit caillé des
  capitales

la ville bouillonnante et épaisse de fiers appels et de
    lumières
déborde de la casserole de ses paupières
ses larmes s'écoulent en ruisseaux de basses popula-
    tions
sur la plaine stérile vers la chair et la lave lisses
des montagnes ombrageuses les apocalyptiques tenta-
    tions

perdu dans la géographie d'un souvenir et d'une obscu-
    re rose
je rôde dans les rues étroites autour de toi
tandis que toi aussi tu rôdes dans d'autres rues plus
    grandes
autour de quelque chose

Indicateur des chemins de cœur
© Flammarion

   Il s'agit, à travers les effondrements de la mémoire,
de suivre pas à pas le prodigieux développement d'un
coefficient de ruine qui prendra sa place dans un systè-
me universel de délabrement et d'étourderie. Quelle est
la conduite habituelle d'un écroulement de la nature
ambiante dans le cadre de chaque événement à l'usage
de la vie fruitière ? Ce n'est pas au rare moment d'hé-
roïsme qui frappera, en vertu de la décadence du corps
et des liens sociaux, la poitrine du ciel, à chaque som-
met d'un orage que nulle force ne saurait immobiliser,
que je confierai le soin de ma redécouverte. Vous,
qu'une singulière timidité berce encore sur des genoux
d'enfant, résistantes existences au jugement de poussiè-
re aux affections errantes parmi les voyages latents et
les domaines de la confusion, entendez-vous la voix de
ciment des loups quand elle se cogne contre la paroi du
monde ? Des tessons de vagues se dispersent alors dans

les roseaux sous les yeux et les criques humaines se mouillent des larmes aiguës de l'abandon. Les échardes de la mer, le sable nouveau, où a fui la tendresse des objets de nuit, des seins de soleil doux au toucher des doigts de varech ? Encore un cadavre de jour à emporter furtivement en amont de ce glissement universel des choses et des inspirations. Où finit la muraille, vous changez le nuage en ombre de harnais ; le temps est libre au poitrail d'un nouveau champ.

Midis gagnés
© Flammarion

ÉVEIL

Hâte-toi vers la joie immense et terrestre, c'est la coupe des paupières qui cogne en dansant contre la paroi de nuit. Assez de la mort explicite, allègre mort utilisée jusqu'au vernis de l'ongle, jeunesse perdue dans les apostrophes de l'hypocrisie ! Assez des ternes souffles des cœurs tressés dans les paniers salubres ! Hâte-toi vers la joie humaine qui est inscrite sur ton front comme une dette indélébile !

Une nouvelle forme de crudité estivale est en train de descendre sur la brume du monde en flocons d'herbe lente et de la couvrir d'une mince couche de joie, prévue d'un glorieux avenir pressenti dans l'acier. Hâte-toi, c'est de la joie humaine et brillante qui t'attend au détour de ce monde démembré, que l'on parle dans la langue de l'asphalte ! Il y a des revers, des sources scellées, des lèvres sur des tambourins et des yeux sans indifférence. Le sel et le feu t'attendent sur la colline minérale de l'incandescence de vivre.

Midis gagnés
© Flammarion

LE CHEVAL

C'est vrai que je croyais en la ferveur immense de vivre. Chaque pas amplifiait en moi de vieilles mais toujours mouvantes adorations. Ce pouvait être un arbre, la nuit, c'étaient des forêts de routes, ou le ciel et sa vie tourmentée, à coup sûr le soleil.

Un jour je vis la solitude. Au faîte d'un monticule, un cheval, un seul, immobile, était planté dans un univers arrêté. Ainsi mon amour, suspendu dans le temps, ramassait en un moment sur lui-même sa mémoire pétrifiée. La vie et la mort se complétaient, toutes portes ouvertes aux prolongements possibles. Pour une fois, sans partager le sens des choses, j'ai vu. J'ai isolé ma vision, l'élargissant jusqu'à l'infinie pénétration de ses frontières. Je laissais à plus tard le soin de voir ce qu'on allait voir. Mais qui saurait affirmer que les promesses ont été tenues ?

Miennes
© Flammarion

Paul Éluard

MAX ERNST

Dans un coin l'inceste agile
Tourne autour de la virginité d'une petite robe
Dans un coin le ciel délivré
Aux épines de l'orage laisse des boules blanches.

Dans un coin plus clair de tous les yeux
On attend les poissons d'angoisse.
Dans un coin la voiture de verdure de l'été
Immobile glorieuse et pour toujours.

À la lueur de la jeunesse
Des lampes allumées très tard
La première montre ses seins que tuent des insectes
rouges.

Capitale de la douleur

L'ÉGALITÉ DES SEXES

Tes yeux sont revenus d'un pays arbitraire
Où nul n'a jamais su ce que c'est qu'un regard
Ni connu la beauté des yeux, beauté des pierres,
Celle des gouttes d'eau, des perles en placards,

Des pierres nues et sans squelette, ô ma statue,
Le soleil aveuglant te tient lieu de miroir
Et s'il semble obéir aux puissances du soir
C'est que ta tête est close, ô statue abattue

Par mon amour et par mes ruses de sauvage.
Mon désir immobile est ton dernier soutien
Et je t'emporte sans bataille, ô mon image,
Rompue à ma faiblesse et prise dans mes liens.

Capitale de la douleur

L'AMOUREUSE

Elle est debout sur mes paupières
Et ses cheveux sont dans les miens,
Elle a la forme de mes mains,
Elle a la couleur de mes yeux,
Elle s'engloutit dans mon ombre
Comme une pierre sur le ciel.

Elle a toujours les yeux ouverts
Et ne me laisse pas dormir.
Ses rêves en pleine lumière
Font s'évaporer les soleils,
Me font rire, pleurer et rire,
Parler sans avoir rien à dire.

Capitale de la douleur

PABLO PICASSO

Les armes du sommeil ont creusé dans la nuit
Les sillons merveilleux qui séparent nos têtes.
À travers le diamant, toute médaille est fausse,
Sous le ciel éclatant, la terre est invisible.

Le visage du cœur a perdu ses couleurs
Et le soleil nous cherche et la neige est aveugle.
Si nous l'abandonnons, l'horizon a des ailes
Et nos regards au loin dissipent les erreurs.

Capitale de la douleur

PREMIÈRE DU MONDE

À Pablo Picasso.

Captive de la plaine, agonisante folle,
La lumière sur toi se cache, vois le ciel :
Il a fermé les yeux pour s'en prendre à ton rêve,
Il a fermé ta robe pour briser tes chaînes.

Devant les roues toutes nouées
Un éventail rit aux éclats.
Dans les traîtres filets de l'herbe
Les routes perdent leur reflet.

Ne peux-tu donc prendre les vagues
Dont les barques sont les amandes
Dans ta paume chaude et câline
Ou dans les boucles de ta tête ?

Ne peux-tu prendre les étoiles ?
Écartelée, tu leur ressembles,
Dans leur nid de feu tu demeures
Et ton éclat s'en multiplie.

De l'aube bâillonnée un seul cri veut jaillir,
Un soleil tournoyant ruisselle sous l'écorce.
Il ira se fixer sur tes paupières closes.
Ô douce, quand tu dors, la nuit se mêle au jour.

Capitale de la douleur

La courbe de tes yeux fait le tour de mon cœur,
Un rond de danse et de douceur,
Auréole du temps, berceau nocturne et sûr,
Et si je ne sais plus tout ce que j'ai vécu
C'est que tes yeux ne m'ont pas toujours vu.

Feuilles de jour et mousse de rosée,
Roseaux du vent, sourires parfumés,
Ailes couvrant le monde de lumière,
Bateaux chargés du ciel et de la mer,
Chasseurs des bruits et sources des couleurs,

Parfums éclos d'une couvée d'aurores
Qui gît toujours sur la paille des astres,
Comme le jour dépend de l'innocence
Le monde entier dépend de tes yeux purs
Et tout mon sang coule dans leurs regards.

Capitale de la douleur

LA DAME DE CARREAU

Tout jeune, j'ai ouvert mes bras à la pureté. Ce ne fut qu'un battement d'ailes au ciel de mon éternité, qu'un battement de cœur amoureux qui bat dans les poitrines conquises. Je ne pouvais plus tomber.

Aimant l'amour. En vérité, la lumière m'éblouit.

J'en garde assez en moi pour regarder la nuit, toute la nuit, toutes les nuits.

Toutes les vierges sont différentes. Je rêve toujours d'une vierge.

À l'école, elle est au banc devant moi, en tablier noir. Quand elle se retourne pour me demander la solution d'un problème, l'innocence de ses yeux me confond à un tel point que, prenant mon trouble en pitié, elle passe ses bras autour de mon cou.

Ailleurs, elle me quitte. Elle monte sur un bateau. Nous sommes presque étrangers l'un à l'autre, mais sa jeunesse est si grande que son baiser ne me surprend point.

Ou bien, quand elle est malade, c'est sa main que je garde dans les miennes, jusqu'à en mourir, jusqu'à m'éveiller.

Je cours d'autant plus vite à ses rendez-vous que j'ai peur de n'avoir pas le temps d'arriver avant que d'autres pensées me dérobent à moi-même.

Une fois, le monde allait finir et nous ignorions tout de notre amour. Elle a cherché mes lèvres avec des mouvements de tête lents et caressants. J'ai bien cru, cette nuit-là, que je la ramènerais au jour.

Et c'est toujours le même aveu, la même jeunesse, les mêmes yeux purs, le même geste ingénu de ses bras autour de mon cou, la même caresse, la même révélation.

Mais ce n'est jamais la même femme.

Les cartes ont dit que je la rencontrerai dans la vie, *mais sans la reconnaître.*
Aimant l'amour.

Les Dessous d'une vie

À haute voix
L'amour agile se leva
Avec de si brillants éclats
Que dans son grenier le cerveau
Eut peur de tout avouer.

À haute voix
Tous les corbeaux du sang couvrirent
La mémoire d'autres naissances
Puis renversés dans la lumière
L'avenir roué de baisers.

Injustice impossible un seul être est au monde
L'amour choisit l'amour sans changer de visage.

L'Amour la poésie

Je te l'ai dit pour les nuages
Je te l'ai dit pour l'arbre de la mer
Pour chaque vague pour les oiseaux dans les feuilles
Pour les cailloux du bruit
Pour les mains familières
Pour l'œil qui devient visage ou paysage
Et le sommeil lui rend le ciel de sa couleur
Pour toute la nuit bue

Pour la grille des routes
Pour la fenêtre ouverte pour un front découvert
Je te l'ai dit pour tes pensées pour tes paroles
Toute caresse toute confiance se survivent.

L'Amour la poésie

La terre est bleue comme une orange
Jamais une erreur les mots ne mentent pas
Ils ne vous donnent plus à chanter
Au tour des baisers de s'entendre
Les fous et les amours
Elle sa bouche d'alliance
Tous les secrets tous les sourires
Et quels vêtements d'indulgence
À la croire toute nue.

Les guêpes fleurissent vert
L'aube se passe autour du cou
Un collier de fenêtres
Des ailes couvrent les feuilles
Tu as toutes les joies solaires
Tout le soleil sur la terre
Sur les chemins de ta beauté.

L'Amour la poésie

À PERTE DE VUE

DANS LE SENS DE MON CORPS

Tous les arbres toutes leurs branches toutes leurs feuil-
 les
L'herbe à la base les rochers et les maisons en masse
Au loin la mer que ton œil baigne
Ces images d'un jour après l'autre
Les vices les vertus tellement imparfaits
La transparence des passants dans les rues de hasard
Et les passantes exhalées par tes recherches obstinées
Tes idées fixes au cœur de plomb aux lèvres vierges
Les vices les vertus tellement imparfaits
La ressemblance des regards de permission avec les
 yeux que tu conquis
La confusion des corps des lassitudes des ardeurs
L'imitation des mots des attitudes des idées
Les vices les vertus tellement imparfaits

L'amour c'est l'homme inachevé.

La Vie immédiate

LA FIN DU MONDE

À André Breton.

Les yeux cernés à la façon des châteaux dans leur ruine
Une bure de ravins entre elle et son dernier regard
Par un temps délicieux de printemps
Quand les fleurs fardent la terre
Cet abandon de tout
Et tous les désirs des autres à son gré
Sans qu'elle y songe
Sa vie aucune vie sinon la vie
Sa poitrine est sans ombre et son front ne sait pas
Que sa chevelure ondulée le berce obstinément.

Des mots quels mots noir ou Cévennes
Bambou respire ou renoncule
Parler c'est se servir de ses pieds pour marcher
De ses mains pour racler les draps comme un mou-
    rant
Les yeux ouverts sont sans serrure
Sans effort on a la bouche et les oreilles
Une tache de sang n'est pas un soleil accablant
Ni la pâleur une nuit sans sommeil qui s'en va.

La liberté est plus incompréhensible encore que la visite
    du médecin
De quel médecin une chandelle dans le désert
Au fond du jour la faible lueur d'une chandelle
L'éternité a commencé et finira avec le lit
Mais pour qui parles-tu puisque tu ne sais pas
Puisque tu ne veux pas savoir
Puisque tu ne sais plus
Par respect
Ce que parler veut dire.

La Vie immédiate

SON AVIDITÉ N'A D'ÉGAL QUE MOI

Donneuse monde en mouvement
Cernée de plaisir comme un feu
Dans l'ombre tu te diriges mieux qu'une ombre
Tête accordée

Mon cœur bat dans tout ton corps
Dans tes retraites préférées
Sur l'herbe blanche de la nuit
Sous les arbres noyés

Nous passons notre vie
À renverser les heures
Nous inventons le temps

Et d'un seul coup comme toujours
Des verdures et des oiseaux
Où sommes-nous
Soufflent sur tes regards
Se posent sur tes paupières
Garde-toi de bouger
Les guirlandes de tes membres
Sont pour des fêtes moins subtiles
Pas un geste apparent
On nous croit immobiles
Tant nous sommes secrets

Donne ton juste poids à l'aube
À l'horizon le nerf de la balance
Le cratère d'une couronne d'air pur
Sur ta chevelure folle
Mille bouffées d'écume entre les lèvres du soleil
Ou l'aile battante de ton sang

Donne ta force ta chaleur
L'été massif brutal amer
De tes paumes et de ta bouche
Donne ta fatigue limpide

Donne ta douceur ta confiance
Dans l'étendue de tes yeux
Il y a tantôt un château charmant
Ouvert comme un papillon à tous les vents
Tantôt une masure terrible
Une dernière caresse
Destinée à nous séparer
Tantôt le vin tantôt une rivière
Close comme un essaim d'abeilles

Viens là docile viens oublier
Pour que tout recommence.

La Rose publique

Tu te lèves l'eau se déplie
Tu te couches l'eau s'épanouit

Tu es l'eau détournée de ses abîmes
Tu es la terre qui prend racine
Et sur laquelle tout s'établit

Tu fais des bulles de silence dans le désert des bruits
Tu chantes des hymnes nocturnes sur les cordes de
    l'arc-en-ciel
Tu es partout tu abolis toutes les routes

Tu sacrifies le temps
À l'éternelle jeunesse de la flamme exacte
Qui voile la nature en la reproduisant

Femme tu mets au monde un corps toujours pareil
Le tien

Tu es la ressemblance.

Facile

On ne peut me connaître
Mieux que tu me connais

Tes yeux dans lesquels nous dormons
Tous les deux
Ont fait à mes lumières d'homme
Un sort meilleur qu'aux nuits du monde

Tes yeux dans lesquels je voyage
Ont donné aux gestes des routes
Un sens détaché de la terre

Dans tes yeux ceux qui nous révèlent
Notre solitude infinie
Ne sont plus ce qu'ils croyaient être

On ne peut te connaître
Mieux que je te connais.

Les Yeux fertiles

UNE POUR TOUTES

La mieux connue l'aimée on la voit à peine
Mais sa suite surgit dans des robes ingrates
Pour prendre tout au corps et laisser tout au cœur

La première la seule elle est enfermée
Comme au fond du jour noir un faux soleil de foudres
Comme dans l'herbe fraîche un ruisseau persistant

La plus belle le rêve où la vue est vaine
Sans voiles sans secret mais l'intime raison
Toutes les forces de ma vie sans un effort

Mais ses suivantes mais ses images en foule
Se coiffent gentiment et brûlent les pavés
Leurs seins libres mêlant la rue à l'éternel

Leurs charmes justifiant le seul amour possible.

Cours naturel

TOUTES POUR UNE

Elle me dit quand le temps est passé
De la connaître de nous connaître

Mène-moi par la main
Vers d'autres femmes que moi
Vers des naissances plus banales
Au vif de la ressemblance
À la certitude d'être

Ne suis-je pas toujours seconde
Ou la dernière ai-je les yeux
Moins absents que cette enfant laide
Mon cœur est-il plus invisible
Mes mains sont-elles moins timides

Mène-moi vers la vie
Au-delà de la grille basse
Qui me sépare de moi-même
Qui divise tout sauf mes cendres
Sauf la terreur que j'ai de moi.

Cours naturel

AU FOND DU CŒUR

Au fond du cœur, au fond de notre cœur, un beau
jour, le beau jour de tes yeux continue. Les champs,
l'été, les bois, le fleuve. Fleuve seul animant l'apparence
des cimes. Notre amour c'est l'amour de la vie, le
mépris de la mort. À même la lumière contredite, souf-
frante, une flamme perpétuelle. Dans tes yeux, un seul
jour, sans croissance ni fin, un jour sur terre, plus clair
en pleine terre que les roses mortelles dans les sources
de midi.

Au fond de notre cœur, tes yeux dépassent tous les
ciels, leur cœur de nuit. Flèches de joie, ils tuent le
temps, ils tuent l'espoir et le regret, ils tuent l'absence.

La vie, seulement la vie, la forme humaine autour de
tes yeux clairs.

Donner à voir

PASSER

Le tonnerre s'est caché derrière des mains noires

Le tonnerre s'est pendu à la porte majeure
Le feu des fous n'est plus hanté le feu est misérable

L'orage s'est coulé dans le tombeau des villes
S'est bordé de fumées s'est couronné de cendres
Le vent paralysé écrase les visages

La lumière a gelé les plus belles maisons
La lumière a fendu le bois la mer les pierres
Le linge des amours dorées est en charpie

La pluie a renversé la lumière et les fleurs
Les oiseaux les poissons se mêlent dans la boue

La pluie a parcouru tous les chemins du sang
Effacé le dessin qui menait les vivants.

Le Livre ouvert I

COUVRE-FEU

Que voulez-vous la porte était gardée

Que voulez-vous nous étions enfermés

Que voulez-vous la rue était barrée

Que voulez-vous la ville était matée

Que voulez-vous elle était affamée

Que voulez-vous nous étions désarmés

Que voulez-vous la nuit était tombée

Que voulez-vous nous nous sommes aimés.

Poésie et vérité 1942
©Editions de Minuit

MÉDIEUSE

La rosée la pluie la vague la barque
La reine servante
Médieuse

La perle la terre
Perle refusée terre consentante

Le départ entre deux feux
Le voyage sans chemins
D'un oui à un autre oui
Le retour entre les mains
De la plus fine des reines
Que même le froid mûrit.

Poésie et vérité 1942
©Editions de Minuit

MÊME QUAND NOUS DORMONS

Même quand nous dormons nous veillons l'un sur l'autre
Et cet amour plus lourd que le fruit mûr d'un lac
Sans rire et sans pleurer dure depuis toujours
Un jour après un jour une nuit après nous.

Le Dur Désir de durer
©Seghers

« LA POÉSIE DOIT AVOIR POUR BUT
LA VÉRITÉ PRATIQUE »

À mes amis exigeants.

Si je vous dis que le soleil dans la forêt
Est comme un ventre qui se donne dans un lit
Vous me croyez vous approuvez tous mes désirs

Si je vous dis que le cristal d'un jour de pluie
Sonne toujours dans la paresse de l'amour
Vous me croyez vous allongez le temps d'aimer

Si je vous dis que sur les branches de mon lit
Fait son nid un oiseau qui ne dit jamais oui
Vous me croyez vous partagez mon inquiétude

Si je vous dis que dans le golfe d'une source
Tourne la clé d'un fleuve entr'ouvrant la verdure
Vous me croyez encore plus vous comprenez

Mais si je chante sans détours ma rue entière
Et mon pays entier comme une rue sans fin
Vous ne me croyez plus vous allez au désert

Car vous marchez sans but sans savoir que les hommes
Ont besoin d'être unis d'espérer de lutter
Pour expliquer le monde et pour le transformer

D'un seul pas de mon cœur je vous entraînerai
Je suis sans forces j'ai vécu je vis encore
Mais je m'étonne de parler pour vous ravir
Quand je voudrais vous libérer pour vous confondre
Aussi bien avec l'algue et le jonc de l'aurore
Qu'avec nos frères qui construisent leur lumière.

Deux poètes d'aujourd'hui

À L'ÉCHELLE ANIMALE

I

Un taureau comme une roue
Loin du sable loin de l'eau
Et dans son œil écarlate
Prend racine la massue

Un taureau tirant à terre
Comme un arc comme une épée
Fendant l'homme en son milieu
Et construisant dans le sang

Les fondations du soleil.

II

Le beau temps est la proie du vent
L'herbe est la proie des bonnes bêtes

Entre les cornes du taureau
Jaillissait la source du sang

Écumait la source vivante
Les poings serrés sur un trésor

Et la lumière sans passé
Qui ne connaît jamais la mort.

III

Entre les bras ouverts des cornes
Du taureau plume et plomb d'accord
Le soleil tendait son miroir
Aux torches noires de la peur

Gloire un taureau s'en va dans l'herbe
Filer une harmonie de masses
Et sa chair est une bataille
Gagnée d'avance par le cœur.

Une leçon de morale

André Breton

TOURNESOL

À Pierre Reverdy.

La voyageuse qui traversa les Halles à la tombée de
 l'été
Marchait sur la pointe des pieds
Le désespoir roulait au ciel ses grands arums si beaux
Et dans le sac à main il y avait mon rêve ce flacon de
 sels
Que seule a respirés la marraine de Dieu
Les torpeurs se déployaient comme la buée
Au Chien qui fume
Où venaient d'entrer le pour et le contre
La jeune femme ne pouvait être vue d'eux que mal et
 de biais
Avais-je affaire à l'ambassadrice du salpêtre
Ou de la courbe blanche sur fond noir que nous appe-
 lons pensée
Le bal des innocents battait son plein
Les lampions prenaient feu lentement dans les marron-
 niers
La dame sans ombre s'agenouilla sur le Pont au Change
Rue Gît-le-Cœur les timbres n'étaient plus les mêmes
Les promesses des nuits étaient enfin tenues
Les pigeons voyageurs les baisers de secours
Se joignaient aux seins de la belle inconnue

Dardés sous le crêpe des significations parfaites
Une ferme prospérait en plein Paris
Et ses fenêtres donnaient sur la voie lactée
Mais personne ne l'habitait encore à cause des surve-
  nants
Des survenants qu'on sait plus dévoués que les reve-
  nants
Les uns comme cette femme ont l'air de nager
Et dans l'amour il entre un peu de leur substance
Elle les intériorise
Je ne suis le jouet d'aucune puissance sensorielle
Et pourtant le grillon qui chantait dans les cheveux de
  cendre
Un soir près la statue d'Étienne Marcel
M'a jeté un coup d'œil d'intelligence
André Breton a-t-il dit passe

Clair de terre

L'UNION LIBRE

Ma femme à la chevelure de feu de bois
Aux pensées d'éclairs de chaleur
À la taille de sablier
Ma femme à la taille de loutre entre les dents du tigre
Ma femme à la bouche de cocarde et de bouquet d'étoi-
les de dernière grandeur
Aux dents d'empreintes de souris blanche sur la terre
  blanche
À la langue d'ambre et de verre frottés
Ma femme à la langue d'hostie poignardée
À la langue de poupée qui ouvre et ferme les yeux
À la langue de pierre incroyable
Ma femme aux cils de bâtons d'écriture d'enfant
Aux sourcils de bord de nid d'hirondelle

Ma femme aux tempes d'ardoise de toit de serre
Et de buée aux vitres
Ma femme aux épaules de champagne
Et de fontaine à têtes de dauphins sous la glace
Ma femme aux poignets d'allumettes
Ma femme aux doigts de hasard et d'as de cœur
Aux doigts de foin coupé
Ma femme aux aisselles de martre et de fênes
De nuit de la Saint-Jean
De troène et de nid de scalares
Aux bras d'écume de mer et d'écluse
Et de mélange du blé et du moulin
Ma femme aux jambes de fusée
Aux mouvements d'horlogerie et de désespoir
Ma femme aux mollets de moelle de sureau
Ma femme aux pieds d'initiales
Aux pieds de trousseaux de clés aux pieds de calfats qui
    boivent
Ma femme au cou d'orge imperlé
Ma femme à la gorge de Val d'or
De rendez-vous dans le lit même du torrent
Aux seins de nuit
Ma femme aux seins de taupinière marine
Ma femme aux seins de creuset du rubis
Aux seins de spectre de la rose sous la rosée
Ma femme au ventre de dépliement d'éventail des
    jours
Au ventre de griffe géante
Ma femme au dos d'oiseau qui fuit vertical
Au dos de vif-argent
Au dos de lumière
À la nuque de pierre roulée et de craie mouillée
Et de chute d'un verre dans lequel on vient de boire
Ma femme aux hanches de nacelle
Aux hanches de lustre et de pennes de flèche
Et de tiges de plumes de paon blanc
De balance insensible
Ma femme aux fesses de grès et d'amiante
Ma femme aux fesses de dos de cygne

Ma femme aux fesses de printemps
Au sexe de glaïeul
Ma femme au sexe de placer et d'ornithorynque
Ma femme au sexe d'algue et de bonbons anciens
Ma femme au sexe de miroir
Ma femme aux yeux pleins de larmes
Aux yeux de panoplie violette et d'aiguille aimantée
Ma femme aux yeux de savane
Ma femme aux yeux d'eau pour boire en prison
Ma femme aux yeux de bois toujours sous la hache
Aux yeux de niveau d'eau de niveau d'air de terre et de
    feu

L'Union libre

LE VERBE ÊTRE

Je connais le désespoir dans ses grandes lignes. Le désespoir n'a pas d'ailes, il ne se tient pas nécessairement à une table desservie sur une terrasse, le soir, au bord de la mer. C'est le désespoir et ce n'est pas le retour d'une quantité de petits faits comme des graines qui quittent à la nuit tombante un sillon pour un autre. Ce n'est pas la mousse sur une pierre ou le verre à boire. C'est un bateau criblé de neige, si vous voulez, comme les oiseaux qui tombent et leur sang n'a pas la moindre épaisseur. Je connais le désespoir dans ses grandes lignes. Une forme très petite, délimitée par des bijoux de cheveux. C'est le désespoir. Un collier de perles pour lequel on ne saurait trouver de fermoir et dont l'existence ne tient pas même à un fil, voilà le désespoir. Le reste nous n'en parlons pas. Nous n'avons pas fini de désespérer si nous commençons. Moi je désespère de l'abat-jour vers quatre heures, je désespère de l'éventail vers minuit, je désespère de la cigarette des condamnés. Je connais le désespoir dans ses grandes lignes. Le désespoir n'a pas de cœur, la main reste toujours au désespoir hors d'haleine, au désespoir dont les glaces ne nous disent jamais s'il est mort. Je vis de ce désespoir qui m'enchante. J'aime cette mouche bleue qui vole dans le ciel à l'heure où les étoiles chantonnent. Je connais dans ses grandes lignes le désespoir aux longs étonnements grêles, le désespoir de la fierté, le désespoir de la colère. Je me lève chaque jour comme tout le monde et je détends les bras sur un papier à fleurs, je ne me souviens de rien et c'est toujours avec désespoir que je découvre les beaux arbres déracinés de la nuit. L'air de la chambre est beau comme des baguettes de tambour. Il fait un temps de temps. Je connais le désespoir dans ses grandes lignes. C'est comme le vent du rideau qui me tend la perche. A-t-on idée d'un désespoir pareil ! Au feu ! Ah ils vont encore venir... Au secours ! Les voici qui tombent dans l'escalier... Et les annonces de journal, et les réclames lumineuses le long du canal. Tas de sable, va, espèce de tas de sable ! Dans ses grandes lignes le désespoir n'a pas d'importance. C'est une corvée d'arbres qui va encore faire une forêt, c'est une corvée d'étoiles qui va encore faire un jour de moins, c'est une corvée de jours de moins qui va encore faire ma vie.

Le Revolver à cheveux blancs

L'aigle sexuel exulte il va dorer la terre encore une
    fois
Son aile descendante
Son aile ascendante agite imperceptiblement les man-
    ches de la menthe poivrée
Et tout l'adorable déshabillé de l'eau

Les jours sont comptés si clairement
Que le miroir a fait place à une nuée de frondes
Je ne vois du ciel qu'une étoile
Il n'y a plus autour de nous que le lait décrivant son
    ellipse vertigineuse
D'où la molle intuition aux paupières d'agate œillée
Se soulève parfois pour piquer la pointe de son ombrel-
    le dans la boue de la lumière électrique
Alors des étendues jettent l'ancre se déploient au fond
    de mon œil fermé
Icebergs rayonnant des coutumes de tous les mondes à
    venir
Nés d'une parcelle de toi d'une parcelle inconnue et
    glacée qui s'envole
Ton existence le bouquet géant qui s'échappe de mes
    bras
Est mal liée elle creuse les murs déroule les escaliers des
    maisons
Elle s'effeuille dans les vitrines de la rue
Aux nouvelles je pars sans cesse aux nouvelles
Le journal est aujourd'hui de verre et si les lettres n'ar-
    rivent plus
C'est parce que le train a été mangé
La grande incision de l'émeraude qui donna naissance
    au feuillage
Est cicatrisée pour toujours les scieries de neige aveu-
    glante
Et les carrières de chair bourdonnent seules au premier
    rayon
Renversé dans ce rayon
Je prends l'empreinte de la mort et de la vie
À l'air liquide

L'Air de l'eau

SUR LA ROUTE DE SAN ROMANO

La poésie se fait dans un lit comme l'amour
Ses draps défaits sont l'aurore des choses
La poésie se fait dans les bois

Elle a l'espace qu'il lui faut
Pas celui-ci mais l'autre que conditionnent

     L'œil du milan
     La rosée sur une prèle
     Le souvenir d'une bouteille de Traminer
         embuée sur un plateau d'argent
     Une haute verge de tourmaline sur la mer
     Et la route de l'aventure mentale
     Qui monte à pic
     Une halte elle s'embroussaille aussitôt

Cela ne se crie pas sur les toits
Il est inconvenant de laisser la porte ouverte
Ou d'appeler des témoins

     Les bancs de poissons les haies de mésan-
        ges
     Les rails à l'entrée d'une grande gare
     Les reflets des deux rives
     Les sillons dans le pain
     Les bulles du ruisseau
     Les jours du calendrier
     Le millepertuis

L'acte d'amour et l'acte de poésie
Sont incompatibles
Avec la lecture du journal à haute voix

Le sens du rayon de soleil
La lueur bleue qui relie les coups de hache
   du bûcheron
Le fil du cerf-volant en forme de cœur ou
   de nasse
Le battement en mesure de la queue des
   castors
La diligence de l'éclair
Le jet de dragées du haut des vieilles mar-
   ches
L'avalanche

La chambre aux prestiges
Non messieurs ce n'est pas la huitième Chambre
Ni les vapeurs de la chambrée un dimanche soir

Les figures de danse exécutées en transpa-
   rence au-dessus des mares
La délimitation contre un mur d'un corps
   de femme au lancer de poignards
Les volutes claires de la fumée
Les boucles de tes cheveux
La courbe de l'éponge des Philippines
Les lacés du serpent corail
L'entrée du lierre dans les ruines
Elle a tout le temps devant elle

L'étreinte poétique comme l'étreinte de chair
Tant qu'elle dure
Défend toute échappée sur la misère du monde

1948.

Poèmes

Antonin Artaud

EXTASE

Argentin brasier, braise creusée
Avec la musique de son intime force
Braise évidée, délivrée, écorce
Occupée à livrer ses mondes.

Recherche épuisante du moi
Pénétration qui se dépasse
Ah ! joindre le bûcher de glace
Avec l'esprit qui le pensa.

La vieille poursuite insondable
En jouissance s'extravase
Sensualités sensibles, extase
Aux cristaux chantants véritables.

Ô musique d'encre, musique
Musique des charbons enterrés
Douce, pesante qui nous délivre
Avec ses phosphores secrets.

Œuvres complètes

L'ARBRE

Cet arbre et son frémissement
forêt sombre d'appels,
de cris,
mange le cœur obscur de la nuit.

Vinaigre et lait, le ciel, la mer,
la masse épaisse du firmament,
tout conspire à ce tremblement,
qui gîte au cœur épais de l'ombre.

Un cœur qui crève, un astre dur
qui se dédouble et fuse au ciel,
le ciel limpide qui se fend
à l'appel du soleil sonnant,
font le même bruit, font le même bruit,
que la nuit et l'arbre au centre du vent.

Œuvres complètes

NUIT

Les zincs passent dans les égouts,
la pluie remonte dans la lune ;
dans l'avenue une fenêtre
nous découvre une femme nue.

Dans les outres des draps gonflés
où la nuit entière respire,
le poète sent ses cheveux
grandir et se multiplier.

La face obtuse des plafonds
contemple les corps allongés
entre le ciel et les pavés,
la vie est un repas profond.

Poète, ce qui te travaille
n'a rien à voir avec la lune ;
la pluie est fraîche,
le ventre est bon.

Vois comme montent les verres
sur tous les comptoirs de la terre ;
la vie est vide,
la tête est loin.

Quelque part un poète pense.
Nous n'avons pas besoin de lune,
la tête est grande,
le monde est plein.

Dans chaque chambre
le monde tremble,
la vie accouche quelque chose
qui remonte vers les plafonds.

Un jeu de cartes flotte dans l'air
autour des verres ;
fumée des vins, fumées des vers,
et des pipes de la soirée.

Dans l'angle oblique des plafonds
de toutes les chambres qui tremblent
s'amassent les fumées marines
des rêves mal échafaudés.

Car ici la vie est en cause
et le ventre de la pensée ;
les bouteilles heurtent les crânes
de l'aérienne assemblée.

Le Verbe pousse du sommeil
comme une fleur, ou comme un verre
plein de formes et de fumées.

Le verre et le ventre se heurtent ;
la vie est claire
dans les crânes vitrifiés.

L'aréopage ardent des poètes
s'assemble autour du tapis vert,
le vide tourne.

La vie traverse la pensée
du poète aux cheveux épais.

Dans la rue rien qu'une fenêtre ;
les cartes battent,
dans la fenêtre la femme au sexe
met son ventre en délibéré.

Œuvres complètes

TUTUGURI

LE RITE DU SOLEIL NOIR

Et en bas, comme au bas de la pente amère,
cruellement désespérée du cœur,
s'ouvre le cercle des six croix,
            très en bas,
comme encastré dans la terre mère,
désencastré de l'étreinte immonde de la mère
            qui bave.

La terre de charbon noir
est le seul emplacement humide
dans cette fente de rocher.

Le Rite est que le nouveau soleil passe par sept points
     avant d'éclater à l'orifice de la terre.

Et il y a six hommes,
un pour chaque soleil,
et un septième homme
qui est le soleil tout
                 cru
habillé de noir et de chair rouge.

Or, ce septième homme
est un cheval,
un cheval avec un homme qui le mène.

Mais c'est le cheval
qui est le soleil
et non l'homme.

Sur le déchirement d'un tambour et d'une trompette
     longue,
étrange,
les six hommes
qui étaient couchés,
roulés à ras de terre,
jaillissent successivement comme des tournesols,
non pas soleils
mais sols tournants,
des lotus d'eau,
et à chaque jaillissement
correspond le gong de plus en plus sombre
                 et *rentré*
                 du tambour
jusqu'à ce que tout à coup on voie arriver au grand
     galop, avec une vitesse de vertige,
le dernier soleil,

le premier homme,
le cheval noir avec un
>   homme nu,
>   absolument nu
>   et *vierge*
>   sur lui.

Ayant bondi, ils avancent suivant des méandres circulai-
  res
et le cheval de viande saignante s'affole
et caracole sans arrêt
au faîte de son rocher
jusqu'à ce que les six hommes
aient achevé de cerner
complètement
les six croix.

Or, le ton majeur du Rite est justement
        L'ABOLITION DE LA CROIX.

Ayant achevé de tourner
ils déplantent
les croix de terre
et l'homme nu
sur le cheval
arbore
un immense fer à cheval
qu'il a trempé dans une coupure de son sang.

Œuvres complètes

Aragon

PARTI-PRIS

Je danse au milieu des miracles
Mille soleils peints sur le sol
Mille amis Mille yeux ou monocles
m'illuminent de leurs regards
Pleurs du pétrole sur la route
Sang perdu depuis les hangars

Je saute ainsi d'un jour à l'autre
rond polychrome et plus joli
qu'un paillasson de tir ou l'âtre
quand la flamme est couleur du vent
Vie ô paisible automobile
et le joyeux péril de courir au devant

Je brûlerai du feu des phares

Feu de joie
©Aragon

AIR DU TEMPS

Nuage
Un cheval blanc s'élève
et c'est l'auberge à l'aube où s'éveillera le premier venu
Vas-tu traîner toute ta vie au milieu du monde
À demi-mort
À demi-endormi
Est-ce que tu n'as pas assez des lieux communs
Les gens te regardent sans rire
Ils ont des yeux de verre
Tu passes Tu perds ton temps Tu passes
Tu comptes jusqu'à cent et tu triches pour tuer dix secondes
    encore
Tu étends le bras brusquement pour mourir
N'aie pas peur
Un jour ou l'autre
Il n'y aura plus qu'un jour et puis un jour
Et puis ça y est
Plus besoin de voir les hommes ni ces bêtes à bon Dieu qu'ils
    caressent de temps en temps
Plus besoin de parler tout seul la nuit pour ne pas entendre la
    plainte de la cheminée
Plus besoin de soulever mes paupières
Ni de lancer mon sang comme un disque
ni de respirer malgré moi
Pourtant je ne désire pas mourir
La cloche de mon cœur chante à voix basse un espoir très
    ancien
Cette musique Je sais bien Mais les paroles
Que disaient au juste les paroles
Imbécile

Le Mouvement perpétuel
© Aragon

LES APPROCHES
DE L'AMOUR
ET DU BAISER

Elle s'arrête au bord des ruisseaux Elle chante
Elle court Elle pousse un long cri vers le ciel
Sa robe est ouverte sur le paradis
Elle est tout à fait charmante
Elle agite un feuillard au dessus des vaguelettes
Elle passe avec lenteur sa main blanche sur son front pur
Entre ses pieds fuient les belettes
Dans son chapeau s'assied l'azur

Le Mouvement perpétuel
©Aragon

POÈME À CRIER
DANS LES RUINES

Tous deux crachons tous deux
Sur ce que nous avons aimé
Sur ce que nous avons aimé tous deux
Si tu veux car ceci tous deux
Est bien un air de valse et j'imagine
Ce qui passe entre nous de sombre et d'inégalable
Comme un dialogue de miroirs abandonnés
À la consigne quelque part Foligno peut-être
Ou l'Auvergne la Bourboule
Certains noms sont chargés d'un tonnerre lointain
Veux-tu crachons tous deux sur ces pays immenses

Où se promènent de petites automobiles de louage
Veux-tu car il faut que quelque chose encore
Quelque chose
Nous réunisse veux-tu crachons
Tous deux c'est une valse
Une espèce de sanglot commode
Crachons crachons de petites automobiles
Crachons c'est la consigne
Une valse de miroirs
Un dialogue nulle part
Écoute ces pays immenses où le vent
Pleure sur ce que nous avons aimé
L'un d'eux est un cheval qui s'accoude à la terre
L'autre un mort agitant un linge l'autre
La trace de tes pas Je me souviens d'un village désert
À l'épaule d'une montagne brûlée
Je me souviens de ton épaule
Je me souviens de ton coude
Je me souviens de ton linge
Je me souviens de tes pas
Je me souviens d'une ville où il n'y a pas de cheval
Je me souviens de ton regard qui a brûlé
Mon cœur désert un mort Mazeppa qu'un cheval
Emporte devant moi comme ce jour dans la monta-
    gne
L'ivresse précipitait ma course à travers les chênes mar-
    tyrs
Qui saignaient prophétiquement tandis
Que le jour faiblissait sur des camions bleus
Je me souviens de tant de choses
De tant de soirs
De tant de chambres
De tant de marches
De tant de colères
De tant de haltes dans des lieux nuls
Où s'éveillait pourtant l'esprit du mystère pareil
Au cri d'un enfant aveugle dans une gare-frontière
Je me souviens

Je parle donc au passé Que l'on rie
Si le cœur vous en dit du son de mes paroles
Aima Fut Vint Caressa
Attendit Épia les escaliers qui craquèrent
Ô violences violences je suis un homme hanté
Attendit attendit puits profonds
J'ai cru mourir d'attendre
Le silence taillait des crayons dans la rue
Ce taxi qui toussait s'en va crever ailleurs
Attendit attendit les voix étouffées
Devant la porte le langage des portes
Hoquet des maisons attendit
Les objets familiers prenaient à tour de rôle
Attendit l'aspect fantomatique Attendit
Des forçats évadés Attendit
Attendit Nom de Dieu
D'un bagne de lueurs et soudain
Non Stupide Non
Idiot
La chaussure a foulé la laine du tapis
Je rentre à peine
Aima aima aima mais tu ne peux pas savoir combien
Aima c'est au passé
Aima aima aima aima aima
Ô violences

Ils en ont de bonnes ceux
Qui parlent de l'amour comme d'une histoire de cou-
    sine
Ah merde pour tout ce faux-semblant
Sais-tu quand cela devient vraiment une histoire
L'amour
Sais-tu
Quand toute respiration tourne à la tragédie
Quand les couleurs du jour sont ce que les fait un rire
Un air une ombre d'ombre un nom jeté
Que tout brûle et qu'on sait au fond
Que tout brûle
Et qu'on dit Que tout brûle

Et le ciel a le goût du sable dispersé
L'amour salauds l'amour pour vous
C'est d'arriver à coucher ensemble
D'arriver
Et après Ha ha tout l'amour est dans ce
Et après
Nous arrivons à parler de ce que c'est que de
Coucher ensemble pendant des années
Entendez-vous
Pendant des années
Pareilles à des voiles marines qui tombent
Sur le pont d'un navire chargé de pestiférés
Dans un film que j'ai vu récemment
Une à une
La rose blanche meurt comme la rose rouge
Qu'est-ce donc qui m'émeut à un pareil point
Dans ces derniers mots
Le mot dernier peut-être mot en qui
Tout est atroce atrocement irréparable
Et déchirant Mot panthère Mot électrique
Chaise
Le dernier mot d'amour imaginez-vous ça
Et le dernier baiser et la dernière
Nonchalance
Et le dernier sommeil Tiens c'est drôle
Je pensais simplement à la dernière nuit
Ah tout prend ce sens abominable
Je voulais dire les derniers instants
Les derniers adieux le dernier soupir
Le dernier regard
L'horreur l'horreur l'horreur
Pendant des années l'horreur
Crachons veux-tu bien
Sur ce que nous avons aimé ensemble
Crachons sur l'amour
Sur nos lits défaits
Sur notre silence et sur les mots balbutiés
Sur les étoiles fussent-elles
Tes yeux

Sur le soleil fût-il
Tes dents
Sur l'éternité fût-elle
Ta bouche
Et sur notre amour
Fût-il
TON amour
Crachons veux-tu bien

La Grande Gaîté
©Aragon

LE TEMPS DES MOTS CROISÉS

Ô soleil de minuit sans sommeil solitude
Dans les logis déserts d'hommes où vous veillez
Épouses d'épouvante elles font leur étude
Des monstres grimaçants autour de l'oreiller

Qui donc a déchaîné la peur cette bannie
Et barbouillé de bleu panique les carreaux
Le sable sous le toit Dans le cœur l'insomnie
Personne ne lit plus le sort dans les tarots

Sorciers vous pouvez seuls danser dans la bruyère
Elles ne veulent plus savoir si tu leur mens
Amour qui les courbas mieux qu'aucune prière
Quand la Gare de l'Est eut mangé leurs amants

Femmes qui connaissez enfin comme nous-mêmes
Le paradis perdu de nos bras dénoués
Entendez-vous nos voix qui murmurent Je t'aime
Et votre lèvre à l'air donne un baiser troué

Absence abominable absinthe de la guerre
N'en es-tu pas encore amèrement grisée
Nos jambes se mêlaient t'en souviens-tu naguère
Et je savais pour toi ce que ton corps faisait

Nous n'avons pas assez chéri ces heures doubles
Pas assez partagé nos songes différents
Pas assez regardé le fond de nos yeux troubles
Et pas assez causé de nos cœurs concurrents

Si ce n'est pas pourtant pour que je te le dise
Pourquoi m'arrive-t-il d'entendre ou de penser
Si les nuages font au jour des mèches grises
Et si les arbres noirs se mettent à danser

Écoute Dans la nuit mon sang bat et t'appelle
Je cherche dans le lit ton poids et ta couleur
Faut-il que tout m'échappe et si ce n'est pas elle
Que me fait tout cela Je ne suis pas des leurs

Je ne suis pas des leurs puisqu'il faut pour en être
S'arracher à sa peau vivante comme à Bar
L'homme de Ligier qui tend vers la fenêtre
Squelette par en haut son pauvre cœur barbare

Je ne suis pas des leurs puisque la chair humaine
N'est pas comme un gâteau qu'on tranche avec le fer
Et qu'il faut à ma vie une chaleur germaine
Qu'on ne peut détourner le fleuve de la mer

Je ne suis pas des leurs enfin parce que l'ombre
Est faite pour qu'on s'aime et l'arbre pour le ciel
Et que les peupliers de leur semence encombrent
Le vent porteur d'amour d'abeilles et de miel

Je suis à toi Je suis à toi seule J'adore
La trace de tes pas le creux où tu te mis
Ta pantoufle perdue ou ton mouchoir Va dors
Dors mon enfant craintif Je veille c'est promis

Je veille Il se fait tard La nuit du moyen-âge
Couvre d'un manteau noir cet univers brisé
Peut-être pas pour nous mais cessera l'orage
Un jour et reviendra le temps des mots croisés

Le Crève-cœur

LA ROSE ET LE RÉSÉDA

> *À Gabriel Péri et d'Estienne d'Orves*
> *comme à Guy Moquet et Gilbert Dru.*

Celui qui croyait au ciel
Celui qui n'y croyait pas
Tous deux adoraient la belle
Prisonnière des soldats
Lequel montait à l'échelle
Et lequel guettait en bas
Celui qui croyait au ciel
Celui qui n'y croyait pas
Qu'importe comment s'appelle
Cette clarté sur leur pas
Que l'un fût de la chapelle
Et l'autre s'y dérobât
Celui qui croyait au ciel
Celui qui n'y croyait pas
Tous les deux étaient fidèles
Des lèvres du cœur des bras
Et tous les deux disaient qu'elle
Vive et qui vivra verra
Celui qui croyait au ciel
Celui qui n'y croyait pas
Quand les blés sont sous la grêle

Fou qui fait le délicat
Fou qui songe à ses querelles
Au cœur du commun combat
Celui qui croyait au ciel
Celui qui n'y croyait pas
Du haut de la citadelle
La sentinelle tira
Par deux fois et l'un chancelle
L'autre tombe qui mourra
Celui qui croyait au ciel
Celui qui n'y croyait pas
Ils sont en prison Lequel
A le plus triste grabat
Lequel plus que l'autre gèle
Lequel préfère les rats
Celui qui croyait au ciel
Celui qui n'y croyait pas
Un rebelle est un rebelle
Nos sanglots font un seul glas
Et quand vient l'aube cruelle
Passent de vie à trépas
Celui qui croyait au ciel
Celui qui n'y croyait pas
Répétant le nom de celle
Qu'aucun des deux ne trompa
Et leur sang rouge ruisselle
Même couleur même éclat
Celui qui croyait au ciel
Celui qui n'y croyait pas
Il coule il coule et se mêle
À la terre qu'il aima
Pour qu'à la saison nouvelle
Mûrisse un raisin muscat
Celui qui croyait au ciel
Celui qui n'y croyait pas
L'un court et l'autre a des ailes
De Bretagne ou du Jura
Et framboise ou mirabelle
Le grillon rechantera

Dites flûte ou violoncelle
Le double amour qui brûla
L'alouette et l'hirondelle
La rose et le réséda

La Diane française
©Aragon

ELSA AU MIROIR

C'était au beau milieu de notre tragédie
Et pendant un long jour assise à son miroir
Elle peignait ses cheveux d'or Je croyais voir
Ses patientes mains calmer un incendie
C'était au beau milieu de notre tragédie

Et pendant un long jour assise à son miroir
Elle peignait ses cheveux d'or et j'aurais dit
C'était au beau milieu de notre tragédie
Qu'elle jouait un air de harpe sans y croire
Pendant tout ce long jour assise à son miroir

Elle peignait ses cheveux d'or et j'aurais dit
Qu'elle martyrisait à plaisir sa mémoire
Pendant tout ce long jour assise à son miroir
À ranimer les fleurs sans fin de l'incendie
Sans dire ce qu'une autre à sa place aurait dit

Elle martyrisait à plaisir sa mémoire
C'était au beau milieu de notre tragédie
Le monde ressemblait à ce miroir maudit
Le peigne partageait les feux de cette moire
Et ces feux éclairaient des coins de ma mémoire

C'était au beau milieu de notre tragédie
Comme dans la semaine est assis le jeudi

Et pendant un long jour assise à sa mémoire
Elle voyait au loin mourir dans son miroir

Un à un les acteurs de notre tragédie
Et qui sont les meilleurs de ce monde maudit

Et vous savez leurs noms sans que je les aie dits
Et ce que signifient les flammes des longs soirs

Et ses cheveux dorés quand elle vient s'asseoir
Et peigner sans rien dire un reflet d'incendie

La Diane française
©Aragon

Sur le Pont Neuf j'ai rencontré
D'où sort cette chanson lointaine
D'une péniche mal ancrée
Ou du métro Samaritaine

Sur le Pont Neuf j'ai rencontré
Sans chien sans canne sans pancarte
Pitié pour les désespérés
Devant qui la foule s'écarte

Sur le Pont Neuf j'ai rencontré
L'ancienne image de moi-même
Qui n'avait d'yeux que pour pleurer
De bouche que pour le blasphème

Sur le Pont Neuf j'ai rencontré
Cette pitoyable apparence

Ce mendiant accaparé
Du seul souci de sa souffrance

Sur le Pont Neuf j'ai rencontré
Fumée aujourd'hui comme alors
Celui que je fus à l'orée
Celui que je fus à l'aurore

Sur le Pont Neuf j'ai rencontré
Semblance d'avant que je naisse
Cet enfant toujours effaré
Le fantôme de ma jeunesse

Sur le Pont Neuf j'ai rencontré
Vingt ans l'empire des mensonges
L'espace d'un miséréré
Ce gamin qui n'était que songes

Sur le Pont Neuf j'ai rencontré
Ce jeune homme et ses bras déserts
Ses lèvres de vent dévorées
Disant les airs qui le grisèrent

Sur le Pont Neuf j'ai rencontré
Baladin du ciel et du cœur
Son front pur et ses goûts outrés
Dans le cri noir des remorqueurs

Sur le Pont Neuf j'ai rencontré
Le joueur qui brûla son âme
Comme une colombe égarée
Entre les tours de Notre-Dame

Sur le Pont Neuf j'ai rencontré
Ce spectre de moi qui commence
La ville à l'aval est dorée
À l'amont se meurt la romance

Sur le Pont Neuf j'ai rencontré
Ce pauvre petit mon pareil
Il m'a sur la Seine montré
Au loin des taches de soleil

Sur le Pont Neuf j'ai rencontré
Mon autre au loin ma mascarade
Et dans le jour décoloré
Il m'a dit tout bas Camarade

Sur le Pont Neuf j'ai rencontré
Mon double ignorant et crédule
Et je suis longtemps demeuré
Dans ma propre ombre qui recule

Sur le Pont Neuf j'ai rencontré
Assis à l'usure des pierres
Le refrain que j'ai murmuré
Le rêve qui fut ma lumière

Aveugle aveugle rencontré
Passant avec tes regards veufs
Ô mon passé désemparé
Sur le Pont Neuf

Le Roman inachevé
©Aragon

LE VIEIL HOMME

Moi qui n'ai jamais pu me faire à mon visage
Que m'importe traîner dans la clarté des cieux
Les coutures les traits et les taches de l'âge

Mais lire les journaux demande d'autres yeux
Comment courir avec ce cœur qui bat trop vite
Que s'est-il donc passé La vie et je suis vieux

Tout pèse L'ombre augmente aux gestes qu'elle imite
Le monde extérieur se fait plus exigeant
Chaque jour autrement je connais mes limites

Je me sens étranger toujours parmi les gens
J'entends mal je perds intérêt à tant de choses
Le jour n'a plus pour moi ses doux reflets changeants

Le printemps qui revient est sans métamorphoses
Il ne m'apporte plus la lourdeur des lilas
Je crois me souvenir lorsque je sens les roses

Je ne tiens plus jamais jamais entre mes bras
La mer qui se ruait et me roulait d'écume
Jusqu'à ce qu'à la fin tous les deux fussions las

Voici déjà beau temps que je n'ai plus coutume
De défier la neige et gravir les sommets
Dans l'éblouissement du soleil et des brumes

Même comme autrefois je ne puis plus jamais
Partir dans les chemins devant moi pour des heures
Sans calculer ce que revenir me permet

Revenir
       Ces pas-ci vont vers d'autres demeures
Je ne reprendrai pas les sentiers parcourus
Dieu merci le repos de l'homme c'est qu'il meure

Et le sillon jamais ne revoit la charrue
On se fait lentement à cette paix profonde
Elle avance vers vous comme l'eau d'une crue

Elle monte elle monte en vous elle féconde
Chaque minute. Elle fait à tout ce lointain
Amer et merveilleux comme la fin du monde

Et de la sentir proche est plus frais qu'au matin
Avant l'épanouissement de la lumière
Le parfum de l'étoile en dernier qui s'éteint

Quand ce qui fut malheur ou bonheur se nomme hier
Pourtant l'étoile brille encore et le cœur bat
Pourtant quand je croyais cette fièvre première

Apaisée à la fin comme un vent qui tomba
Quand je croyais le trouble aboli le vertige
Oublié l'air ancien balbutié trop bas

Que l'écho le répète au loin
                              Voyons que dis-je
Déjà je perds le fil ténu de ma pensée
Insensible déjà seul et sourd aux prodiges

Quand je croyais le seuil de l'ombre outrepassé
Le frisson d'autrefois revient dans mon absence
Et comme d'une main mon front est caressé

Le jour au plus profond de moi reprend naissance

Le Roman inachevé
©Aragon

Je peux me consumer de tout l'enfer du monde
Jamais je ne perdrai cet émerveillement
Du langage
Jamais je ne me réveillerai d'entre les mots
Je me souviens du temps où je ne savais pas lire
Et le visage de la peur était la chaisière aux Champs-
Élysées
Il n'y avait à la maison ni l'électricité ni le téléphone

En ce temps-là je prêtais l'oreille aux choses usuelles
Pour saisir leurs conversations
J'avais des rendez-vous avec des étoffes déchirées
J'entretenais des relations avec des objets hors d'usage
Je ne me serais pas adressé à un caillou comme à un moulin à café
J'inventais des langues étrangères afin
De ne plus me comprendre moi-même
Je cachais derrière l'armoire une correspondance indéchiffrable
Tout cela se perdit comme un secret le jour
Où j'appris à dessiner les oiseaux

Qui me rendra le sens du mystère oh qui
Me rendra l'enfance du chant
Quand la première phrase venue
Est neuve comme une paire de gants
Je me souviens de la première automobile à la Porte Maillot
Il fallait courir pour la voir
C'était un peu comme cela pour tout
J'aimais certains noms d'arbres comme des enfants
Que les Bohémiens m'auraient volés
J'aimais un flacon pour son étiquette bleue
J'aimais le sel répandu sur le vin renversé
J'aimais les taches d'encre à la folie
J'aurais donné mon âme pour un vieux ticket de métro

Je répétais sans fin des phrases entendues
Qui n'avaient jamais pour moi le même sens ni le même poids
Il y avait des jours entiers voués à des paroles apparemment
Insignifiantes
Mais sans elles la sentinelle m'eût passé son arme à travers le corps

Ô qui n'a jamais échangé ses yeux contre ceux du miroir

Et payé le droit d'enjamber son ombre avec des grimaces

Celui-là ne peut me comprendre ni

Qu'on peut garder dans sa bouche une couleur

Tenir une absence par la main

Sauter à pieds joints par-dessus quatre heures de l'après-midi

Nous n'avons pas le même argot

Je n'ai pas oublié le parfum de la désobéissance

Jusqu'à aujourd'hui je peux le sentir quand je m'assieds sur les bancs

Jusqu'à aujourd'hui je peux appeler une bicyclette ma biche

Pour faire enrager les passants

Je n'ai pas oublié le jeu de Rêve-qui-peut

Que personne autre que moi n'a joué

Je n'ai pas oublié l'art de parler pour ne rien être

On a bien pu m'apprendre à lire il n'est pas certain

Que je lise ce que je lis

J'ai bien pu vivre comme tout le monde et même

Avoir plusieurs fois failli mourir

Il n'est pas certain que tout cela ne soit pas une feinte

Une sorte de grève de la faim

Il y a celui qui se profile

Il y a l'homme machinal

Celui qu'on croise et qui salue

Celui qui ouvre un parapluie

Qui revient un pain sous le bras

Il y a celui qui essuie

Ses pieds à la porte en rentrant

Il y a celui que je suis

Bien sûr et que je ne suis pas

Les Poètes
©Aragon

Joë Bousquet

LA NUIT MÛRIT

À Jean Paulhan.

En cherchant mon cœur dans le noir
mes yeux cristal de ce que j'aime
s'entourent de moi sans me voir

Mais leur ténèbre est l'amour même
où toute onde épousant sa nuit
dans mes jours se forge un sourire

Afin qu'aux traits où je le suis
Sa transparence ait pour empire
Mon corps en soi-même introduit

La Connaissance du soir

REFLET

Une mer bouge autour du monde
L'arbre et son ombre en sont venus
Ravir à des doigts inconnus
La faux qui luit dans l'eau profonde

La Connaissance du soir

L'OMBRE SŒUR

Entre à la nuit sans rivages
Si tu n'es toi qu'en passant
L'oubli rendra ton visage
Au cœur d'où rien n'est absent

Ton silence né d'une ombre
Qui l'accroît de tout le ciel
Éclôt l'amour où tu sombres
Aux bras d'un double éternel

Et t'annulant sous ses voiles
Pris à la nuit d'une fleur
Donne des yeux à l'étoile
Dont ton fantôme est le cœur

La Connaissance du soir

Il ne fait pas nuit sur la terre ; l'obscurité rôde, elle erre autour du noir. Et je sais des ténèbres si absolues que toute forme y promène une lueur et y devient le pressentiment, peut-être l'aurore d'un regard.

Ces ténèbres sont en nous. Une dévorante obscurité nous habite. Les froids du pôle sont plus près de moi que ce puant enfer où je ne pourrais pas me respirer moi-même. Aucune sonde ne mesurera ces épaisseurs : parce que mon apparence est dans un espace et mes entrailles dans un autre ; je l'ignore parce que mes yeux, ni ma voix, ni le voir, ni l'entendre ne sont dans l'un ni l'autre.

Il fait jour ton regard exilé de ta face
Ne trouve pas tes yeux en s'entourant de toi
Mais un double miroir clos sur un autre espace
Dont l'astre le plus haut s'est éteint dans ta voix.

Sur un corps qui s'argente au croissant des marées
Le jour mûrit l'oubli d'un pôle immaculé
Et mouille à tes longs cils une étoile expirée
De l'arc-en-ciel qu'il draine aux racines des blés

Les jours que leur odeur endort sous tes flancs roses
Se cueillent dans tes yeux qui s'ouvrent sans te voir
Et leur aile de soie enroule à ta nuit close
La terre où toute nuit n'est que l'œuvre d'un soir.

L'ombre cache un passeur d'absences embaumées
Elle perd sur tes mains le jour qui fut tes yeux
Et comme au creux d'un lis sa blancheur consumée
Abîme au fil des soirs un ciel trop grand pour eux.

Il fait noir en moi, mais je ne suis pas cette ténèbre
bien qu'assez lourd pour y sombrer un jour. Cette nuit
est : on dirait qu'elle a fait mes yeux d'aujourd'hui et
me ferme à ce qu'ils voient. Couleurs bleutées de ce que
je ne vois qu'avec ma profondeur, rouges que m'éclaire
mon sang, noir que voit mon cœur...
Nuit du ciel, pauvre ombre éclose, tu n'es la nuit que
pour mes cils.

Bien peu de cendre a fait ce bouquet de paupières
Et qui n'est cette cendre et ce monde effacé
Quand ses poings de dormeur portent toute la terre
Où l'amour ni la nuit n'ont jamais commencé.

Le Meneur de lune
©Albin Michel

Philippe Soupault

DIMANCHE

L'avion tisse les fils télégraphiques
et la source chante la même chanson
Au rendez-vous des cochers l'apéritif est orangé
mais les mécaniciens des locomotives ont les yeux
    blancs
la dame a perdu son sourire dans les bois

Rose des vents
© Philippe Soupault

WESTWEGO

1917-1922

À M.L.

Toutes les villes du monde
oasis de nos ennuis morts de faim
offrent des boissons fraîches
aux mémoires des solitaires et des maniaques
et des sédentaires
Villes des continents
vous êtes des drapeaux

des étoiles tombées sur la terre
sans très bien savoir pourquoi
et les maîtresses des poètes de maintenant

Je me promenais à Londres un été
les pieds brûlants et le cœur dans les yeux
près des murs noirs près des murs rouges
près des grands docks
où les policemen géants
sont piqués comme des points d'interrogation
On pouvait jouer avec le soleil
qui se posait comme un oiseau
sur tous les monuments
pigeon voyageur
pigeon quotidien

Je suis allé dans ce quartier que l'on nomme White
     chapel
pèlerinage de mon enfance
où je n'ai rencontré
que des gens très bien vêtus
et coiffés de chapeaux hauts de forme
que des marchandes d'allumettes
coiffées de canotiers
qui criaient comme les fermières de France
pour attirer les clients
penny penny penny
Je suis entré dans un bar
wagon de troisième classe
où s'étaient attablées
Daisy Mary Poppy
à côté des marchands de poissons
qui chiquaient en fermant un œil
pour oublier la nuit
la nuit qui approchait à pas de loup
à pas de hibou
la nuit et l'odeur du fleuve et celle de la marée
la nuit déchirant le sommeil

c'était un triste jour
de cuivre et de sable
et qui coulait lentement entre les souvenirs
îles désertées orages de poussière
pour les animaux rugissants de colère
qui baissent la tête
comme vous et comme moi
parce que nous sommes seuls dans cette ville
rouge et noire
où toutes les boutiques sont des épiceries
où les meilleures gens ont les yeux très bleus

Il fait chaud et c'est aujourd'hui dimanche
il fait triste
le fleuve est très malheureux
et les habitants sont restés chez eux
Je me promène près de la Tamise
une seule barque glisse pour atteindre le ciel
le ciel immobile
parce que c'est dimanche
et que le vent ne s'est pas levé
il est midi il est cinq heures
on ne sait plus où aller
un homme chante sans savoir pourquoi
comme je marche
quand on est jeune c'est pour la vie
mon enfance en cage
dans ce musée sonore
chez madame Tussaud
c'est Nick Carter et son chapeau melon
il a dans sa poche toute une collection de revolvers
et des menottes brillantes comme des jurons
Près de lui le chevalier Bayard
qui lui ressemble comme un frère
c'est l'histoire sainte et l'histoire d'Angleterre
près des grands criminels qui n'ont plus de noms

Quand je suis sorti où suis-je allé
il n'y a pas de cafés

pas de lumières qui font s'envoler les paroles
il n'y a pas de tables où l'on peut s'appuyer
pour ne rien voir pour ne rien regarder
il n'y a pas de verres
il n'y a pas de fumées
seulement les trottoirs longs comme les années
où des taches de sang fleurissent le soir
j'ai vu dans cette ville
tant de fleurs tant d'oiseaux
parce que j'étais seul avec ma mémoire
près de toutes ses grilles
qui cachent les jardins et les yeux
              sur les bords de la Tamise
              un beau matin de février
              trois Anglais en bras de chemise
              s'égosillaient à chanter
              trou la la trou la la trou la laire
Autobus tea-rooms Leicester-square
je vous reconnais je ne vous ai jamais vus
que sur des cartes postales
que recevait ma bonne
feuilles mortes
Mary Daisy Poppy
petites flammes
dans ce bar sans regard
vous êtes les amies qu'un poète de quinze ans
admire doucement
en pensant à Paris
au bord d'une fenêtre
un nuage passe
il est midi
près du soleil
Marchons pour être sots
courons pour être gais
rions pour être forts

Étrange voyageur voyageur sans bagages
je n'ai jamais quitté Paris
ma mémoire ne me quittait pas d'une semelle

ma mémoire me suivait comme un petit chien
j'étais plus bête que les brebis
qui brillent dans le ciel à minuit
il fait très chaud
je me dis tout bas et très sérieusement
j'ai très soif j'ai vraiment très soif
je n'ai que mon chapeau
clef des champs clef des songes
père des souvenirs
est-ce que j'ai jamais quitté Paris
mais ce soir je suis dans cette ville
derrière chaque arbre des avenues
un souvenir guette mon passage
C'est toi mon vieux Paris
mais ce soir enfin je suis dans cette ville
tes monuments sont les bornes kilométriques de ma
    fatigue
je reconnais tes nuages
qui s'accrochent aux cheminées
pour me dire adieu ou bonjour
la nuit tu es phosphorescent
je t'aime comme on aime un éléphant
tous tes cris sont pour moi des cris de tendresse
je suis comme Aladin dans le jardin
où la lampe magique était allumée
je ne cherche rien
je suis ici
je suis assis à la terrasse d'un café
et je souris de toutes mes dents
en pensant à tous mes fameux voyages
je voulais aller à New York ou à Buenos Aires
connaître la neige de Moscou
partir un soir à bord d'un paquebot
pour Madagascar ou Shang-haï
remonter le Mississipi
je suis allé à Barbizon
et j'ai relu les voyages du capitaine Cook
je me suis couché sur la mousse élastique
j'ai écrit des poèmes près d'une anémone sylvie

en cueillant les mots qui pendaient aux branches
le petit chemin de fer me faisait penser au transcana-
    dien
et ce soir je souris parce que je suis ici
devant ce verre tremblant
où je vois l'univers
en riant
sur les boulevards dans les rues
tous les voyous passent en chantant
les arbres secs touchent le ciel
pourvu qu'il pleuve
on peut marcher sans fatigue
jusqu'à l'océan ou plus loin
là-bas la mer bat comme un cœur
plus près la tendresse quotidienne
des lumières et des aboiements
le ciel a découvert la terre
et le monde est bleu
pourvu qu'il pleuve
et le monde sera content
il y a aussi des femmes qui rient en me regardant
des femmes dont je ne sais même pas le nom
les enfants crient dans leur volière du Luxembourg
le soleil a bien changé depuis six mois
il y a tant de choses qui dansent devant moi
mes amis endormis aux quatre coins
je les verrai demain
André aux yeux couleur de planète
Jacques Louis Théodore
le grand Paul mon cher arbre
et Tristan dont le rire est un grand paon
vous êtes vivants
j'ai oublié vos gestes et votre vraie voix
mais ce soir je suis seul je suis Philippe Soupault
je descends lentement le boulevard Saint Michel
je ne pense à rien
je compte les réverbères que je connais si bien
en m'approchant de la Seine
                    près des Ponts de Paris

et je parle tout haut
toutes les rues sont des affluents
quand on aime ce fleuve où coule tout le sang de
     Paris
et qui est sale comme une sale putain
mais qui est aussi la Seine simplement
à qui on parle comme à sa maman
j'étais tout près d'elle
qui s'en allait sans regret et sans bruit
son souvenir éteint était une maladie
je m'appuyais sur le parapet
comme on s'agenouille pour prier
les mots tombaient comme des larmes
douces comme des bonbons
Bonjour Rimbaud comment vas-tu
Bonjour Lautréamont comment vous portez-vous
j'avais vingt ans pas un sou de plus
mon père est né à Saint-Malo
et ma mère vit le jour en Normandie
moi je fus baptisé au Canada
Bonjour moi
Les marchands de tapis et les belles demoiselles
qui traînent la nuit dans les rues
ceux qui gardent dans les yeux la douceur des lampes
ceux à qui la fumée d'une pipe et le verre de vin
semblent tout de même un peu fades
me connaissent sans savoir mon nom
et me disent en passant Bonjour vous
et cependant il y a dans ma poitrine
des petits soleils qui tournent avec un bruit de plomb
grand géant du boulevard
homme tendre du palais de justice
la foudre est-elle plus jolie au printemps
Ses yeux ma foudre sont des ciseaux
chauffeurs il me reste encore sept cartouches
pas une de plus pas une de moins
pas une d'elles n'est pour vous
vous êtes laids comme des interrogatoires
et je lis sur tous les murs

tapis tapis tapis et tapis
les grands convois des expériences
près de nous près de moi
allumettes suédoises

Les nuits de Paris ont ces odeurs fortes
que laissent les regrets et les maux de tête
et je savais qu'il était tard
et que la nuit
la nuit de Paris allait finir
comme les jours de fêtes
tout était bien rangé
et personne ne disait mot
j'attendais les trois coups
le soleil se lève comme une fleur
qu'on appelle je crois pissenlit
les grandes végétations mécaniques
qui n'attendaient que les encouragements
grimpent et cheminent
fidèlement
on ne sait plus s'il faut les comparer
au lierre
ou aux sauterelles
la fatigue s'est-elle envolée
je vois les mariniers qui sortent
pour nettoyer le charbon
les mécaniciens des remorqueurs
qui roulent une première cigarette
avant d'allumer la chaudière
là-bas dans un port
un capitaine sort son mouchoir
pour s'éponger la tête
par habitude
et moi le premier ce matin
je dis quand même
Bonjour
Philippe Soupault

Westwego
© Philippe Soupault

FUNÈBRE

Monsieur Miroir marchand d'habits
est mort hier soir à Paris
Il fait nuit
Il fait noir
Il fait nuit noire à Paris.

Chansons
© Philippe Soupault

Benjamin Péret

LES JEUNES FILLES TORTURÉES

Près d'une maison de soleil et de cheveux blancs
une forêt se découvre des facultés de tendresse
et un esprit sceptique

Où est le voyageur demande-t-elle

Le voyageur forêt se demande de quoi demain sera
    fait
Il est malade et nu
Il demande des pastilles et on lui apporte des herbes
    folles
Il est célèbre comme la mécanique
Il demande son chien
et c'est un assassin qui vient venger une offense

La main de l'un est sur l'épaule de l'autre

C'est ici qu'intervient l'angoisse une très belle femme
    en manteau de vison

Est-elle nue sous son manteau
Est-elle belle sous son manteau
Est-elle voluptueuse sous son manteau
Oui oui oui et oui
Elle est tout ce que vous voudrez

elle est le plaisir tout le plaisir l'unique plaisir
celui que les enfants attendent au bord de la forêt
celui que la forêt attend auprès de la maison

Le Grand Jeu

LA CHAIR HUMAINE

Une femme charmante qui pleurait
habillée de noir et de gris
m'a jeté par la fenêtre du ciel
Ah que la chute était grande ce jour où mourut le
    cuivre
Longtemps la tête pleine de becs d'oiseaux multi-
    formes
j'errai alentour des suaires
et j'attendai devant les gares
qu'arrive le corbillard qui en fait sept fois le tour
Parfois une femme au regard courbe
m'offrait son sein ferme comme une pomme
Alors j'étais pendant des jours et des jours
sans revoir la nuit et ses poissons
Alors j'allais par les champs bordés de jambes de
    femme
cueillir la neige et les liquides odorants
dont j'oignais mes oreilles
afin de percevoir le bruit que font les mésanges en mou-
    rant
Parfois aussi une vague de feuilles et de fruits
déferlait sur mon échine
me faisait soupirer
après l'indispensable vinaigre
Et je courais et je courais à la recherche de la pierre
    folle

que garde une jambe céleste
Un jour pourtant plein d'une brumeuse passion
je longeais un arbre abattu par le parfum d'une femme
 rousse
Mes yeux me précédaient dans cet océan tordu
comme le fer par la flamme
et écartaient les sabres emmêlés
J'aurais pu forcer la porte
enroulée autour d'un nuage voluptueux
mais lassé des Parques et autres Pénélopes
je courbai mon front couvert de mousses sanglantes
et cachai mes mains sous le silence d'une allée
Alors vint une femme charmante
habillée de noir et de gris
qui me dit
Pour l'amour des meurtres
tais-toi
Et emporté par le courant
j'ai traversé des contrées sans lumière et sans voix
où je tombais sans le secours de la pesanteur
où la vie était l'illusion de la croissance
jusqu'au jour éclairé par un soleil de nacre
où je m'assis sur un banc de sel
attendant le coup de poignard définitif

Le Grand Jeu

ÉPITAPHE SUR UN MONUMENT
AUX MORTS DE LA GUERRE

Le général nous a dit
le doigt dans le trou du cul
L'ennemi

est par là Allez
C'était pour la patrie
Nous sommes partis
le doigt dans le trou du cul
La patrie nous l'avons rencontrée
le doigt dans le trou du cul
La maquerelle nous a dit
le doigt dans le trou du cul
Mourez ou
sauvez-moi
le doigt dans le trou du cul

Nous avons rencontré le kaiser
le doigt dans le trou du cul
Hindenburg Reischoffen Bismarck
le doigt dans le trou du cul
le grand-duc X Abdul-Amid Sarajevo
le doigt dans le trou du cul
des mains coupées
le doigt dans le trou du cul
Ils nous ont cassé les tibias
le doigt dans le trou du cul
dévoré l'estomac
le doigt dans le trou du cul
percé les couilles avec des allumettes
le doigt dans le trou du cul
et puis tout doucement
nous sommes crevés
le doigt dans le trou du cul
Priez pour nous
le doigt dans le trou du cul

Je ne mange pas de ce pain-là
© Losfeld

Robert Desnos

Notre paire quiète, ô yeux !
que votre « non » soit sang (t'y fier ?)
que votre araignée rie,
que votre vol honteux soit fête (au fait)
sur la terre (commotion).

Donnez-nous, aux joues réduites,
notre pain quotidien.
Part, donnez-nous, de nos œufs foncés
comme nous part donnons
à ceux qui nous ont offensés.
Nounou laissez-nous succomber à la tentation
et d'aile ivrez-nous du mal.

Corps et biens

J'AI TANT RÊVÉ DE TOI

J'ai tant rêvé de toi que tu perds ta réalité.
Est-il encore temps d'atteindre ce corps vivant et de
baiser sur cette bouche la naissance de la voix qui m'est
chère ?

J'ai tant rêvé de toi que mes bras habitués en étreignant ton ombre à se croiser sur ma poitrine ne se plieraient pas au contour de ton corps, peut-être.

Et que, devant l'apparence réelle de ce qui me hante et me gouverne depuis des jours et des années, je deviendrais une ombre sans doute.

Ô balances sentimentales.

J'ai tant rêvé de toi qu'il n'est plus temps sans doute que je m'éveille. Je dors debout, le corps exposé à toutes les apparences de la vie et de l'amour et toi, la seule qui compte aujourd'hui pour moi, je pourrais moins toucher ton front et tes lèvres que les premières lèvres et le premier front venu.

J'ai tant rêvé de toi, tant marché, parlé, couché avec ton fantôme qu'il ne me reste plus peut-être, et pourtant, qu'à être fantôme parmi les fantômes et plus ombre cent fois que l'ombre qui se promène et se promènera allégrement sur le cadran solaire de ta vie.

Corps et biens

LES QUATRE SANS COU

Ils étaient quatre qui n'avaient plus de tête,
Quatre à qui l'on avait coupé le cou,
On les appelait les quatre sans cou.

Quand ils buvaient un verre,
Au café de la place ou du boulevard,
Les garçons n'oubliaient pas d'apporter des entonnoirs.

Quand ils mangeaient, c'était sanglant,
Et tous quatre chantant et sanglotant,
Quand ils aimaient, c'était du sang.

Quand ils couraient, c'était du vent,
Quand ils pleuraient, c'était vivant,
Quand ils dormaient, c'était sans regret.

Quand ils travaillaient, c'était méchant,
Quand ils rôdaient, c'était effrayant,
Quand ils jouaient, c'était différent,

Quand ils jouaient, c'était comme tout le monde,
Comme vous et moi, vous et nous et tous les autres,
Quand ils jouaient, c'était étonnant.

Mais quand ils parlaient, c'était d'amour.
Ils auraient pour un baiser
Donné ce qui leur restait de sang.

Leurs mains avaient des lignes sans nombre
Qui se perdaient parmi les ombres
Comme des rails dans la forêt.

Quand ils s'asseyaient, c'était plus majestueux que des
       rois
Et les idoles se cachaient derrière leurs croix
Quand devant elles ils passaient droits.

On leur avait rapporté leur tête
Plus de vingt fois, plus de cent fois,
Les ayant retrouvés à la chasse ou dans les fêtes,

Mais jamais ils ne voulurent reprendre
Ces têtes où brillaient leurs yeux,
Où les souvenirs dormaient dans leur cervelle.

Cela ne faisait peut-être pas l'affaire
Des chapeliers et des dentistes.
La gaieté des uns rend les autres tristes.

Les quatre sans cou vivent encore, c'est certain.
J'en connais au moins un
Et peut-être aussi les trois autres.

Le premier, c'est Anatole,
Le second, c'est Croquignole,
Le troisième, c'est Barbemolle,
Le quatrième, c'est encore Anatole.

Je les vois de moins en moins,
Car c'est déprimant, à la fin,
La fréquentation des gens trop malins.

Fortunes

COMME

Come, dit l'Anglais à l'Anglais, et l'Anglais vient.
Côme, dit le chef de gare, et le voyageur qui vient dans
    cette ville descend du train sa valise à la main.
Come, dit l'autre, et il mange.
Comme, je dis comme et tout se métamorphose, le mar-
    bre en eau, le ciel en orange, le vin en plaine, le fil en
    six, le cœur en peine, la peur en seine.
Mais si l'Anglais dit as, c'est à son tour de voir le monde
    changer de forme à sa convenance
Et moi je ne vois plus qu'un signe unique sur une
    carte :
L'as de cœur si c'est en février,
L'as de carreau et l'as de trèfle, misère en Flandre,
L'as de pique aux mains des aventuriers.
Et si cela me plaît à moi de vous dire machin,
Pot à eau, mousseline et potiron.
Que l'Anglais dise machin,

Que machin dise le chef de gare,
Machin dise l'autre,
Et moi aussi.
Machin.
Et même machin chose.
Il est vrai que vous vous en foutez
Que vous ne comprenez pas la raison de ce poème.
Moi non plus d'ailleurs.
Poème, je vous demande un peu ?
Poème ? je vous demande un peu de confiture,
Encore un peu de gigot,
Encore un petit verre de vin
Pour nous mettre en train...
Poème, je ne vous demande pas l'heure qu'il est.
Poème, je ne vous demande pas si votre beau-père est
     poilu comme un sapeur.
Poème, je vous demande un peu... ?

Poème, je ne vous demande pas l'aumône,
Je vous la fais.
Poème, je ne vous demande pas l'heure qu'il est,
Je vous la donne.
Poème, je ne vous demande pas si vous allez bien,
Cela se devine.
Poème, poème, je vous demande un peu...
Je vous demande un peu d'or pour être heureux avec
     celle que j'aime.

Fortunes

LA GIRAFE

La girafe et la girouette,
Vent du sud et vent de l'est,
Tendent leur cou vers l'alouette,
Vent du nord et vent de l'ouest.

Toutes deux vivent près du ciel,
Vent du sud et vent de l'est,
À la hauteur des hirondelles,
Vent du nord et vent de l'ouest.

Et l'hirondelle pirouette,
Vent du sud et vent de l'est,
En été sur les girouettes,
Vent du nord et vent de l'ouest.

L'hirondelle fait des paraphes,
Vent du sud et vent de l'est,
Tout l'hiver autour des girafes,
Vent du nord et vent de l'ouest.

Chantefables et chantefleurs
©Gründ

LE PAYSAGE

J'avais rêvé d'aimer. J'aime encor mais l'amour
Ce n'est plus ce bouquet de lilas et de roses
Chargeant de leurs parfums la forêt où repose
Une flamme à l'issue de sentiers sans détours.

J'avais rêvé d'aimer. J'aime encor mais l'amour
Ce n'est plus cet orage où l'éclair superpose
Ses bûchers aux châteaux, déroute, décompose,
Illumine en fuyant l'adieu du carrefour.

C'est le silex en feu sous mon pas dans la nuit,
Le mot qu'aucun lexique au monde n'a traduit,
L'écume sur la mer, dans le ciel ce nuage.

À vieillir tout devient rigide et lumineux,
Des boulevards sans noms et des cordes sans nœuds.
Je me sens me roidir avec le paysage.

Contrée

Catherine Pozzi

AVE

Très haut amour, s'il se peut que je meure
Sans avoir su d'où je vous possédais,
En quel soleil était votre demeure
En quel passé votre temps, en quelle heure
Je vous aimais,

Très haut amour qui passez la mémoire,
Feu sans foyer dont j'ai fait tout mon jour,
En quel destin vous traciez mon histoire,
En quel sommeil se voyait votre gloire,
Ô mon séjour...

Quand je serai pour moi-même perdue
Et divisée à l'abîme infini,
Infiniment, quand je serai rompue,
Quand le présent dont je suis revêtue
Aura trahi,

Par l'univers en mille corps brisée,
De mille instants non rassemblés encor,
De cendre aux cieux jusqu'au néant vannée,
Vous referez pour une étrange année
Un seul trésor

Vous referez mon nom et mon image
De mille corps emportés par le jour,

Vive unité sans nom et sans visage,
Cœur de l'esprit, ô centre du mirage
Très haut amour.

Poèmes

NYX

À Louise aussi de Lyon et d'Italie.

Ô vous mes nuits, ô noires attendues
Ô pays fier, ô secrets obstinés
Ô longs regards, ô foudroyantes nues
Ô vol permis outre les cieux fermés.

Ô grand désir, ô surprise épandue
Ô beau parcours de l'esprit enchanté
Ô pire mal, ô grâce descendue
Ô porte ouverte où nul n'avait passé

Je ne sais pas pourquoi je meurs et noie
Avant d'entrer à l'éternel séjour.
Je ne sais pas de qui je suis la proie.
Je ne sais pas de qui je suis l'amour.

Poèmes

Marie Noël

LA MORTE ET SES MAINS
TRISTES...

La Morte et ses mains tristes
Arrive au Paradis.

« D'où reviens-tu, ma fille,
Si pâle en plein midi ?

— Je reviens de la terre
Où j'avais un pays,

De la saison nouvelle
Où j'avais un ami.

Il m'a donné trois roses
Mais jamais un épi.

Avant la fleur déclose,
Avant le blé mûri,

Hier il m'a trahie.
J'en suis morte aujourd'hui.

— Ne pleure plus, ma fille
Le temps en est fini.

Nous enverrons sur terre
Un ange en ton pays,

Quérir ton ami traître,
Le ramener ici.

— N'en faites rien, mon Père
La terre laissez-lui.

Sa belle y est plus belle
Que belle je ne suis,

Las ! et faudra, s'il pleure
Sans elle jour et nuit

Que de nouveau je meure
D'en avoir trop souci. »

Chants d'arrière-saison
© Stock

Robert Goffin

SAUVAGINE

Dans l'eau du lac laqué de lune
Se dénoue un rouet de brumes
Des margelles fraîches de l'aube
Une sauvagine dérobe
Au ciel des aurores de plumes

Un sphérique saule amarré
Au bord de glauques catacombes
Délivre pour mieux s'évader
Parmi les fleurs fluides de l'onde
La rime riche de son ombre

Torpeur des combes et des haies
Dans l'inhabitable vallée
Où mûrit un fertile hiver
Dont vibrante s'est envolée
La sauvagine d'un beau vers

Mon imperceptible raison
Tâtonnante d'évasion
Frémit aux frontières du givre
Un train bat de tous ses wagons
Nos lentes vitesses de vivre

Ombre sur le ciel des étangs
Plumes bleues de l'aurore ailée

Poème jazz ou giboulée
Je retourne à vos éléments
Projectiles de la durée

Vers l'eau du soir veuve de gué
Par l'aube de tes yeux rouillés
Dans des vers ceinturés de rimes
J'entends je vois je sens passer
Les sauvagines de l'abîme.

Voleur de feu
©Éditions Universitaires

COLEMAN HAWKINS

Soudain
Il ferme les volets roses d'aubépine
Les yeux clos
Le voici qui dérape au guidon de son saxophone
Il brûle
Du mal des Ardents
Et du parfum des corolles de chair
Il poursuit l'ombre de son ténor
À coups d'uppercuts caressants
Shadow-boxing de la nuit
Ses doigts express effeuillent à tout vent les marguerites
    du métal
Encore
Encore un
Encore un chorus, Coleman Hawkins
Il reprend en soufflant plus fort
Renoncules tendres de ses paupières
Encore un refrain juteux
Swing it, Coleman

Et il balance de possession
Revenu des grands fonds de *Body and Soul*
Il se balade très haut
Avec les anges invisibles de la frénésie
L'air manque
Danse de Saint-Guy du black bottom
Vite un casque pneumatique
Au loin
La terre est minuscule
Encore un octave plus haut
Donnez-moi le bémol de cette teinte orange
Au glissando des cuisses bronzées
Contre-ut gratte-ciel
Et tout à coup du fond des siècles
Ton saxophone est vide dans tes mains
Maintenant l'aurore peut se lever sur Manhattan
Coleman Hawkins a ouvert les yeux
Et il regarde comme les anges musiciens de Saint-
  Bavon.

Voleur de feu
©Éditions Universitaires

Géo Norge

LES QUATRE ÉLÉMENTS

TERRE.

> Bon manger de terre,
> Bêtes et gens !
> Puis irez vous taire
> Terriblement.

EAU.

> Tout bu, toute l'eau
> Des mers sonores
> Et le cœur dit : ô,
> J'ai soif encore.

FEU.

> Seul feu, seule flamme
> C'est feu d'enfer
> Qui sait cuire l'âme
> Avec la chair.

AIR.

> L'espace infini
> Pour toi se cambre ;
> Eh ! désir voici
> Enfin ta chambre.

Les Râpes
© Seghers

MONSIEUR

Je vous dis de m'aider,
Monsieur est lourd.
Je vous dis de crier,
Monsieur est sourd.
Je vous dis d'expliquer,
Monsieur est bête.
Je vous dis d'embarquer,
Monsieur regrette.
Je vous dis de l'aimer,
Monsieur est vieux.
Je vous dis de prier,
Monsieur est Dieu.
Éteignez la lumière,
Monsieur s'endort.
Je vous dis de vous taire,
Monsieur est mort.

Famines
© Géo Norge

LA FAUNE

Et toi, que manges-tu, grouillant ?
— Je mange le velu qui digère le
pulpeux qui ronge le rampant.

Et toi, rampant, que manges-tu ?
— Je dévore le trottinant, qui bâfre
l'ailé qui croque le flottant.

Et toi, flottant, que manges-tu ?
— J'engloutis le vulveux qui suce
le ventru qui mâche le sautillant.

Et toi, sautillant, que manges-tu ?
— Je happe le gazouillant qui gobe
le bigarré qui égorge le galopant.

Est-il bon, chers mangeurs, est-il
bon, le goût du sang ?
— Doux, doux ! tu ne sauras jamais
comme il est doux, herbivore !

Famines
© Géo Norge

LA BONNE FILLE

Et chaque nuit, la merveilleuse enfant du geôlier se promenait toute nue dans les cellules et donnait du plaisir à tous les prisonniers. Quel pain d'amour avec le cruchon, la gamelle. Ineffable chaleur, on t'a bien reconnue, va ! Ô poésie, ô fleur de cadenas.

La Langue verte

L'ÂME DU BOULANGER

Mon âme et moi, nous nous voyons très peu :
Elle a sa vie et ne m'en parle guère.
Je connais mal ses loisirs oublieux,
Moi, je n'ai pas le temps ; j'ai mes affaires.

Un boulanger, ça ne dort pas beaucoup ;
Toujours le four qui ronfle et la levure
En mal d'amour dans la pâte au long cou.
Pâte et pétrin, voilà mon aventure.

Ma pâte est chair que j'engrosse des mains,
Ma forte fille au ventre chaud et grave,
Ma femme lisse et ma pliante esclave,
Tous mes élans aboutis jusqu'au pain.

L'autre divague et court la prétentaine !
Quand son museau se blottit sous mes bras,
Je sens un souffle étreint d'histoires vaines
Au lendemain de quel fol opéra !

Comment savoir d'où lui viennent ces robes
Où parfois brille une grenaille en feu
Et qui ressemble aux flammèches des globes
Qu'on voit cligner dans l'épaisseur des cieux.

Moi, ruminer ses conseils saugrenus,
Moi l'écouter, faisant la bête ou l'ange ?
Elle exagère ! Et l'instant est venu
Que je me plonge à fond dans ma boulange.

Ah ! pauvre jeune biche, âme farouche,
Dors bien, mais dors. Et n'ouvre pas les dents.
Promène un peu tes cheveux sur ma bouche,
Puis laisse-moi. La farine m'attend.

Les Quatre Vérités

Jacques Audiberti

SI JE MEURS

Si je meurs, qu'aille ma veuve
à Javel près de Citron.
Dans un bistrot elle y trouve,
à l'enseigne du Beau Brun,

trois musicos de fortune
qui lui joueront – mi, ré, mi
l'air de la petite Tane
qui m'aurait peut-être aimé

puisqu'elle n'offrait qu'une ombre
sur le rail des violons.
Mon épouse, ô ma novembre,
sous terre les jours sont lents.

Race des hommes

L'ODE À LA TERRE

À Valery Larbaud.

C'est moi le blanc dedans votre douceur, forêts !
Mon visage redit, quand, souple, je me trais
des houx, avec, aux gants, l'ouragan, le céleste
flamboiement, assourdi par ces tufs qu'il moleste.
Je trouve, à l'aube, secs, les fantômes du soir.
Je ne sais que manger et jamais ne surseoir
et, sommaire lutteur que formèrent de crues
nourrices, m'expliquer au coin vert de nos rues.
Je dors sur quelque branche plate au fil coupant.

Le poivre d'une odeur que mon frisson suspend
souffle... Il froisse ma bouche... Il me glace l'insecte
de l'ombilic... Soudain je m'esclaffe... La secte
des fauves érigés, sous mon gîte arboré,
surgit, lente et scandée, aux perrons du fourré !
Par l'aire désherbée, ample comme une salle,
ils marchent, affublés de tête énorme et sale
et percés du rayon de la lune des croix.
Soumis, au sein du songe, à de formels arrois,
ils se fixent, debout, aussi nets que leur lance.

À promulguer le sang, sans pitié, je balance.
Cocasses, ces laptots vivent, et ce qui vit
adore s'écrouler sur le tertre assouvi...
Par mes armes guettés, grosses d'ouvertes cages,
qu'ils congratulent donc la muse des bocages !
Moi perçu, rompent-ils les rythmiques parois,
je décoche ce fer fertile en guerriers froids.
Puis, noisettes que peuple une fatale abeille,
pleuvez ! Mais nulle peur, dans le bal, ne s'éveille.
Les prêtres de la pure ornés d'opaque lis
se déduisent, voltant, comme, du fils, le fils

Seigneur de l'incurie et de nulle patrie,
je me désire, aussi, d'un cirque, et que j'y crie !
Je suppute l'honneur des communes humeurs.
Que font-ils ? Chacun d'eux, sous les rousses tumeurs,
tigré de chaux, tiré d'un fémur de famine,
ignorant ma candeur qui s'accorde ou fulmine,
appelle, à minces pas, l'ultime avènement,
l'éloigne chèrement et, délicat amant
qu'alourdit le scrupule où l'acteur se relance,
moud, des orteils, le mil, doux, de la violence.
Leurs javelots, enfin, frappent la dure.

                      Dans
les postiches museaux vibrent, jusqu'à mes dents,
des grognements où rôde un pouvoir taciturne.
Couché sur le cylindre et l'isthme de ma turne,
mon corps pontifical élabore l'élan
vers l'allégresse, à quoi vont ces strophes collant,
qui coud, dans l'heure douce où bêlât la chimère,
les rondes à la peau sensible de la mère.
L'amble croît. La rumeur gonfle quatorze fois.
Ramassés au totem des cagoules, je vois
l'argent de la prunelle et l'or de la molaire
des braves épelant l'ombre qui nous tolère.
Sévères donateurs du colossal festin,.
ils circonscrivent, mort, le nombre du matin.
Pendu, d'unique main, aux glissantes écorces,
j'entérine leur air du plus bas de mes forces.
« J'épuiserai ma soif aux lois de tes mulots.
« Je taillerai ma joie au bois de tes bouleaux.
« Que ton ventre me porte et me baignent ses outres !
« Que son antre me sculpte et me peignent ses loutres !
« Alme, alme, alme beauté des bêtes et des flots,
« je me cambre, bulbeux, sur tes calmes îlots.
« L'huile de ta pitié m'enduit, puisque je saigne.
« Mes paumes claqueront en faveur de ton règne... »
Ahohih ! Un peu plus, je frôlais les garous.
Moins prompt aux traquenards des spectres du chien
    roux,

gagnons d'un coup de reins l'échafaud tutélaire.
Le soufre chante. Nul de ces fols ne me flaire.
Ils marchent et, toujours, au même lieu, le noir
dame, avec son épieu, la nuit du promenoir...
« ... Lisse de tes galets mais inscrit par tes ongles
« je goûte ma salure aux piments de tes jungles.
« La palme de tes doigts me berce entre les trois
« objets qui d'une case accablent les détroits.
« Pas un palais n'atteint au creux de tes poils fastes
« et j'apprends le destin dès que tu me dévastes. »
Ah ! que c'est bon ! que c'est ! bon, que c'est bon !
   que c'est
bon de chasser le pus dans une âme amassé !
Je brûle d'accomplir la perle de mes sommes.

D'une Anglaise attachée à la terre des hommes
je naquis chez la sylve et l'on me filme. Mais,
saisi par l'objectif, votre objectif j'omets.
Outrepassant, hagard, les farces assumées,
je regarde opérer les antiques fumées.
Je me décide tel, sous leur crâne hérité,
que ces meneurs d'extrême, étale vérité.
Recruté par l'odeur de l'ardeur empirique,
j'abandonne, à l'aubier, ma dague. La pyrrhique
céphalophore se poursuit, qui me reçoit.
Notre absurde oraison ressuscite le soi.
Serf d'une avidité qui, sombre, ne remembre,
je me guinde parmi les longs mulets du membre.
Au centre du laurier de l'absence de noms,
nous sautons, nous hurlons, nous bavons. Nous tour-
   nons !
Les moignons du félin promu cimier barbare
entent l'aile de feu sur la nuque bambare.
Je décore, étendard du veuvage éternel,
l'espace défini par le rite charnel.
Le chacal, fils du porc et père de la louve,
à travers la volute et la poussière approuve
l'ancestrale parade à ses maigres faubourgs.
Les gazelles, leur cœur imitant nos tambours,

préfèrent, las du chef, de l'âcre synonyme,
que je me dilapide et que je me ranime
sur les pistes d'un ciel d'ocre, d'urne, et de poix.
De la terre forcée agit, mauve, le poids.
Une langueur murmure où l'estoc la perfore.
Gibier qui nous cernez de lampes de phosphore,
attestez ! La nature, amoureuse, frémit.
L'abîme inexploré bâille mieux qu'à demi.
Roucoule l'épaisseur de l'étoile troussée.
Le lingue infatigable étonne la pensée.
Quand les valseurs, farauds dans l'éclat du héros,
hurlent autour le moi, tube à sept soupiraux,
plus ours que l'ours de l'ours, plus feuille que la feuille
de la feuille, j'exploite, au branle qui m'accueille,
la rapace, têtue et calcaire vertu
que mes frères, ailleurs, ennemis du statut,
loin des rouges glaciers de l'africaine orgie
préposent à l'infinité d'une magie
comble de leur refus de ces transes par où
l'esclave filtre hors de l'adopté verrou...
« ... Grenue intimité du mont de notre carne,
« je veux ouvrir sur toi la neigeuse lucarne.
« Molle solidité qui figures l'essieu,
« je veux ramper vers toi sur ma rive sans dieu.
« Ta broussaille convient aux terreurs abrogées.
« L'incertitude obtienne ailleurs des apogées
« pleins de pigeons de stuc où le délire assied
« les imposteurs issus du vernis de ton pied. »
La giratoire humour s'apaise. Vers les huttes
galopez, figurants forcenés qui m'échûtes !
Moi, je dois m'habiller, me raser...

                                    Lors me pleut
une pique en plein front hors d'un poing rose et bleu.
Phénomène subtil des gueules concentrées,
je gagne, droit et vif, les profondes contrées.
Flottant, d'elles drapé, je regarde dormir
la reine, le livreur, la concierge, l'émir.
Juste un pâle réseau les défend des bonaces.
Chez eux, parfois, un couple épris du crin des nasses

proclame que l'éclair chérit l'obscur pilou.
Puis, désertant le mâle et la femme et son loup,
il retourne au sommeil que la terre constelle
d'archipels de membrane où fleurir devant elle.

Race des hommes

L'ÎLE DE PORT-CROS

Dos croisés sous les fleurs, future Corsica,
l'étoile où jusqu'au cœur le bras du pin se risque,
saignante d'arbousiers, résonne de lentisque...
Dans le ciel de la mer sous le riche mica

de son pourpre soleil émeraude et muscat
à l'oc trop investi nos dieux elle confisque,
l'infini cigalon, le tendre souffle. Puisque
mon enfance, divine, avec eux s'embarqua,

par les gorges d'azur je rejoigne cette île
où ma source cotise à la braise subtile.
Les cymbales du mâle et le vent revenu

m'y proposent mes airs au large impérissables
et sur la chair limpide et pucelle des sables
je découvre soudain l'ombre de mon pied nu.

Race des hommes

Henri Michaux

LE GRAND COMBAT

À R.-M. Hermant.

Il l'emparouille et l'endosque contre terre ;
Il le rague et le roupète jusqu'à son drâle ;
Il le pratèle et le libucque et lui barufle les ouillais ;
Il le tocarde et le marmine,
Le manage rape à ri et ripe à ra.
Enfin il l'écorcobalisse.

L'autre hésite, s'espudrine, se défaisse, se torse et se
    ruine.
C'en sera bientôt fini de lui ;
Il se reprise et s'emmargine... mais en vain
Le cerceau tombe qui a tant roulé.
Abrah ! Abrah ! Abrah !
Le pied a failli !
Le bras a cassé !
Le sang a coulé !
Fouille, fouille, fouille,
Dans la marmite de son ventre est un grand secret
Mégères alentour qui pleurez dans vos mouchoirs ;
On s'étonne, on s'étonne, on s'étonne
Et on vous regarde
On cherche aussi, nous autres, le Grand Secret.

Qui je fus

MES OCCUPATIONS

Je peux rarement voir quelqu'un sans le battre. D'autres préfèrent le monologue intérieur. Moi, non. J'aime mieux battre.

Il y a des gens qui s'assoient en face de moi au restaurant et ne disent rien, ils restent un certain temps, car ils ont décidé de manger.

En voici un.

Je te l'agrippe, toc.

Je te le ragrippe, toc.

Je le pends au portemanteau.

Je le décroche.

Je le repends.

Je le redécroche.

Je le mets sur la table, je le tasse et l'étouffe.

Je le salis, je l'inonde.

Il revit.

Je le rince, je l'étire (je commence à m'énerver, il faut en finir), je le masse, je le serre, je le résume et l'introduis dans mon verre, et jette ostensiblement le contenu par terre, et dis au garçon : « Mettez-moi donc un verre plus propre. »

Mais je me sens mal, je règle promptement l'addition et je m'en vais.

Mes propriétés

AU LIT

La maladie que j'ai me condamne à l'immobilité absolue au lit. Quand mon ennui prend des proportions

excessives et qui vont me déséquilibrer si l'on n'inter-
vient pas, voici ce que je fais :

J'écrase mon crâne et l'étale devant moi aussi loin
que possible et quand c'est bien plat, je sors ma cavale-
rie. Les sabots tapent clair sur ce sol ferme et jaunâtre.
Les escadrons prennent immédiatement le trot, et ça
piaffe, et ça rue. Et ce bruit, ce rythme net et multiple,
cette ardeur qui respire le combat et la Victoire, en-
chantent l'âme de celui qui est cloué au lit et ne peut
faire un mouvement.

Mes propriétés

MON SANG

Le bouillon de mon sang dans lequel je patauge
Est mon chantre, ma laine, mes femmes.
Il est sans croûte. Il s'enchante, il s'épand.
Il m'emplit de vitres, de granits, de tessons.
Il me déchire. Je vis dans les éclats.

Dans la toux, dans l'atroce, dans la transe
Il construit mes châteaux
Dans des toiles, dans des trames, dans des taches
Il les illumine.

Un certain Plume

MON ROI

Dans ma nuit, j'assiège mon Roi, je me lève progressivement et je lui tords le cou.

Il reprend des forces, je reviens sur lui, et lui tords le cou une fois de plus.

Je le secoue, et le secoue comme un vieux prunier, et sa couronne tremble sur sa tête.

Et pourtant, c'est mon Roi, je le sais et il le sait, et c'est bien sûr que je suis à son service.

Cependant, dans la nuit, la passion de mes mains l'étrangle sans répit. Point de lâcheté pourtant, j'arrive les mains nues et je serre son cou de Roi.

Et c'est mon Roi, que j'étrangle vainement depuis si longtemps dans le secret de ma petite chambre ; sa face d'abord bleuie, après peu de temps redevient naturelle, et sa tête se relève, chaque nuit, chaque nuit.

Dans le secret de ma petite chambre, je pète à la figure de mon Roi. Ensuite, j'éclate de rire. Il essaie de montrer un front serein, et lavé de toute injure. Mais je lui pète sans discontinuer à la figure, sauf pour me retourner vers lui, et éclater de rire à sa noble face, qui essaie de garder de la majesté.

C'est ainsi que je me conduis avec lui ; commencement sans fin de ma vie obscure.

Et maintenant je le renverse par terre, et m'assieds sur sa figure — son auguste figure disparaît — mon pantalon rude aux taches d'huile, et mon derrière — puisqu'enfin c'est son nom — se tiennent sans embarras sur cette face faite pour régner.

Et je ne me gêne pas, ah non, pour me tourner à gauche et à droite, quand il me plaît et plus même, sans m'occuper de ses yeux ou de son nez qui pourraient être dans le chemin. Je ne m'en vais qu'une fois lassé d'être assis.

Et si je me retourne, sa face imperturbable règne, toujours.

Je le gifle, je le gifle, je le mouche ensuite par dérision comme un enfant.

Cependant, il est bien évident que c'est lui le Roi, et moi son sujet, son unique sujet.

À coups de pied dans le cul, je le chasse de ma chambre. Je le couvre de déchets de cuisine et d'ordures. Je lui casse la vaisselle dans les jambes. Je lui bourre les oreilles de basses et pertinentes injures, pour bien l'atteindre à la fois profondément et honteusement, de calomnies à la Napolitaine particulièrement crasseuses et circonstanciées, et dont le seul énoncé est une souillure dont on ne peut plus se défaire, habit ignoble fait sur mesure : le purin vraiment de l'existence.

Eh bien, il me faut recommencer le lendemain.

Il est revenu ; il est là. Il est toujours là. Il ne peut pas déguerpir pour de bon. Il doit absolument m'imposer sa maudite présence royale dans ma chambre déjà si petite.

Il m'arrive trop souvent d'être impliqué dans des procès. Je fais des dettes, je me bats au couteau, je fais violence à des enfants, je n'y peux rien, je n'arrive pas à me pénétrer de l'esprit des Lois.

Quand l'adversaire a exposé ses griefs au tribunal, mon Roi écoutant à peine mes raisons reprend la plaidoirie de l'adversaire qui devient dans sa bouche auguste le réquisitoire, le préliminaire terrible qui va me tomber dessus.

À la fin seulement, il apporte quelques restrictions futiles.

L'adversaire, jugeant que c'est peu de chose, préfère retirer ces quelques griefs subsidiaires que le tribunal ne retient pas. Il lui suffit simplement d'être assuré du reste.

C'est à ce moment que mon Roi reprend l'argumentation depuis le début, toujours comme s'il la faisait sienne, mais en la rognant encore légèrement. Cela fait, et l'accord établi sur ces points de détail, il reprend encore l'argumentation, depuis le début, et, l'affaiblissant ainsi petit à petit, d'échelon en échelon, de reprise en reprise, il la réduit à de telles billevesées, que le tribunal honteux et les magistrats au grand complet se demandent comment on a osé les convoquer pour de pareilles vétilles, et un jugement négatif est rendu au milieu de l'hilarité et des quolibets de l'assistance.

Alors, mon Roi, sans plus s'occuper de moi que si je n'étais pas en question, se lève et s'en va impénétrable.

On peut se demander si c'est une besogne pour un Roi ; c'est là pourtant qu'il montre ce qu'il est, ce tyran, qui ne peut rien, rien laisser faire sans que sa puissance d'envoûtement ne soit venue se manifester, écrasante et sans recours.

Imbécile, qui tentai de le mettre à la porte ! Que ne le laissai-je dans cette chambre tranquillement, tranquillement sans m'occuper de lui.

Mais non. Imbécile que j'ai été, et lui, voyant comme c'était simple de régner, va bientôt tyranniser un pays entier.

Partout où il va, il s'installe.

Et personne ne s'étonne, il semble que sa place était là depuis toujours.

On attend, on ne dit mot, on attend que Lui décide.

Dans ma petite chambre viennent et passent les animaux. Pas en même temps. Pas intacts. Mais ils passent, cortège mesquin et dérisoire des formes de la nature. Le lion y entre la tête basse, pochée, cabossée comme un vieux paquet de hardes. Ses pauvres pattes flottent. Il progresse on ne sait comment, mais en tout cas comme un malheureux.

L'éléphant entre dégonflé et moins solide qu'un faon.

Ainsi du reste des animaux.

Aucun appareil. Aucune machine. L'automobile y

entre strictement laminée et ferait à la rigueur un par-
quet.

Telle est ma petite chambre où mon inflexible Roi ne
veut rien, rien qu'il n'ait malmené, confondu, réduit à
rien, où moi cependant j'ai appelé tant d'êtres à devenir
mes compagnons.

Même le rhinocéros, cette brute qui ne peut sentir
l'homme, qui fonce sur tout (et si solide, taillé en roc), le
rhinocéros lui-même un jour, entra en brouillard pres-
que impalpable, évasif et sans résistance... et flotta.

Cent fois plus fort que lui était le petit rideau de la
lucarne, cent fois plus que lui, le fort et l'impétueux
rhinocéros qui ne recule devant rien.

Mais mon Roi ne veut pas que les rhinocéros entrent
autrement que faibles et dégoulinants.

Une autre fois, peut-être lui permettra-t-il de circuler
avec des béquilles... et, pour le circonscrire, un sem-
blant de peau, une mince peau d'enfant qu'un grain de
sable écorchera.

C'est comme cela que mon Roi autorise les animaux
à passer devant nous. Comme cela seulement.

Il règne ; il m'a ; il ne tient pas aux distractions.

Cette petite menotte rigide dans ma poche, c'est tout
ce qui me reste de ma fiancée.

Une menotte sèche et momifiée (se peut-il vraiment
qu'elle fût à elle ?). C'est tout ce qu'il m'a laissé d'Elle.

Il me l'a ravie. Il me l'a perdue. Il me l'a réduite à
rien !

Dans ma petite chambre, les séances du palais sont
tout ce qu'il y a de plus misérable.

Même les serpents ne sont pas assez bas, ni rampants
pour lui, même un pin immobile l'offusquerait.

Aussi, ce qui paraît à sa Cour (à notre pauvre petite
chambre !) est-il si incroyablement décevant que le der-
nier des prolétaires ne saurait l'envier.

D'ailleurs, qui d'autre que mon Roi, et moi qui en ai
l'habitude, pourrait saisir quelque être respectueux
dans ces avances et reculs de matière obscure, ces petits

ébats de feuilles mortes, ces gouttes peu nombreuses qui tombent graves et désolées dans le silence.

Vains hommages, d'ailleurs !

Imperceptibles sont les mouvements de Sa face, imperceptibles.

La Nuit remue

LA NATURE, FIDÈLE À L'HOMME

Non, il est sans exemple que l'obscurité, éclairée par un grand feu de bois, tarde à s'en aller, ne s'en aille que nonchalamment et comme à contrecœur. C'est sur des points pareils que l'esprit humain assoit sa sécurité et non sur la notion du bien ou du mal.

Non seulement l'eau est toujours prête à bouillir, et n'attend que d'être chauffée, mais l'océan lui-même, au comble de sa fureur, n'a de forme que celle de son lit qu'un continent affaissé l'oblige d'occuper. Le reste est égratignures du vent.

Par cette soumission, l'eau plaît aux faibles, les étangs, les lacs leur plaisent. Ils y perdent leur sentiment d'infériorité. Ils peuvent enfin respirer. Ces grandes étendues de faiblesse leur montent à la tête en orgueil et triomphe soudain.

Qu'ils s'en gargarisent bien, car une fille moqueuse et un père sceptique, en moins de ça, les culbuteront de cette plate-forme inouïe, où ils s'imaginaient régner à jamais.

Lointain intérieur

AVENIR

Siècles à venir
Mon véritable présent, toujours présent,
obsessionnellement présent...

Moi qui suis né à cette époque où l'on hésitait encore à
    aller de Paris à Péking, quand l'après-midi était avan-
    cée, parce qu'on craignait de ne pouvoir rentrer pour
    la nuit.
Oh ! siècles à venir, comme je vous vois.

Un petit siècle épatant, éclatant, le 1400e siècle après
    J.-C., c'est moi qui vous le dis.
Le problème était de faire aspirer la lune hors du systè-
    me solaire. Un joli problème. C'était à l'automne de
    l'an 134957 qui fut si chaud, quand la lune commen-
    ça à bouger à une vitesse qui éclaira la nuit comme
    vingt soleils d'été, et elle partit suivant le calcul.
Siècles infiniment éloignés,
Siècles des homoncules vivant de 45 à 200 jours, grands
    comme un parapluie fermé, et possédant leur sagesse
    comme il convient,
Siècles des 138 espèces d'hommes artificiels, tous ou
    presque tous, croyant en Dieu — naturellement ! —
    et pourquoi non ? volant sans dommage pour leur
    corps soit dans la stratosphère, soit à travers 20
    écrans de gaz de guerre.

Je vous vois,

Mais non je ne vous vois pas.
Jeunes filles de l'an douze mille, qui dès l'âge où l'on se
    regarde dans un miroir, aurez appris à vous moquer
    de nos lourds efforts de mal dételés de la terre.
Que vous me faites mal déjà.

Un jour pour être parmi vous et je donnerais toute ma
 vie tout de suite.
Pas un diable hélas pour me l'offrir.

Les petites histoires d'avions (on en était encore au
 pétrole, vous savez les moteurs à explosion), les pro-
 fondes imbécillités d'expériences sociales encore en-
 fantines ne nous intéressaient plus, je vous assure.

On commençait à détecter l'écho radioélectrique en
 direction du Sagittaire situé à 2 250 000 kilomètres
 qui revient après 15 secondes et un autre tellement
 plus effacé, situé à des millions d'années-lumière ; on
 ne savait encore qu'en faire.
Vous qui connaîtrez les ultra-déterminants de la pensée
 et du caractère de l'homme, et sa surhygiène
qui connaîtrez le système nerveux des grandes nébuleu-
 ses
qui serez entrés en communication avec des êtres plus
 spirituels que l'homme, s'ils existent
qui vivrez, qui voyagerez dans les espaces interplanétai-
 res,
Jamais, Jamais, non JAMAIS, vous aurez beau faire,
 jamais ne saurez quelle misérable banlieue c'était que
 la Terre. Comme nous étions misérables et affamés
 de plus Grand.
Nous sentions la prison partout, je vous le jure.
Ne croyez pas nos écrits (les professionnels, vous sa-
 vez...)
On se mystifiait comme on pouvait, ce n'était pas drôle
 en 1937, quoiqu'il ne s'y passât rien, rien que la mi-
 sère et la guerre.

On se sentait là, cloué dans ce siècle,
Et qui irait jusqu'au bout ? Pas beaucoup. Pas moi...

On sentait la délivrance poindre, au loin, au loin, pour
 vous.
On pleurait en songeant à vous,

Nous étions quelques-uns.
Dans les larmes nous voyions l'immense escalier des siè-
    cles et vous au bout,
nous en bas,
Et on vous enviait, oh ! Comme on vous enviait
    et on vous haïssait, il ne faudrait pas croire, on vous
    haïssait aussi, on vous haïssait...

Lointain intérieur

CLOWN

Un jour,
Un jour, bientôt peut-être.
Un jour j'arracherai l'ancre qui tient mon navire loin
des mers.
Avec la sorte de courage qu'il faut pour être rien et
rien que rien, je lâcherai ce qui paraissait m'être indisso-
lublement proche.
Je le trancherai, je le renverserai, je le romprai, je le
ferai dégringoler.
D'un coup dégorgeant ma misérable pudeur, mes
misérables combinaisons et enchaînements « de fil en
aiguille ».
Vidé de l'abcès d'être quelqu'un, je boirai à nouveau
l'espace nourricier.
À coups de ridicules, de déchéances (qu'est-ce que la
déchéance ?), par éclatement, par vide, par une totale
dissipation-dérision-purgation, j'expulserai de moi la
forme qu'on croyait si bien attachée, composée, coor-
donnée, assortie à mon entourage et à mes semblables,
si dignes, si dignes, mes semblables.
Réduit à une humilité de catastrophe, à un nivelle-
ment parfait comme après une intense trouille.

Ramené au-dessous de toute mesure à mon rang réel, au rang infime que je ne sais quelle idée-ambition m'avait fait déserter.

Anéanti quant à la hauteur, quant à l'estime.

Perdu en un endroit lointain (ou même pas), sans nom, sans identité.

CLOWN, abattant dans la risée, dans le grotesque, dans l'esclaffement, le sens que contre toute lumière je m'étais fait de mon importance.

Je plongerai.
Sans bourse dans l'infini-esprit sous-jacent ouvert à
   tous,
ouvert moi-même à une nouvelle et incroyable rosée
à force d'être nul
et ras...
et risible...

Peintures

MES STATUES

J'ai mes statues. Les siècles me les ont léguées : les siècles de mon attente, les siècles de mes découragements, les siècles de mon indéfinie, de mon inétouffable espérance les ont faites. Et maintenant elles sont là.

Comme d'antiques débris, point ne sais-je toujours le sens de leur représentation.

Leur origine m'est inconnue et se perd dans la nuit de ma vie, où seules leurs formes ont été préservées de l'inexorable balaiement.

Mais elles sont là, et durcit leur marbre chaque année davantage, blanchissant sur le fond obscur des masses oubliées.

Épreuves, exorcismes 1940-1944

LES TRAVAUX DE SISYPHE

La nuit est un grand espace cubique. Résistant. Extrê-
mement résistant. Entassement de murs et en tous sens,
qui vous limitent, qui veulent vous limiter. Ce qu'il ne
faut pas accepter.

Moi, je n'en sors pas. Que d'obstacles pourtant j'ai
déjà renversés.

Que de murs bousculés. Mais il en reste. Oh! pour
ça, il en reste. En ce moment, je fais surtout la guerre
des plafonds.

Les voûtes dures qui se forment au-dessus de moi, car
il s'en présente, je les martèle, je les pilonne, je les fais
sauter, éclater, crever, il s'en trouve toujours d'autres
par derrière. De mon énorme marteau jamais fatigué, je
leur assène des coups à assommer un mammouth s'il
s'en trouvait encore un... et là. Mais il ne s'y rencontre
que voûtes, voûtes têtues, cependant qu'il faut qu'elles
se brisent et s'abattent. Il s'agit ensuite de désencom-
brer ce lieu conquis des débris qui masquent ce qui
vient au delà, que je ne devine d'ailleurs que trop, car il
m'est évident qu'il y a encore une voûte plus loin, plus
haut, qu'il faudra abattre aussi.

Ce qui est dur sous moi, ne me gêne pas moins, obs-
tacle que je ne puis, que je ne dois supporter, matière
du même immense bloc détesté où j'ai été mis à vivre.

À coups de pic, je l'éventre, puis j'éventre le sui-
vant.

De cave en cave, je descends toujours, crevant les
voûtes, arrachant les étais.

Je descends imperturbable, infatigué par la découver-
te de caves sans fin dont il y a un nombre que depuis
longtemps j'ai cessé de compter, je creuse, je creuse tou-
jours jusqu'à ce que, un travail immense fait, je sois
obligé de remonter pour me rendre compte de la direc-
tion suivie, car on finit par creuser en colimaçon. Mais

arrivé là-haut, je suis pressé de redescendre, appelé par l'immensité des réduits à défoncer qui m'attendent. Je descends sans faire attention à rien, en enjambées de géant, je descends des marches comme celles des siècles — et enfin, au-delà des marches, je me précipite dans le gouffre de mes fouilles, plus vite, plus vite, plus désor-donnément, jusqu'à buter sur l'obstacle final, momenta-nément final, et je me remets à déblayer avec une fureur nouvelle, à déblayer, à déblayer, creusant dans la masse des murs qui n'en finissent pas et qui m'empê-chent de partir du bon pied.

Mais la situation un jour, se présentera différente, peut-être.

La Vie dans les plis

DESSINER L'ÉCOULEMENT DU TEMPS

... Au lieu d'une vision à l'exclusion des autres, j'eus-se voulu dessiner les moments qui bout à bout font la vie, donner à voir la phrase intérieure, la phrase sans mots, corde qui indéfiniment se déroule sinueuse, et, dans l'intime, accompagne tout ce qui se présente du dehors comme du dedans.

Je voulais dessiner la conscience d'exister et l'écoule-ment du temps. Comme on se tâte le pouls. Ou encore, en plus restreint, ce qui apparaît lorsque, le soir venu, repasse (en plus court et en sourdine) le film impression-né qui a subi le jour.

Dessin cinématique.

Je tenais au mien, certes. Mais combien j'aurais eu plaisir à un tracé fait par d'autres que moi, à le parcou-rir comme une merveilleuse ficelle à nœuds et à secrets, où j'aurais eu leur vie à lire et tenu en main leur par-cours.

Mon film à moi n'était guère plus qu'une ligne ou deux ou trois, faisant par-ci par-là rencontre de quelques autres, faisant buisson ici, enlacement là, plus loin livrant bataille, se roulant en pelote ou — sentiments et monuments mêlés naturellement — se dressant, fierté, orgueil, ou château ou tour... qu'on pouvait voir, qu'il me semblait qu'on aurait dû voir, mais qu'à vrai dire presque personne ne voyait.

Passages

Jacques Prévert

LE CANCRE

Il dit non avec la tête
mais il dit oui avec le cœur
il dit oui à ce qu'il aime
il dit non au professeur
il est debout
on le questionne
et tous les problèmes sont posés
soudain le fou rire le prend
et il efface tout
les chiffres et les mots
les dates et les noms
les phrases et les pièges
et malgré les menaces du maître
sous les huées des enfants prodiges
avec des craies de toutes les couleurs
sur le tableau noir du malheur
il dessine le visage du bonheur.

Paroles

CHANSON DANS LE SANG

Il y a de grandes flaques de sang sur le monde
où s'en va-t-il tout ce sang répandu
Est-ce la terre qui le boit et qui se saoule
drôle de saoulographie alors
si sage... si monotone...
Non la terre ne se saoule pas
la terre ne tourne pas de travers
elle pousse régulièrement sa petite voiture ses quatre
        saisons
la pluie... la neige...
la grêle... le beau temps...
jamais elle n'est ivre
c'est à peine si elle se permet de temps en temps
un malheureux petit volcan
Elle tourne la terre
elle tourne avec ses arbres... ses jardins... ses mai-
        sons...
elle tourne avec ses grandes flaques de sang
et toutes les choses vivantes tournent avec elle et sai-
        gnent...
Elle elle s'en fout
la terre
elle tourne et toutes les choses vivantes se mettent à
        hurler
elle s'en fout
elle tourne
elle n'arrête pas de tourner
et le sang n'arrête pas de couler...
Où s'en va-t-il tout ce sang répandu
le sang des meurtres... le sang des guerres...
le sang de la misère...
et le sang des hommes torturés dans les prisons...

le sang des enfants torturés tranquillement par leur
    papa et leur maman...
et le sang des hommes qui saignent de la tête
dans les cabanons...
et le sang du couvreur
quand le couvreur glisse et tombe du toit
Et le sang qui arrive et qui coule à grands flots
avec le nouveau-né... avec l'enfant nouveau...
la mère qui crie... l'enfant pleure...
le sang coule... la terre tourne
la terre n'arrête pas de tourner
le sang n'arrête pas de couler
Où s'en va-t-il tout ce sang répandu
le sang des matraqués... des humiliés...
des suicidés... des fusillés... des condamnés...
et le sang de ceux qui meurent comme ça... par acci-
    dent.
Dans la rue passe un vivant
avec tout son sang dedans
soudain le voilà mort
et tout son sang est dehors
et les autres vivants font disparaître le sang
ils emportent le corps
mais il est têtu le sang
et là où était le mort
beaucoup plus tard tout noir
un peu de sang s'étale encore...
sang coagulé
rouille de la vie rouille des corps
sang caillé comme le lait
comme le lait quand il tourne
quand il tourne comme la terre
comme la terre qui tourne
avec son lait... avec ses vaches...
avec ses vivants... avec ses morts...
la terre qui tourne avec ses arbres... ses vivants... ses
    maisons...
la terre qui tourne avec les mariages...
les enterrements...

les coquillages...
les régiments...
la terre qui tourne et qui tourne et qui tourne
avec ses grands ruisseaux de sang.

1939.

Paroles

CORTÈGE

Un vieillard en or avec une montre en deuil
Une reine de peine avec un homme d'Angleterre
Et des travailleurs de la paix avec des gardiens de la
    mer
Un hussard de la farce avec un dindon de la mort
Un serpent à café avec un moulin à lunettes
Un chasseur de corde avec un danseur de têtes
Un maréchal d'écume avec une pipe en retraite
Un chiard en habit noir avec un gentleman au maillot
Un compositeur de potence avec un gibier de musique
Un ramasseur de conscience avec un directeur de mé-
    gots
Un repasseur de Coligny avec un amiral de ciseaux
Une petite sœur du Bengale avec un tigre de Saint-Vin-
    cent-de-Paul
Un professeur de porcelaine avec un raccommodeur de
    philosophie
Un contrôleur de la Table Ronde avec des chevaliers de
    la Compagnie du Gaz de Paris
Un canard à Sainte-Hélène avec un Napoléon à l'orange
Un conservateur de Samothrace avec une victoire de
    cimetière
Un remorqueur de famille nombreuse avec un père de
    haute mer

Un membre de la prostate avec une hypertrophie de
    l'Académie française
Un gros cheval in partibus avec un grand évêque de
    cirque
Un contrôleur à la croix de bois avec un petit chanteur
    d'autobus
Un chirurgien terrible avec un enfant dentiste
Et le général des huîtres avec un ouvreur de Jésuites.

Paroles

BARBARA

Rappelle-toi Barbara
Il pleuvait sans cesse sur Brest ce jour-là
Et tu marchais souriante
Épanouie ravie ruisselante
Sous la pluie
Rappelle-toi Barbara
Il pleuvait sans cesse sur Brest
Et je t'ai croisée rue de Siam
Tu souriais
Et moi je souriais de même
Rappelle-toi Barbara
Toi que je ne connaissais pas
Toi qui ne me connaissais pas
Rappelle-toi
Rappelle-toi quand même ce jour-là
N'oublie pas
Un homme sous un porche s'abritait
Et il a crié ton nom
Barbara
Et tu as couru vers lui sous la pluie
Ruisselante ravie épanouie

Et tu t'es jetée dans ses bras
Rappelle-toi cela Barbara
Et ne m'en veux pas si je te tutoie
Je dis tu à tous ceux que j'aime
Même si je ne les ai vus qu'une seule fois
Je dis tu à tous ceux qui s'aiment
Même si je ne les connais pas
Rappelle-toi Barbara
N'oublie pas
Cette pluie sage et heureuse
Sur ton visage heureux
Sur cette ville heureuse
Cette pluie sur la mer
Sur l'arsenal
Sur le bateau d'Ouessant
Oh Barbara
Quelle connerie la guerre
Qu'es-tu devenue maintenant
Sous cette pluie de fer
De feu d'acier de sang
Et celui qui te serrait dans ses bras
Amoureusement
Est-il mort disparu ou bien encore vivant
Oh Barbara
Il pleut sans cesse sur Brest
Comme il pleuvait avant
Mais ce n'est plus pareil et tout est abîmé
C'est une pluie de deuil terrible et désolée
Ce n'est même plus l'orage
De fer d'acier de sang
Tout simplement des nuages
Qui crèvent comme des chiens
Des chiens qui disparaissent
Au fil de l'eau sur Brest
Et vont pourrir au loin
Au loin très loin de Brest
Dont il ne reste rien.

Paroles

LES ENFANTS QUI S'AIMENT

Les enfants qui s'aiment s'embrassent debout
Contre les portes de la nuit
Et les passants qui passent les désignent du doigt
Mais les enfants qui s'aiment
Ne sont là pour personne
Et c'est seulement leur ombre
Qui tremble dans la nuit
Excitant la rage des passants
Leur rage leur mépris leurs rires et leur envie
Les enfants qui s'aiment ne sont là pour personne
Ils sont ailleurs bien plus loin que la nuit
Bien plus haut que le jour
Dans l'éblouissante clarté de leur premier amour.

Spectacle

Jean Tardieu

LES JOURS

Dans une ville noire entraînée par le temps
(toute maison d'avance au fil des jours s'écroule)
je rentrais, je sortais avec toutes mes ombres.
Mille soleils montaient comme du fond d'un fleuve,
mille autres descendaient, colorant les hauts murs ;
je poursuivais des mains sur le bord des balcons ;
des formes pâlissaient (la lumière est sur elles)
ou tombaient dans l'oubli (les rayons ont tourné).
Les jours, les jours... Qui donc soupire et qui m'appelle,
pour quelle fête ou quel supplice ou quel pardon ?

Le Témoin invisible

LE PAYSAGE

Non, la terre n'est pas couverte d'arbres, de pierres,
de fleuves : elle est couverte d'hommes.

Si les meilleurs sont enfermés dans un long supplice,
s'il n'y a plus que le mensonge qui se montre, chamarré
de fausses prairies,

si quelqu'un te dit : « Admire le soleil ! » — et tu ne vois que le miroitement de la boue, ou bien : « Fais ton devoir ! » — et on te tend un couteau pour égorger ta mère et ton frère,

alors tous les arbres sont abattus, les pierres noircissent et s'effritent, les fleuves sont des cloaques infâmes.

Tu ne peux plus avancer, tu n'oses plus regarder ni entendre. Méfie-toi du mouvement des feuilles : de patients imposteurs les agitent pour te perdre. Dans le bourdonnement touffu de la batteuse, un monstre caché guette le grain. Tu te détournes avec horreur.

Brusquement, un jour d'été, les démons ôteront leur masque et, désignant vingt millions de cadavres alignés, éclateront de rire : « Hein ! quelle bonne farce ! »

Aussitôt, les vrais hommes remonteront au grand jour. Même ceux qui sont morts. Ils parleront droit et juste, à haute voix. Alors il y aura de nouveau des arbres, des pierres, des fleuves.

Tu longeras un mur : il te répondra gentiment. Tu prendras une branche, elle te dira « Je t'aime », tu pourras la serrer sur ton cœur.

Jours pétrifiés

MONSIEUR INTERROGE MONSIEUR

Monsieur, pardonnez-moi
de vous importuner :
quel bizarre chapeau
vous avez sur la tête !

— Monsieur vous vous trompez
car je n'ai plus de tête
comment voulez-vous donc
que je porte un chapeau !

— Et quel est cet habit
dont vous êtes vêtu ?

— Monsieur je le regrette
mais je n'ai plus de corps
et n'ayant plus de corps
je ne mets plus d'habit.

— Pourtant lorsque je parle
Monsieur vous répondez
et cela m'encourage
à vous interroger :
Monsieur quels sont ces gens
que je vois rassemblés
et qui semblent attendre
avant de s'avancer ?

— Monsieur ce sont des arbres
dans une plaine immense,
ils ne peuvent bouger
car ils sont attachés.

— Monsieur Monsieur Monsieur
au-dessus de nos têtes
quels sont ces yeux nombreux
qui dans la nuit regardent ?

— Monsieur ce sont des astres
ils tournent sur eux-mêmes
et ne regardent rien.

— Monsieur quels sont ces cris
quelque part on dirait
on dirait que l'on rit
on dirait que l'on pleure
on dirait que l'on souffre ?

— Monsieur ce sont les dents
les dents de l'océan
qui mordent les rochers
sans avoir soif ni faim
et sans férocité.

— Monsieur quels sont ces actes
ces mouvements de feux
ces déplacements d'air
ces déplacements d'astres
roulements de tambour
roulements de tonnerre
on dirait des armées
qui partent pour la guerre
sans avoir d'ennemi ?

— Monsieur c'est la matière
qui s'enfante elle-même
et se fait des enfants
pour se faire la guerre.

— Monsieur soudain ceci
soudain ceci m'étonne
il n'y a plus personne
pourtant moi je vous parle
et vous, vous m'entendez
puisque vous répondez !

— Monsieur ce sont les choses
qui ne voient ni entendent
mais qui voudraient entendre
et qui voudraient parler.

— Monsieur à travers tout
quelles sont ces images
tantôt en liberté
et tantôt enfermées
cette énorme pensée
où des figures passent
où brillent des couleurs ?

— Monsieur c'était l'espace
et l'espace
se meurt.

Monsieur Monsieur

LA MÔME NÉANT

(Voix de marionnette, voix de fausset, ai-guë, nasillarde, cassée, cassante, caquetante, édentée.)

Quoi qu'a dit ?
— A dit rin.

Quoi qu'a fait ?
— A fait rin.

À quoi qu'a pense ?
— A pense à rin.

Pourquoi qu'a dit rin ?
Pourquoi qu'a fait rin ?
Pourquoi qu'a pense à rin ?

— A'xiste pas.

Monsieur Monsieur

Jean Follain

PARLER SEUL

Il arrive que pour soi
l'on prononce quelques mots
seul sur cette étrange terre
alors la fleurette blanche
le caillou semblable à tous ceux du passé
la brindille de chaume
se trouvent réunis
au pied de la barrière
que l'on ouvre avec lenteur
pour rentrer dans la maison d'argile
tandis que chaises, table, armoire
s'embrasent d'un soleil de gloire.

Exister

MERCERIES

Merceries, ô néant des percales à chimères
des bobines de fil
dont dénudées
l'enfant fera pour son chariot des roues

des tresses et des galons
qui sur la robe de la morte
serviront
de chemins tortueux aux fourmis
aveugles à la beauté charnelle
sous le soleil de midi.

Exister

LES SIÈCLES

Regardant la marque du sabot
de son cheval de sang
le cavalier dans cette empreinte contournée
où déjà des insectes préparaient leur ouvroir
devina la future imprimerie
puis pour lui demander sa route
il s'approcha du charpentier
qui près d'une rose
en repos contemplait la vallée
et ne lirait jamais de livres.

Territoires

DANS TOUS PAYS

Entre vie et mort
dans tous pays
il arrive qu'une fille

se déshabille pour se voir
quand elle quitte la chambre
sa beauté
laisse place au calme
parfois dans le même temps
les mains de celui qui craint sa fin
craquent dans le noir du silence
pour retenir l'espérance.

D'après tout

ON VOIT

Par le monde on voit
chambres rouges
avenues à flambeaux
femmes aux orteils posés
sur des terres chaudes
invitations à mourir
faites la nuit comme le jour
parfois près de l'usine atomique
des glaneuses penchées jusqu'au soir.

Espaces d'instants

Raymond Queneau

L'AMPHION

Le Paris que vous aimâtes
n'est pas celui que nous aimons
et nous nous dirigeons sans hâte
vers celui que nous oublierons

Topographies ! itinéraires !
dérives à travers la ville !
souvenirs des anciens horaires !
que la mémoire est difficile...

Et sans un plan sous les yeux
on ne nous comprendra plus
car tout ceci n'est que jeu
et l'oubli d'un temps perdu

Les Ziaux

LES CHIENS D'ASNIÈRES

On enterre les chiens on enterre les chats
on enterre les chevaux on enterre les hommes
on enterre l'espoir on enterre la vie

on enterre l'amour — les amours
on enterre les amours — l'amour
on enterre en silence le silence
on enterre en paix — la paix
la paix — la paix la plus profonde
sous une couche de petits graviers multicolores
de coquilles Saint-Jacques et de fleurs multicolores

il y a une tombe pour tout
à condition d'attendre
il fait nuit il fait jour
à condition d'attendre

la Seine descend vers la mer
l'île immobile ne descend pas
la Seine remontera vers sa source
à condition d'attendre
et l'île naviguera vers le Havre de Grâce
à condition d'attendre

on enterre les chiens on enterre les chats
deux espèces qui ne s'aiment pas

Les Ziaux

L'EXPLICATION DES
MÉTAPHORES

Loin du temps, de l'espace, un homme est égaré,
Mince comme un cheveu, ample comme l'aurore,
Les naseaux écumants, les deux yeux révulsés,
Et les mains en avant pour tâter le décor

— D'ailleurs inexistant. Mais quelle est, dira-t-on,
La signification de cette métaphore :

« Mince comme un cheveu, ample comme l'aurore »
Et pourquoi ces naseaux hors des trois dimensions ?

Si je parle du temps, c'est qu'il n'est pas encore,
Si je parle d'un lieu, c'est qu'il a disparu,
Si je parle d'un homme, il sera bientôt mort,
Si je parle du temps, c'est qu'il n'est déjà plus,

Si je parle d'espace, un dieu vient le détruire,
Si je parle des ans, c'est pour anéantir,
Si j'entends le silence, un dieu vient y mugir
Et ses cris répétés ne peuvent que me nuire.

Car ces dieux sont démons ; ils rampent dans l'espace,
Minces comme un cheveu, amples comme l'aurore,
Les naseaux écumants, la bave sur la face,
Et les mains en avant pour saisir un décor

— D'ailleurs inexistant. Mais quelle est, dira-t-on,
La signification de cette métaphore
« Minces comme un cheveu, amples comme l'aurore »
Et pourquoi cette face hors des trois dimensions ?

Si je parle des dieux, c'est qu'ils couvrent la mer
De leur poids infini, de leur vol immortel,
Si je parle des dieux, c'est qu'ils hantent les airs,
Si je parle des dieux, c'est qu'ils sont perpétuels,

Si je parle des dieux, c'est qu'ils vivent sous terre,
Insufflant dans le sol leur haleine vivace,
Si je parle des dieux, c'est qu'ils couvent le fer,
Amassent le charbon, distillent le cinabre.

Sont-ils dieux ou démons ? Ils emplissent le temps,
Minces comme un cheveu, amples comme l'aurore,
L'émail des yeux brisés, les naseaux écumants,
Et les mains en avant pour saisir un décor

— D'ailleurs inexistant. Mais quelle est, dira-t-on,
La signification de cette métaphore

« Mince comme un cheveu, ample comme une auro-
re »
Et pourquoi ces deux mains hors des trois dimen-
sions ?

Oui, ce sont des démons. L'un descend, l'autre monte.
À chaque nuit son jour, à chaque mont son val,
À chaque jour sa nuit, à chaque arbre son ombre,
À chaque être son Non, à chaque bien son mal,

Oui, ce sont des reflets, images négatives,
S'agitant à l'instar de l'immobilité,
Jetant dans le néant leur multitude active
Et composant un double à toute vérité.

Mais ni Dieu ni démon l'homme s'est égaré,
Mince comme un cheveu, ample comme l'aurore,
Les naseaux écumants, les deux yeux révulsés,
Et les mains en avant pour tâter un décor

— D'ailleurs inexistant. C'est qu'il est égaré ;
Il n'est pas assez mince, il n'est pas assez ample :
Trop de muscles tordus, trop de salive usée.
Le calme reviendra lorsqu'il verra le Temple
De sa forme assurer sa propre éternité.

Les Ziaux

Un poème c'est bien peu de chose
à peine plus qu'un cyclone aux Antilles
qu'un typhon dans la mer de Chine
un tremblement de terre à Formose

Une inondation du Yang Tse Kiang
ça vous noie cent mille Chinois d'un seul coup
vlan

ça ne fait même pas le sujet d'un poème
Bien peu de chose

On s'amuse bien dans notre petit village
on va bâtir une nouvelle école
on va élire un nouveau maire et changer les jours de
    marché
on était au centre du monde on se trouve maintenant
    près du fleuve océan qui ronge l'horizon

Un poème c'est bien peu de chose

L'Instant fatal

JE CRAINS PAS ÇA TELLMENT

Je crains pas ça tellment la mort de mes entrailles
et la mort de mon nez et celle de mes os
Je crains pas ça tellment moi cette moustiquaille
qu'on baptisa Raymond d'un père dit Queneau

Je crains pas ça tellment où va la bouquinaille
les quais les cabinets la poussière et l'ennui
Je crains pas ça tellement moi qui tant écrivaille
et distille la mort en quelques poésies

Je crains pas ça tellment La nuit se coule douce
entre les bords teigneux des paupières des morts
Elle est douce la nuit caresse d'une rousse
le miel des méridiens des pôles sud et nord

Je crains pas cette nuit Je crains pas le sommeil
absolu Ça doit être aussi lourd que le plomb
aussi sec que la lave aussi noir que le ciel
aussi sourd qu'un mendiant bêlant au coin d'un pont

Je crains bien le malheur le deuil et la souffrance
et l'angoisse et la guigne et l'excès de l'absence
Je crains l'abîme obèse où gît la maladie
et le temps et l'espace et les torts de l'esprit

Mais je crains pas tellment ce lugubre imbécile
qui viendra me cueillir au bout de son curdent
lorsque vaincu j'aurai d'un œil vague et placide
cédé tout mon courage aux rongeurs du présent

Un jour je chanterai Ulysse ou bien Achille
Énée ou bien Didon Quichotte ou bien Pança
Un jour je chanterai le bonheur des tranquilles
les plaisirs de la pêche ou la paix des villas

Aujourd'hui bien lassé par l'heure qui s'enroule
tournant comme un bourrin tout autour du cadran
permettez mille excuz à ce crâne — une boule —
de susurrer plaintif la chanson du néant

L'Instant fatal

Maurice Fombeure

ENFANTS TERRIBLES

Les parents
Sont étranges
Pour leurs en-
— fants — chers anges.

Quand ils naissent,
Ils les fessent.
Quand ils meurent,
Ils les pleurent.

À dos d'oiseau

TROUVER L'ÂGE DE CE VILLAGE

Autour des sentiers blancs, le sommeil de la mer,
Autour des tamaris le sommeil et l'amour,
Risque en alexandrins ces rixes, ces paresses,
Le sommeil de la mort sur la plage des jours.

Au coucher du soleil, mon village écarlate,
La mairie à la chaux puis le curé dodu,
Un jardin fou criblé d'oiseaux, de mille-pattes
Et l'église écoutant ses orgues suspendues.

Le bruit clair des lavoirs et le bruit sourd des sources.
Sur la place, un tilleul aveugle et répandu
Un chariot que la lune attelle à la grande Ourse
Et saint Éloi, patron des forgerons perdus.

Mon lit où la mort prend la forme du sommeil,
Disperse les songes assoupis sous mon toit,
Où je dors toujours seul et toujours avec toi
Car tu es sur ma vie comme une étoile blanche.

Au fond des prunelliers mon village éternel
Au bord de ta forêt, déchiré par l'orée
Au bas d'un doux ciel clos cravaché d'hirondelles,
Je t'aime mon village éternel, éternel,

Tes fumées tremblent dans mon cœur,
Tes volets s'ouvrent dans mes yeux ;
Je t'aime mon village innocent et joyeux
Où la vie fait un doux bruit d'ailes.

À dos d'oiseau

MARE NOSTRUM

Les canards des basses eaux,
Ils trompettent, ils trompettent,
Les canards des basses eaux,
Ils trompettent dans les roseaux.
Les grenouilles des basses eaux,
Elles coassent, elles coassent,
Les grenouilles des basses eaux,
Elles coassent dans les roseaux.
La lune argente leur dos.
Elles coassent du silence

Qui ressemble à des bulles d'eau.
Poète, prends ta pipe
Et ton Borsalino,
Et sors. Entends sur les étangs
Tous ces crapauds qui chantent
Depuis le fond des temps,
Tous ces crapauds gonflés comme une cornemuse,
Bag-pipers mélancoliques
De nos belles nuits bibliques
D'occident — « Co-oac, co-co-oac... ! »

À dos d'oiseau

ROYAUTÉ TRISTE

À Pierre Massé.

Roi nègre aveugle et sourd,
Au masque coupé par ta pipe,
Ta pipe en bois de gourde,
Ton orgueil au faîte des tambours,
Et les crapauds sous tes forêts, ils chantent
Un chant couleur de l'eau courante.
Ô que ton cœur est lourd
Des années écoulées entre ces beaux yeux noirs
Entre ces beaux yeux bleus, miroirs de la mémoire
Où coule et coule un fleuve mort,
Couleur saurien, couleur de mort...
On a fermé les portes et la noce est finie.
Éteignez les chandelles et laissez-moi dormir.
Je suis aveugle en moi, soleil des souvenirs.
Les bêtes de la nuit entourent ma cage à songes,
Les bêtes de la nuit assiègent ma cage à songes.

À dos d'oiseau

ANIMAUX NUISIBLES SONT...

J'en demande pardon à mes pésans ancêtres :
J'aime la taupe étrusque et les chouettes aussi
Le loir et le blaireau, et la chauve-souris
Qui vient tournevirer le soir à nos fenêtres,

La couleuvre enroulée comme les nuits les jours
Les galops des souris dans les greniers nocturnes
Les crapauds exaltés par les saisons d'amours
Les grenouilles gonflées d'angoisses taciturnes

Pédâches et tarets. Les nuisibles enfin
Tout ce qui grouille et mord aux surfaces des terres
La salamandre bleue, les rats, les aigrefins...
Il faut me pardonner ce cœur involontaire.

Il admet ceux qui tuent, tolère ce qui mange
Car tous ceux-là, ces noirs mal-créés que tu dis
Ne seront réveillés par la trompe des anges
Puisque les animaux n'ont point de paradis.

Sous les tambours du ciel

René Daumal

LE GRAND JOUR DES MORTS

La nuit, la terreur,
à cent pas sous terre,
les caveaux sans espoir,
la peur dans la moelle et le noir dans l'œil
— l'appel de l'étoile meurt au bord du puits —
et ces mains, ta détresse blanche
dans la brume glacée du fond de toute la vie,
dans la détresse blanche de ces mains qui seront les
    miennes
un jour, tellement je les aurai aimées.

Ne t'échappe pas, me dit la lumière
— celle qui éclate partout ici, mais légère
sur l'épaisseur aveugle qu'elle enferme
et vaine ; inutile clarté qui troue la peau pourtant
et qui me dit : tu ne sortiras pas,
mais marche seul griffé de mon fouet fantôme
c'est le fond de la terreur,
c'est le palais sans portes,
cave sous cave, c'est le pays sans nuit.
L'air est peuplé de notes fausses
à scier l'os, c'est le pays sans silence,
cave sous cave encore au pays sans repos,
ce n'est pas un pays, c'est moi-même
cousu dans mon sac
avec la peur, avec l'hydre et le dragon

et toi, démon, voilà ta tête de verrue
que je m'arrache de la poitrine
oh ! monstre, menteur,
mangeur d'âme.

Tu me faisais croire que ton nom maudit
c'était le mien, l'imprononçable,
que ta face, c'était ma face, ma prison,
que ma peau détestée vivait de ta vie,
mais je t'ai vu : tu es un autre
tu peux bien me tourmenter à jamais,
tu peux m'écraser dans des charniers
sous les cadavres de toutes les races disparues,
tu peux me brûler dans la graisse des dieux morts,
je sais que tu n'es pas moi-même,
tu ne peux rien sur le feu plus ardent que le tien,
le feu, le cri de mon refus
d'être rien.

Non, non, non ! car je vois les signes
encore faibles dans un banc de brume lente
mais certains, car les sons qu'ils peignent
sont les frères des cris que j'étouffe,
car les chemins incroyables qu'ils tracent
sont les frères de mes pas de plomb ;
je vois les signes de ma force sans bornes, l'assassine
de ma vie et d'autres vies sœurs.

Du fond illuminé, plafond sous plafond, des caves,
je vois — je me rappelle — je les avais tracés au com-
    mencement —
les signes cruels fouillant chaque repli
du mollusque pensée aux mille bras.
Ils m'enseignent la terrible patience,
ils me montrent le chemin ouvert
mais que mieux que toute muraille ferme
la loi de flamme dite à la pointe du glaive
et réglant chaque pas à l'orchestre fatal :
tout est compté.

Voici, j'ai arraché le manteau de chair saignante
et de colère et je marche nu
— non pas encore ! mais je me vois lointain
et j'ai pour me guider et remplacer mon cœur,
très loin, ces mains, ces mains d'aveugle,
l'aveugle morte plus voyante que vos yeux de bêtes,
vous opaques vivants lourds, très loin l'aveugle
et ses prunelles, cercles de tout savoir,
enclosant l'eau limpide et noire des lacs souterrains —
je dirais comme elles sont belles, ces mains,
comme elle est belle, non, comme elle parle la beauté,
la morte aveugle, mais qui voit toute ma nuit,
je parlerais, j'inventerais des mots-sanglots
— à ses pieds il faudrait pleurer —
je sangloterais sa beauté,
si je pouvais pleurer,
si je n'étais pas mort de n'avoir su pleurer.

Le Contre-Ciel

LA SUEUR PANIQUE

Des barques glissent
dans des cieux liquides
et les gencives des loups saignent
dans la nuit de velours vert.
Des larmes tissent
dans des yeux limpides
la toile où les regards se teignent
du jeune sang des fronts ouverts.
Le soleil crie
et se débat de tous ses rayons,
croyez-vous qu'il appelle au secours ?

croyez-vous que le soleil meurt ?
Le sable crisse
au petit jour gelé
sous les pas d'un être invisible,
croyez-vous qu'il vienne m'étrangler ?
je n'ai que mes mains pour parler,
des oiseaux gris et blancs
ont pris ma voix en s'envolant ;
et mes yeux roses sont aveugles,
mes mains s'agitent vers la forêt,
vers la nuit mouillée,
vers le sommeil vert,
le soleil crie, croyez-vous qu'il se meure ?
j'entends la voix trop pure de l'eau ;
le soleil crie, c'est une ruse de guerre ;
je lui ai tendu les mains,
ses grands bras dans le bleu vide
qui file vainement vers l'horizon,
ses grands bras frappent, frappent mon front,
mon sang coule rose comme mes yeux,
ô loups, croyez-vous que je meurs ?
loups, inondez-moi de sang noir.

Le Contre-Ciel

JE PARLE DANS TOUS LES ÂGES

Attention, la perle au fond des siècles futurs aux
roues de cuivre hurlantes, qui sont les anciens, la perle
est dans son écaille vivante sur la table où l'ancêtre
rompt le granit chaque matin, qui dure des siècles, pour
la nourriture des fils à venir aux places marquées, vêtus
d'astres, et celle des fils morts habillés de pierre.

Attention, la perle est dans le creux de la seule main,

au croisement des rayons sous le ciel solide qui ne pèse pas lourd dans ta gorge, vieux buveur !

À ma voix familière tu me reconnais et cette main c'est la mienne, tu n'y peux rien, tu ris, vieux toucheur de mondes, mais j'ai saisi la perle et te voilà détrôné, tout en bas.

Va-t'en régner sur les peuples nomades et les douces nations pastorales, j'ai l'œil aussi sur tes vieux bergers et ils en savent long sur la nuit de ta bouche.

Attention, le fil indéfini des siècles tient tout entier dans cette perle qui est ma face et ma fin.

Le Contre-Ciel

Patrice de La Tour du Pin

ENFANTS DE SEPTEMBRE

À Jules Supervielle.

Les bois étaient tout recouverts de brumes basses,
Déserts, gonflés de pluie et silencieux ;
Longtemps avait soufflé ce vent du Nord où passent
Les Enfants Sauvages, fuyant vers d'autres cieux,
Par grands voiliers, le soir, et très haut dans l'espace.

J'avais senti siffler leurs ailes dans la nuit,
Lorsqu'ils avaient baissé pour chercher les ravines
Où tout le jour, peut-être, ils resteront enfouis ;
Et cet appel inconsolé de sauvagine
Triste, sur les marais que les oiseaux ont fuis.

Après avoir surpris le dégel de ma chambre,
À l'aube, je gagnai la lisière des bois ;
Par une bonne lune de brouillard et d'ambre,
Je relevai la trace, incertaine parfois,
Sur le bord d'un layon, d'un enfant de Septembre.

Les pas étaient légers et tendres, mais brouillés,
Ils se croisaient d'abord au milieu des ornières
Où dans l'ombre, tranquille, il avait essayé
De boire, pour reprendre ses jeux solitaires
Très tard, après le long crépuscule mouillé.

Et puis, ils se perdaient plus loin parmi les hêtres
Où son pied ne marquait qu'à peine sur le sol ;
Je me suis dit : il va s'en retourner peut-être
À l'aube, pour chercher ses compagnons de vol,
En tremblant de la peur qu'ils aient pu disparaître.

Il va certainement venir dans ces parages
À la demi-clarté qui monte à l'orient,
Avec les grandes bandes d'oiseaux de passage,
Et les cerfs inquiets qui cherchent dans le vent
L'heure d'abandonner le calme des gagnages.

Le jour glacial s'était levé sur les marais ;
Je restais accroupi dans l'attente illusoire,
Regardant défiler la faune qui rentrait
Dans l'ombre, les chevreuils peureux qui venaient boire
Et les corbeaux criards aux cimes des forêts.

Et je me dis : je suis un enfant de Septembre,
Moi-même, par le cœur, la fièvre et l'esprit,
Et la brûlante volupté de tous mes membres,
Et le désir que j'ai de courir dans la nuit
Sauvage, ayant quitté l'étouffement des chambres.

Il va certainement me traiter comme un frère,
Peut-être me donner un nom parmi les siens ;
Mes yeux le combleraient d'amicales lumières
S'il ne prenait pas peur, en me voyant soudain
Les bras ouverts, courir vers lui dans la clairière.

Farouche, il s'enfuira comme un oiseau blessé,
Je le suivrai jusqu'à ce qu'il demande grâce,
Jusqu'à ce qu'il s'arrête en plein ciel, épuisé,
Traqué jusqu'à la mort, vaincu, les ailes basses,
Et les yeux résignés à mourir, abaissés.

Alors, je le prendrai dans mes bras, endormi,
Je le caresserai sur la pente des ailes,
Et je ramènerai son petit corps, parmi

Les roseaux, rêvant à des choses irréelles,
Réchauffé tout le temps par mon sourire ami...

Mais les bois étaient recouverts de brumes basses
Et le vent commençait à remonter au Nord,
Abandonnant tous ceux dont les ailes sont lasses,
Tous ceux qui sont perdus et tous ceux qui sont
  morts,
Qui vont par d'autres voies en de mêmes espaces !

Et je me suis dit : Ce n'est pas dans ces pauvres landes
Que les enfants de Septembre vont s'arrêter ;
Un seul qui se serait écarté de sa bande
Aurait-il, en un soir, compris l'atrocité
De ces marais déserts et privés de légende ?

La Quête de Joie

PSAUME XLI

1 Pourquoi m'avoir donné tant de grâces, Seigneur ?
   — il faudra bien que j'en réponde.
2 Vous m'avez débordé d'indulgence, — je n'ai pas
   ma part de tristesse.
3 Je suis bien trop faible pour vous la réclamer, —
   faut-il vraiment qu'il y ait des êtres de bonheur ?
4 Je me sens plus proche de Vous dans le bonheur
   que dans le renoncement, — Seigneur, ayez pitié si
   je le garde pur.
5 Je n'ai pas mérité de tels privilèges terrestres, —
   mais j'ai reconnu chaque fois votre don.
6 J'ai l'angoisse d'être trop heureux au milieu des
   misérables, — je le confesse même si cela doit
   scandaliser.

7   Que l'on me dise : il ne veut pas prendre part ! —
    que l'on me jette : il s'enterre en lui pour ne pas
    souffrir !
8   Mais je ne peux pas faire que ma joie soit obscure !
    — je ne peux pas faire que ma joie ne soit pas
    Vous !

Une somme de poésie

Hector de Saint-Denys Garneau

FACTION

On a décidé de faire la nuit
Pour une petite étoile problématique
A·t·on le droit de faire la nuit
Nuit sur le monde et sur notre cœur
Pour une étincelle
Luira·t·elle
Dans le ciel immense désert

On a décidé de faire la nuit
pour sa part
De lâcher la nuit sur la terre
Quand on sait ce que c'est
Quelle bête c'est
Quand on a connu quel désert
Elle fait à nos yeux sur son passage

On a décidé de lâcher la nuit sur la terre
Quand on sait ce que c'est
Et de prendre sa faction solitaire
Pour une étoile
                encore qui n'est pas sûre
Qui sera peut-être une étoile filante
Ou bien le faux éclair d'une illusion
Dans la caverne que creusent en nous
Nos avides prunelles.

Regards et jeux dans l'espace
© Éditions Fides

CAGE D'OISEAU

Je suis une cage d'oiseau
Une cage d'os
Avec un oiseau

L'oiseau dans ma cage d'os
C'est la mort qui fait son nid

Lorsque rien n'arrive
On entend froisser ses ailes

Et quand on a ri beaucoup
Si l'on cesse tout à coup
On l'entend qui roucoule
Au fond
Comme un grelot

C'est un oiseau tenu captif
La mort dans ma cage d'os

Voudrait-il pas s'envoler
Est-ce vous qui le retiendrez
Est-ce moi
Qu'est-ce que c'est

Il ne pourra s'en aller
Qu'après avoir tout mangé
Mon cœur
La source du sang
Avec la vie dedans

Il aura mon âme au bec.

Regards et jeux dans l'espace
© Éditions Fides

Un bon coup de guillotine
Pour accentuer les distances

Je place ma tête sur la cheminée
Et le reste vaque à ses affaires

Mes pieds s'en vont à leurs voyages
Mes mains à leurs pauvres ouvrages

Sur la console de la cheminée
Ma tête a l'air d'être en vacances

Un sourire est sur ma bouche
Tel que si je venais de naître

Mon regard passe, calme et léger
Ainsi qu'une âme délivrée

On dirait que j'ai perdu la mémoire
Et cela fait une douce tête de fou.

Œuvres
© Presses de l'Université de Montréal

Francis Ponge

LA FAMILLE DU SAGE

Au bruit d'une source de nuit, sous une cloche de feuilles, d'un même arbre contre le tronc, calme et froid — Père — ainsi, dans une chambre fraîche, un jour ta présence nous fut.

Tu étais froid, sous un seul drap, voilé, une fenêtre ouverte.

Quel équilibre nous quatre ensemble, sans heure tous assis, toi-même mieux encore reposé, étendu, mort.

Quelle pure santé du vert-feuillu, du sol, et du liquide.

Égale en nous coulait une eau en silence du cou sans cesse dans le dos jusqu'aux membres sous l'herbe. Par la fenêtre sourde, un souffle, versé du fond obscur du ciel, essuyait sur les tempes des femmes la sueur du soir.

Et qu'une étoile aussi, pareille à l'œil du fils, s'avive,
Sans le dire, tu en jouissais, Père !

Lyres

LE TRONC D'ARBRE

Puisque bientôt l'hiver va nous mettre en valeur
Montrons-nous préparés aux offices du bois

Grelots par moins que rien émus à la folie
Effusions à nos dépens cessez ô feuilles
Dont un change d'humeur nous couvre ou nous dé-
    pouille
Avec peine par nous sans cesse imaginées
Vous n'êtes déjà plus qu'avec peine croyables

Détache-toi de moi ma trop sincère écorce
Va rejoindre à mes pieds celles des autres siècles

De visages passés masques passés public
Contre moi de ton sort demeurés pour témoins
Tous ont eu comme toi la paume un instant vive
Que par terre et par eau nous voyons déconfits
Bien que de mes vertus je te croie la plus proche
Décède aux lieux communs tu es faite pour eux
Meurs exprès De ton fait déboute le malheur
Démasque volontiers ton volontaire auteur...

Ainsi s'efforce un arbre encore sous l'écorce
À montrer vif ce tronc que parfera la mort.

Proêmes

LA MOUSSE

Les patrouilles de la végétation s'arrêtèrent jadis sur
la stupéfaction des rocs. Mille bâtonnets du velours de
soie s'assirent alors en tailleur.

Dès lors, depuis l'apparente crispation de la mousse à même le roc avec ses licteurs, tout au monde pris dans un embarras inextricable et bouclé là-dessous, s'affole, trépigne, étouffe.

Bien plus, les poils ont poussé ; avec le temps tout s'est encore assombri.

Ô préoccupations à poils de plus en plus longs ! Les profonds tapis, en prière lorsqu'on s'assoit dessus, se relèvent aujourd'hui avec des aspirations confuses. Ainsi ont lieu non seulement des étouffements mais des noyades.

Or, scalper tout simplement du vieux roc austère et solide ces terrains de tissu-éponge, ces paillassons humides, à saturation devient possible.

Le Parti pris des choses

LA LESSIVEUSE

> Prise à partie.
> Rapports de l'homme et de la lessiveuse.
> Lyrisme qui s'en dégage.
> Considérations à froid.
> Principe de la lessiveuse.
> Le crépuscule du lundi soir.
> Rinçage à l'eau claire.
> Pavois.

Pour répondre au vœu de plusieurs, qui me pressent curieusement d'abandonner mes espèces favorites (herbes ou cailloux, par exemple) et de montrer enfin un homme, je n'ai pas cru pourtant pouvoir mieux faire encore que de leur offrir une lessiveuse, c'est-à-dire un de ces objets dont, bien qu'ils se rapportent directement à eux, ils ne se rendent habituellement pas le moindre compte.

Et certes, quant à moi, j'ai bien pu concevoir d'abord qu'on ne doive en finir jamais avec la lessiveuse : d'autres objets pourtant me sollicitèrent bientôt — dont je n'eusse pas sans remords non plus subi les muettes instances longtemps. Voilà comment la lessiveuse, fort impatiemment écrite, s'est trouvée presque aussitôt abandonnée.

Qu'importe — si jaillit un instant sur elle l'étincelle de la considération...

Qui n'a vécu un hiver au moins dans la familiarité d'une lessiveuse ignore tout d'un certain ordre de qualités et d'émotions fort touchantes, — dont un porte-plume bien manié toutefois doit pouvoir communiquer quelque chose.

Mais il ne suffit pas, assis sur une chaise, de l'avoir contemplée très souvent.

Il faut — bronchant — l'avoir, pleine de sa charge de tissus immondes, d'un seul effort soulevée de terre pour la porter sur le fourneau — où l'on doit la traîner d'une certaine façon ensuite pour l'asseoir juste au rond du foyer.

Il faut avoir sous elle attisé les brandons à progressivement l'émouvoir, souvent tâté ses parois tièdes ou brûlantes ; puis écouté le profond bruissement intérieur, et plusieurs fois dès lors soulevé le couvercle pour vérifier la tension des jets et la régularité de l'arrosage.

Il faut l'avoir enfin toute bouillante encore embrassée de nouveau pour la reposer par terre...

Peut-être à ce moment l'aura-t-on découverte. Et quel lyrisme alors s'en dégage, en même temps que les volumineuses nuées qui montent d'un coup heurter le plafond, — pour y perler bientôt... et ruisseler de façon presque gênante ensuite tout au long des murs du réduit :

Si douces sont aux paumes tes cloisons...
Si douces sont tes parois où se sont
Déposés de la soude et du savon en mousse...
Si douce à l'œil ta frimousse estompée,
De fer battu et toute guillochée.....
Tiède ou brûlante et toute soulevée
Du geyser intérieur qui bruit par périodes
Et se soulage au profond de ton être.....
Et se soulage au fond de ton urne bouillante
Par l'arrosage intense des tissus.....

＊　＊　＊　＊　＊　＊　＊

Retirons-la, elle veut refroidir... Pourtant ne fallait-il d'abord — tant bien que mal comme sur son trépied — tronconiquement au milieu de la page dresser ainsi notre lessiveuse ?

Mais à présent c'est à bas de ce trépied, et même le plus souvent reléguée au fond de la souillarde, — c'est froide à présent et muette, rincée, tous ses membres épars pour être offerts à l'air en ordre dispersé, — que nous allons pouvoir la considérer... Et peut-être ces considérations à froid nous rapprocheront-elles de son principe : du moins reconnaîtrons-nous aussitôt qu'elle n'est pas en cet état moins digne d'intérêt ni d'amour.

Constatons-le d'abord avec quelque respect, c'est le plus grand des vases ménagers. Imposant mais simple. Noble mais fruste. Pas du tout plein de son importance, plein par contre de son utilité.

Sérieuse — et martelée de telle façon qu'elle a sur tout le corps des paupières mi-closes. Beaucoup plus modeste que le chaudron à confitures, par exemple — lequel, pendant ses périodes d'inactivité, fort astiqué, brillant, sert de soleil à la cuisine, constitue son pôle d'orgueil. Ni rutilante, ni si solennelle (bien qu'on ne s'en serve pas non plus tous les jours), l'on ne peut dire qu'elle serve jamais d'ornement.

Mais son principe est beaucoup plus savant. Fort simple tout de même, et tout à fait digne d'admiration.

Certes, je n'irai pas jusqu'à prétendre que l'exemple

ou la leçon de la lessiveuse doive à proprement parler galvaniser mon lecteur — mais je le mépriserais un peu sans doute de ne pas la prendre au sérieux.

Brièvement voici :

La lessiveuse est conçue de telle façon qu'emplie d'un amas de tissus ignobles l'émotion intérieure, la bouillante indignation qu'elle en ressent, canalisée vers la partie supérieure de son être retombe en pluie sur cet amas de tissus ignobles qui lui soulève le cœur — et cela quasi perpétuellement — et que cela aboutisse à une purification.

Nous voici donc enfin au plein cœur du mystère. Le crépuscule tombe sur ce lundi soir. Ô ménagères ! Et vous, presque au terme de votre étude, vos reins sont bien fatigués ! Mais d'avoir ainsi potassé tout le jour (quel démon m'oblige à parler ainsi ?) voyez comme vos bras sont propres et vos mains pures fanées par la plus émouvante des flétrissures !

Dans cet instant, je ne sais comment je me sens tenté — plaçant mes mains sur vos hanches chéries — de les confondre avec la lessiveuse et de transférer à elles toute la tendresse que je lui porte : elles en ont l'ampleur, la tiédeur, la quiétude — si quelque chose me dit qu'elles peuvent aussi être le siège de secrètes et bouillantes ardeurs.

... Mais le moment n'est pas venu sans doute d'en détacher encore ce tablier d'un bleu tout pareil à celui du noble ustensile : car vous voilà derechef débridant le robinet. Et vous nous proposez ainsi l'exemple de l'héroïsme qui convient : oui, c'est à notre objet qu'il faut revenir encore ; il faut une fois encore rincer à l'eau claire notre idée :

Certes le linge, lorsque le reçut la lessiveuse, avait été déjà grossièrement décrassé. Elle n'eut pas contact avec les immondices eux-mêmes, par exemple avec la morve séchée en crasseux pendentifs dans les mouchoirs.

Il n'en resta pas moins qu'elle éprouve une idée ou

un sentiment de saleté diffuse des choses à l'intérieur d'elle-même, dont à force d'émotion, de bouillonnements et d'efforts, elle parvint à avoir raison — à séparer des tissus : si bien que ceux-ci, rincés sous une catastrophe d'eau fraîche, vont paraître d'une blancheur extrême...

Et voici qu'en effet le miracle s'est produit :

Mille drapeaux blancs sont déployés tout à coup — qui attestent non d'une capitulation, mais d'une victoire — et ne sont peut-être pas seulement le signe de la propreté corporelle des habitants de l'endroit.

Pièces

LE CARNET
DU BOIS DE PINS

À mon ami disparu Michel Pontremoli.

. . . .

Du soleil dans un bois de pins.

Dans une brosserie haut touffue de poils verts
Aux manches de bois pourpre entourés de miroirs
Qu'un corps radieux pénètre issu de la baignoire
Ou marine ou lacustre au bas-côté fumante
Il n'en reste tissu de mouches sans sommeil
Sur l'épaisseur au sol élastique et vermeille
Des épingles à cheveux odoriférantes
Secouées là par tant de cimes négligentes
Qu'un peignoir de pénombre entachée de soleil.

*

Les mouches plaintives
ou le soleil dans les bois de pins.

Par cette brosserie haut touffue de poils verts
Aux manches de bois pourpre entourés de miroirs
Qu'un corps radieux pénètre issu de la baignoire
Ou marine ou lacustre au bas-côté fumante
Rien n'en reste au rapport de mouches sans sommeil
Sur l'épaisseur au sol élastique et vermeille
Des épingles à cheveux odoriférantes
Secouées là par tant de cimes négligentes
Qu'un peignoir de pénombre entachée de soleil.

Francis Ponge,
La Suchère, août 1940.

*

Variante.

Vers 3ᵉ : Du corps étincelant sorti de la baignoire
Vers 5ᵉ : Rien ne reste...

2 septembre 1940.

NOTA BENE

Si l'on adopte cette variante, et tenant compte que les distiques PA et DO et le triolet SDS sont indéformables, leur ordre et celui des vers R et Q deviennent à volonté interchangeables, Q devant toutefois être toujours placé après R.

*

Voici les éléments indéformables :

1 { Par cette brosserie haut touffue de poils verts
    Aux manches de bois pourpre entourés de mi-
    roirs

2 { Du corps étincelant sorti de la baignoire
    Ou marine ou lacustre au bas-côté fumante

3 { Rien ne reste au rapport de mouches sans som-
    meil
    Sur l'épaisseur au sol élastique et vermeille

4 { Des épingles à cheveux odoriférantes
    Secouées là par tant de cimes négligentes

5 { Qu'un peignoir de pénombre entachée de soleil.

On pourra dès lors disposer ces éléments *ad libitum*
comme suit :

    1 2 3 4 5   1 4 2 3 5
    1 2 4 3 5   1 4 3 2 5
    1 2 3 5 4   1 4 3 5 2
    1 3 2 4 5
    1 3 5 4 2   2 3 4 5 1
    1 3 4 2 5   2 4 3 5 1
    1 3 2 5 4
    1 3 5 2 4   2 3 1 4 5
    1 3 4 5 2   etc.

Toutefois la suite 4-1 est à déconseiller (*par* tant de
cimes négligentes *par* cette brosserie...)

Extrait du chapitre intitulé :
 Formation d'un abcès poétique »

La Rage de l'expression

René Char

CONGÉ AU VENT

À flancs de coteau du village bivouaquent des champs fournis de mimosas. À l'époque de la cueillette, il arrive que, loin de leur endroit, on fasse la rencontre extrêmement odorante d'une fille dont les bras se sont occupés durant la journée aux fragiles branches. Pareille à une lampe dont l'auréole de clarté serait de parfum, elle s'en va, le dos tourné au soleil couchant.

Il serait sacrilège de lui adresser la parole.

L'espadrille foulant l'herbe, cédez-lui le pas du chemin. Peut-être aurez-vous la chance de distinguer sur ses lèvres la chimère de l'humidité de la Nuit ?

Fureur et mystère

ANNIVERSAIRE

Maintenant que tu as uni un printemps sans verglas aux embruns d'un massacre entré dans l'odyssée de sa cendre, fauche la moisson accumulée à l'horizon peu sûr, restitue-la aux espoirs qui l'entourèrent à sa naissance.

Que le jour te maintienne sur l'enclume de sa fureur
blanche !

Ta bouche crie l'extinction des couteaux respirés. Tes
filtres chauds entr'ouverts s'élancent aux libertés.

Rien que l'âme d'une saison sépare ton approche de
l'amande de l'innocence.

Fureur et mystère

LE LORIOT

3 septembre 1939

Le loriot entra dans la capitale de l'aube.
L'épée de son chant ferma le lit triste.
Tout à jamais prit fin.

Fureur et mystère

LÉONIDES

Es-tu ma femme ? Ma femme faite pour atteindre la
rencontre du présent ? L'hypnose du phénix convoite
ta jeunesse. La pierre des heures l'investit de son lier-
re.

Es-tu ma femme ? L'an du vent où guerroie un vieux
nuage donne naissance à la rose, à la rose de violence.

Ma femme faite pour atteindre la rencontre du pré-
sent.

Le combat s'éloigne et nous laisse un cœur d'abeille sur nos terres, l'ombre éveillée, le pain naïf. La veillée file lentement vers l'immunité de la Fête.

Ma femme faite pour atteindre la rencontre du présent.

Fureur et mystère

ÉVADNÉ

L'été et notre vie étions d'un seul tenant
La campagne mangeait la couleur de ta jupe odorante
Avidité et contrainte s'étaient réconciliées
Le château de Maubec s'enfonçait dans l'argile
Bientôt s'effondrerait le roulis de sa lyre
La violence des plantes nous faisait vaciller
Un corbeau rameur sombre déviant de l'escadre
Sur le muet silex de midi écartelé
Accompagnait notre entente aux mouvements tendres
La faucille partout devait se reposer
Notre rareté commençait un règne
(Le vent insomnieux qui nous ride la paupière
En tournant chaque nuit la page consentie
Veut que chaque part de toi que je retienne
Soit étendue à un pays d'âge affamé et de larmier
    géant)

C'était au début d'adorables années
La terre nous aimait un peu je me souviens.

Fureur et mystère

UN OISEAU...

Un oiseau chante sur un fil
Cette vie simple, à fleur de terre.
Notre enfer s'en réjouit.

Puis le vent commence à souffrir
Et les étoiles s'en avisent.

Ô folles, de parcourir
Tant de fatalité profonde !

Fureur et mystère

JACQUEMARD ET JULIA

Jadis l'herbe, à l'heure où les routes de la terre s'ac-
cordaient dans leur déclin, élevait tendrement ses tiges
et allumait ses clartés. Les cavaliers du jour naissaient
au regard de leur amour et les châteaux de leurs bien-
aimées comptaient autant de fenêtres que l'abîme porte
d'orages légers.

Jadis l'herbe connaissait mille devises qui ne se
contrariaient pas. Elle était la providence des visages
baignés de larmes. Elle incantait les animaux, donnait
asile à l'erreur. Son étendue était comparable au ciel qui
a vaincu la peur du temps et allégi la douleur.

Jadis l'herbe était bonne aux fous et hostile au bour-
reau. Elle convolait avec le seuil de toujours. Les jeux
qu'elle inventait avaient des ailes à leur sourire (jeux
absous et également fugitifs). Elle n'était dure pour

aucun de ceux qui perdant leur chemin souhaitent le perdre à jamais.

Jadis l'herbe avait établi que la nuit vaut moins que son pouvoir, que les sources ne compliquent pas à plaisir leur parcours, que la graine qui s'agenouille est déjà à demi dans le bec de l'oiseau. Jadis, terre et ciel se haïssaient mais terre et ciel vivaient.

L'inextinguible sécheresse s'écoule. L'homme est un étranger pour l'aurore. Cependant à la poursuite de la vie qui ne peut être encore imaginée, il y a des volontés qui frémissent, des murmures qui vont s'affronter et des enfants sains et saufs qui *découvrent*.

Fureur et mystère

LA SORGUE

Chanson pour Yvonne

Rivière trop tôt partie, d'une traite, sans compagnon,
Donne aux enfants de mon pays le visage de ta pas
sion.

Rivière où l'éclair finit et où commence ma maison,
Qui roule aux marches d'oubli la rocaille de ma raison.

Rivière, en toi terre est frisson, soleil anxiété.
Que chaque pauvre dans sa nuit fasse son pain de ta
moisson.

Rivière souvent punie, rivière à l'abandon.

Rivière des apprentis à la calleuse condition,
Il n'est vent qui ne fléchisse à la crête de tes sillons.

Rivière de l'âme vide, de la guenille et du soupçon,
Du vieux malheur qui se dévide, de l'ormeau, de la
  compassion.

Rivière des farfelus, des fiévreux, des équarrisseurs,
Du soleil lâchant sa charrue pour s'acoquiner au men-
  teur.

Rivière des meilleurs que soi, rivière des brouillards
  éclos,
De la lampe qui désaltère l'angoisse autour de son cha-
  peau.

Rivière des égards au songe, rivière qui rouille le fer,
Où les étoiles ont cette ombre qu'elles refusent à la
  mer.

Rivière des pouvoirs transmis et du cri embouquant les
  eaux,
De l'ouragan qui mord la vigne et annonce le vin nou-
  veau.

Rivière au cœur jamais détruit dans ce monde fou de
  prison,
Garde-nous violent et ami des abeilles de l'horizon.

Fureur et mystère

TU AS BIEN FAIT DE PARTIR,
ARTHUR RIMBAUD !

Tu as bien fait de partir, Arthur Rimbaud ! Tes dix-
huit ans réfractaires à l'amitié, à la malveillance, à la
sottise des poètes de Paris ainsi qu'au ronronnement

d'abeille stérile de ta famille ardennaise un peu folle, tu as bien fait de les éparpiller aux vents du large, de les jeter sous le couteau de leur précoce guillotine. Tu as eu raison d'abandonner le boulevard des paresseux, les estaminets des pisse-lyres, pour l'enfer des bêtes, pour le commerce des rusés et le bonjour des simples.

Cet élan absurde du corps et de l'âme, ce boulet de canon qui atteint sa cible en la faisant éclater, oui, c'est bien là la vie d'un homme ! On ne peut pas, au sortir de l'enfance, indéfiniment étrangler son prochain. Si les volcans changent peu de place, leur lave parcourt le grand vide du monde et lui apporte des vertus qui chantent dans ses plaies.

Tu as bien fait de partir, Arthur Rimbaud ! Nous sommes quelques-uns à croire sans preuve le bonheur possible avec toi.

Fureur et mystère

LES PREMIERS INSTANTS

Nous regardions couler devant nous l'eau grandissante. Elle effaçait d'un coup la montagne, se chassant de ses flancs maternels. Ce n'était pas un torrent qui s'offrait à son destin mais une bête ineffable dont nous devenions la parole et la substance. Elle nous tenait amoureux sur l'arc tout-puissant de son imagination. Quelle intervention eût pu nous contraindre ? La modicité quotidienne avait fui, le sang jeté était rendu à sa chaleur. Adoptés par l'ouvert, poncés jusqu'à l'invisible, nous étions une victoire qui ne prendrait jamais fin.

Fureur et mystère

LE MARTINET

Martinet aux ailes trop larges, qui vire et crie sa joie autour de la maison. Tel est le cœur.

Il dessèche le tonnerre. Il sème dans le ciel serein. S'il touche au sol, il se déchire.

Sa repartie est l'hirondelle. Il déteste la familière. Que vaut dentelle de la tour ?

Sa pause est au creux le plus sombre. Nul n'est plus à l'étroit que lui.

L'été de la longue clarté, il filera dans les ténèbres, par les persiennes de minuit.

Il n'est pas d'yeux pour le tenir. Il crie, c'est toute sa présence. Un mince fusil va l'abattre. Tel est le cœur.

Fureur et mystère

DANS L'ESPACE

Le soleil volait bas, aussi bas que l'oiseau. La nuit les éteignit tous deux. Je les aimais.

La Parole en archipel

LIGNE DE FOI

La faveur des étoiles est de nous inviter à parler, de nous montrer que nous ne sommes pas seuls, que l'aurore a un toit et mon feu tes deux mains.

La Parole en archipel

EFFACEMENT DU PEUPLIER

L'ouragan dégarnit les bois.
J'endors, moi, la foudre aux yeux tendres.
Laissez le grand vent où je tremble
S'unir à la terre où je croîs.

Son souffle affile ma vigie.
Qu'il est trouble le creux du leurre
De la source aux couches salies !

Une clé sera ma demeure,
Feinte d'un feu que le cœur certifie ;
Et l'air qui la tint dans ses serres.

Le Nu perdu

FACTION DU MUET

Les pierres se serrèrent dans le rempart et les hommes vécurent de la mousse des pierres. La pleine nuit portait fusil et les femmes n'accouchaient plus. L'ignominie avait l'aspect d'un verre d'eau.

Je me suis uni au courage de quelques êtres, j'ai vécu violemment, sans vieillir, mon mystère au milieu d'eux, j'ai frissonné de l'existence de tous les autres, comme une barque incontinente au-dessus des fonds cloisonnés.

Le Nu perdu

D'UN MÊME LIEN

Atome égaré, arbrisseau,
Tu grandis, j'ai droit de parcours.
À l'enseigne du pré qui boit,
Peu instruits nous goûtions, enfants,
De pures clartés matinales.
L'amour qui prophétisa
Convie le feu à tout reprendre.

Ô fruit envolé de l'érable
Ton futur est un autrefois.
Tes ailes sont flammes défuntes,
Leur morfil amère rosée.
Vient la pluie de résurrection !

Nous vivons, nous, de ce loisir,
Lune et soleil, frein ou fouet,
Dans un ordre halluciné.

Le Nu perdu

PERMANENT INVISIBLE

Permanent invisible aux chasses convoitées,
Proche, proche invisible et si proche à mes doigts,
Ô mon distant gibier la nuit où je m'abaisse
Pour un novice corps à corps.
Boire frileusement, être brutal répare.
Sur ce double jardin s'arrondit ton couvercle.
Tu as la densité de la rose qui se fera.

Le Nu perdu

DESTINATION DE NOS LOINTAINS

La liberté naît, la nuit, n'importe où, dans un trou de mur, sur le passage des vents glacés.

Les étoiles sont acides et vertes en été ; l'hiver elles offrent à notre main leur pleine jeunesse mûrie.

Si des dieux précurseurs, aguerris et persuasifs, chassant devant eux le proche passé de leurs actions et de nos besoins conjugués, ne sont plus nos inséparables, pas plus la nature que nous ne leur survivrons.

Tel regard de la terre met au monde des buissons vivifiants au point le plus enflammé. Et nous réciproquement.

Imitant de la chouette la volée feutrée, dans les rêves du sommeil on improvise l'amour, on force la douleur dans l'épouvante, on se meut parcellaire, on rajeunit avec une inlassable témérité.

Ô ma petite fumée s'élevant sur tout vrai feu, nous sommes les contemporains et le nuage de ceux qui nous aiment !

La Nuit talismanique

NOTE DE L'ÉDITEUR

Comme le dit un titre connu d'Éluard, « le meilleur choix de poè-
mes est celui que l'on fait pour soi » : si on se risque à composer une
anthologie, c'est-à-dire à choisir pour les autres, c'est en connaissance
des limites et de l'arbitraire d'une telle entreprise, qui ne se justifiera
que dans la mesure où son propos et son contenu, son mode de lec-
ture, pour ne pas dire son mode d'emploi, auront été clairement
exposés.

De Claudel à Char, des lendemains du symbolisme dans les années
90 au début de la Seconde Guerre mondiale, l'aventure poétique pré-
sente, si diverses et parfois contradictoires que soient ses options, un
certain nombre de constantes, ou tout au moins de convergences.
Après la cure de pureté symboliste, le recours à l'idéal et à l'évasion,
s'instaure pour le poète un échange renouvelé avec le monde et avec
les autres. Échange qui peut prendre les formes les plus variées, de la
parole claudélienne qui reproduit le geste créateur de Dieu à la révol-
te désespérée d'Artaud, du regard d'Apollinaire sur la vie quotidienne
à la célébration des éléments par Saint-John Perse, de la soif fiévreuse
de Cendrars à la révolution surréaliste – mais qui toujours implique et
remet en cause la relation du poète à l'univers. Il substitue à la repré-
sentation des choses leur imagination et introduit une modification
dans la fonction de l'image qui, de « correspondance » référant à un
autre ordre de sensations ou d'idées, ou encore à une transcendance,
conquiert son autonomie, tire sa valeur de sa propre dynamique et
constitue l'élément générateur du poème. Il entraîne aussi une mise
en question du langage poétique, accordant au mot un pouvoir créa-
teur multiplié (d'où l'abondance des calembours, des écholalies et,
d'une façon générale, de tous les phénomènes de paronomase) et
renouvelant les formes traditionnelles du vers et de la strophe, aussi
bien par une prudente libération qui respecte les structures fonda-
mentales que par une totale révolution à la manière dadaïste. Après
1940, ces tendances profondes subsistent assurément. Mais le temps
d'arrêt marqué par le surréalisme, l'apparition d'une poésie de cir-

constance dans la guerre et dans la Résistance, la prise de conscience d'une génération nouvelle, notamment dans ce qu'on a appelé l'école de Rochefort, puis les orientations idéologiques et esthétiques de l'après-guerre modifient profondément les perspectives : c'est une autre époque qui commence.

Pour rendre compte de ce demi-siècle, nous n'avons retenu que des poètes ayant publié entre 1890 et 1940. Nous avons toutefois écarté, au début de cette période, ceux dont l'œuvre reste plus ancrée dans le symbolisme, comme Henri de Régnier, Stuart Merrill, Vielé-Griffin, Moréas ou Verhaeren ; et, à la fin, ceux dont l'œuvre ne s'est épa-nouie que par la suite, tels, parmi bien d'autres, René-Guy Cadou, Pierre Emmanuel, Georges Schehadé ou Guillevic. Aux uns comme aux autres, des volumes à venir feront la juste place. En revanche, bien que *Paroles* n'ait paru qu'en 1945, Prévert figure dans ce volume, les poèmes qui composent ce premier recueil étant pour la plupart connus avant 1939.

Un ordre de présentation strictement chronologique, fondé sur la date de naissance, aurait eu pour conséquence, malgré son apparente objectivité, d'arbitraires distorsions : c'est ainsi que Toulet aurait été rapproché de Claudel, et séparé des Fantaisistes, qui le considéraient comme l'un des leurs. Un classement par écoles était impossible, dans un temps qui a vu le triomphe de l'individualisme. Nous avons cru pouvoir adopter une règle souple, qui rende compte de la dynamique du mouvement poétique : elle module la succession chronologique des dates de naissance par celles de la publication des œuvres et par les affinités littéraires, proposant ainsi une approche qu'on souhaite harmonieuse.

Les notices n'ont d'autre prétention que de situer les poètes. Il ne s'agit pas de petites monographies systématiquement établies, mais d'éclairages qui tantôt fixent un trait biographique, tantôt s'efforcent de caractériser l'œuvre en quelques mots. Quant aux bibliographies qui suivent chacune d'elles, elles donnent dans l'ordre chronologique les publications du poète, puis, le cas échéant, la référence des œuvres complètes ou d'un choix de textes significatif, enfin, quand il y a lieu, celle d'une œuvre dans laquelle le poète a parlé de lui-même et de ses conceptions.

Nous avons enfin eu le souci de n'offrir que des textes intégraux, sans aucune coupure. Péguy, Saint-John Perse et Ponge seuls échap-pent à ce principe ; on trouvera en revanche dans leur totalité de longs poèmes comme *La Chanson du mal-aimé* ou la *Prose du Transsibé-rien*. Ce respect du texte est essentiel à notre but, qui n'est pas d'éta-blir un échantillonnage documentaire, mais d'inciter au bonheur de la lecture et au plaisir poétique.

MICHEL DÉCAUDIN

INDICATIONS BIBLIOGRAPHIQUES

Ouvrages généraux sur la poésie de Claudel à Char

Raymond, Marcel, *De Baudelaire au surréalisme*. Corrêa, 1933 ; nouvelle édition, Corti, 1940, plusieurs rééditions augmentées.

Rousselot, Jean, *Panorama critique des nouveaux poètes français*. Seghers, 1952.

Clancier, Georges-Emmanuel, *Panorama critique de Rimbaud au surréalisme*. Seghers, 1953.

Bernard, Suzanne, *Le Poème en prose de Baudelaire jusqu'à nos jours*. Nizet, 1959.

Décaudin, Michel, *La Crise des valeurs symbolistes, 1895-1914*. Privat, 1960 ; nouvelle édition, Slatkine, 1981.

Richard, Jean-Pierre, *Onze études sur la poésie moderne*. Éditions du Seuil, 1964.

Lemaître, Henri, *La Poésie depuis Baudelaire*. Armand Colin, 1965.

Rousselot, Jean, *Dictionnaire de la poésie française contemporaine*. Larousse, 1968.

Bigongiari, Piero, *Poesia francese del Novecento*. Florence, Vallecchi, 1968.

Somville, Léon, *Devanciers du surréalisme. Les Groupes d'avant-garde et le mouvement poétique 1912-1925*. Droz, 1971.

Boisdeffre, Pierre de, *Les Poètes français d'aujourd'hui*. Presses universitaires de France, coll. « Que sais-je ? », 1973.

Onimus, Jean, *Expérience de la poésie*. Desclée de Brouwer, 1973.

Sabatier, Robert, *La Poésie du XXᵉ siècle*, I, *Tradition et évolution*, II, *Révolutions et conquêtes*. Albin Michel, 1982, 2 vol.

Principales anthologies

Ne figurent ici que des anthologies concernant directement la période envisagée ; ont été écartées celles qui s'étendent à l'ensemble de la poésie française, ainsi que celles qui se limitent à un groupe, une école ou une tendance.

Anthologie poétique du XXe siècle, établie par Robert de la Vaissière. Crès, 2 vol., 1923-1925.

Anthologie de la nouvelle poésie française. Aux éditions du Sagittaire chez Simon Kra, 1924.

Poètes d'aujourd'hui, par Adolphe Van Bever et Paul Léautaud. Mercure de France, dernière édition, 3 vol., 1927.

La Poésie d'aujourd'hui, anthologie nouvelle, avant-propos d'Eugène Montfort, notices d'Henry Charpentier, Guy Lavaud et Louis Mandin. Les Marges, 2 vol., 1928-1929.

Poètes contemporains, par André Dumas. Delagrave, 1932.

Anthologie des poètes de la N.R.F., préface de Paul Valéry. Gallimard, 1936 ; nouvelle édition, 1958.

An Anthology of Modern French Poetry, from Baudelaire to the present day, par Cecil A. Hackett. Oxford, Blackwell, 1952 ; nouvelle édition, 1976.

Anthologie des poètes français contemporains, tomes quatrième et cinquième, établis sous la direction de Pascal Bonetti. Delagrave, 2 vol., 1958-1959.

Une anthologie vivante de la littérature d'aujourd'hui, par Pierre de Boisdeffre, tome II, *La Poésie française, de Baudelaire à nos jours*. Perrin, 1966.

Anthologie de la poésie française du XXe siècle, par Renée Hubert et Judd Hubert. New York, Appleton-Century-Crofts, Meredith Corporation, 1971.

Le Livre d'or de la poésie française des origines à 1940 ; Le Livre d'or de la poésie française contemporaine de A à H ; Le Livre d'or de la poésie française contemporaine de H à Z, par Pierre Seghers. Marabout Université, 3 vol., 1972.

Les Chemins de la poésie française au XXe siècle, par Gabriel Belloc et Claude Debon-Tournadre. Delagrave, 1978.

La plupart des poètes cités dans le présent recueil ont d'autre part fait l'objet d'un volume dans la collection « Poètes d'aujourd'hui » publiée par Pierre Seghers. Ils sont également présents dans « Poésie/Gallimard » (voir à la fin du volume).

NOTICES

ALBERT-BIROT, Pierre, 1876-1967. Fondateur en 1916 de la revue SIC (Sons, Idées, Couleurs), à laquelle collaborèrent notamment Apollinaire, Aragon, Max Jacob, Reverdy, Severini, Soupault, Tzara. Ses pièces de théâtre et ses romans sont à l'image de son œuvre poétique : burlesque et fantastique, merveilleux et quotidien y sont charriés par une langue pleine de verve et d'allégresse.

Trente et un poèmes de poche, 1917 ; *Poèmes quotidiens*, 1919 ; *La Joie des sept couleurs*, 1919 ; *La Triloterie*, 1920 ; *Quatre poèmes d'amour*, 1922 ; *La Lune ou le livre des poèmes*, 1924 ; *Poèmes à l'autre moi*, 1927 ; *Ma morte*, 1931 ; *Le Cycle des poèmes de l'année*, 1937 ; *Amenpeine*, 1938 ; *La Panthère noire*, 1938 ; *Miniatures*, 1939 ; *Les Amusements naturels*, 1945 ; *Cent dix gouttes de poésie*, 1952 ; *Dix poèmes à la mer*, 1954 ; *Graines*, 1965 ; *Silex, poèmes des cavernes*, 1966 ; *La Belle Histoire*, 1966 ; *Cent nouvelles gouttes de poésie*, 1967 ; *Deux poèmes*, 1968 ; *Aux trente-deux vents*, 1970 ; *Le Train bleu*, 1970 ; *Six quatrains de Chantilly*, 1972 ; *Le Pont des soupirs*, 1972 ; *La Grande Couronnée*, 1972 ; *Long cours*, 1974 ; *Distances*, suivi de vingt poèmes, 1976.

Poésie 1916-1924, Gallimard, 1967 ; *Poésie 1927-1937*, Rougerie, 1981 ; *Poésie 1931-1938*, Rougerie, 1982.

APOLLINAIRE, Guillaume, 1880-1918. D'origine polonaise par sa mère, italienne par son père, né à Rome, venu jeune en France, il s'engagea en 1914 et fut blessé en 1916. Journaliste, critique littéraire et artistique, défenseur des cubistes, il représente dans sa poésie, ses contes et son théâtre une modernité ouverte aux recherches nouvelles sans pour autant rompre avec la tradition.

Le Bestiaire ou cortège d'Orphée, 1911 ; *Alcools*, 1913 ; *Vitam impendere amori*, 1917 ; *Calligrammes*, 1918 ; *Il y a*, 1925 ; *Ombre de mon amour [Poèmes à Lou]*, 1947 ; *Le Guetteur mélancolique*, 1952.

Œuvres poétiques, Bibliothèque de la Pléiade, 1956.

L'Esprit nouveau et les poètes, 1946.

ARAGON, Louis, 1897-1982. Fondateur avec Breton et Soupault de la revue *Littérature* en 1919, dadaïste, puis surréaliste jusqu'à son enga gement total au parti communiste à partir de 1933. Si le romancier l'essayiste, le journaliste (il fut directeur de *Ce soir* et des *Lettres fran çaises*) ont parfois en lui éclipsé le poète, ils ne l'ont jamais entière ment mis à l'écart. Il a été successivement le poète de l'esprit nou veau le surréaliste des premiers recueils, le révolutionnaire admira teur de l'U.R.S.S., le patriote et le résistant qui retrouve avec l'héri tage national les formes traditionnelles, le poète engagé de la guer re froide, enfin l'auteur des grands textes autobiographiques où domine le chant d'amour pour Elsa.

Feu de joie, 1920 , *Le Mouvement perpétuel*, 1925 ; *La Grande Gaîté* 1929 ; *Persécuté persécuteur*, 1931 ; *Hourra l'Oural*, 1934 ; *Le Crève-cœur* 1941 · *Cantique à Elsa*, 1941 ; *Les Yeux d'Elsa*, 1942 ; *Brocéliande*, 1942 ; *L Musée Grévin*, 1943 ; *En français dans le texte*, 1943 ; *Neuf chansons inter dites*, 1944 ; *France, écoute*, 1944 ; *Je te salue, ma France*, 1944 ; *Contribu tion au cycle de Gabriel Péri*, 1944 ; *La Diane française*, 1945 ; *En étrange pays dans mon pays lui-même*, 1945 ; *Le Nouveau Crève-cœur*, 1948 ; *Les Yeux et la mémoire*, 1954 ; *Mes caravanes*, 1954 ; *Le Roman inachevé*, 1956 ; *Elsa*, 1959 ; *Les Poètes*, 1960 ; *Le Fou d'Elsa*, 1963 ; *Le Voyage Hollande*, 1964 (repris dans *Le Voyage de Hollande et autres poème* 1965) ; *Il ne m'est Paris que d'Elsa*, 1964 ; *Élégie à Pablo Neruda*, 196ᶠ *Chambres*, 1969 ; *Les Adieux*, 1982.

Poésies, anthologie, Club du meilleur livre, 1960.

L'Œuvre poétique, Livre Club Diderot, 15 volumes, 1974-1982.

Chroniques de la pluie et du beau temps, précédé de *Chroniques du bel canto*, Éditeurs Français Réunis, 1979.

ARTAUD, Antonin, 1896-1948. « Si je suis poète ou acteur, ce n est pa pour écrire ou déclamer des poésies, mais pour les vivre », s'es écrié cet enragé de vie dont toute l'existence a été un combat déses péré contre le destin, « pour en finir avec le jugement de Dieu . Chacun de ses écrits est un acte auquel il se donne corps et âme comment isoler dans la totalité de ces textes, correspondance com prise, une part purement et exclusivement « poétique » ? Toute son œuvre est une aventure qui englobe et dépasse la poesie

Œuvres complètes, déjà parus, tomes I à XIX, Gallimard, 195ᶠ-100 La réédition augmentée du tome I, 1976, en deux volume contient *L'Ombilic des limbes*, 1925, *Le Pèse-nerfs*, 1925, *L'Art et la mort*, 1929, les poèmes jusqu'en 1935 (volume 1), et les textes surréalistes (volume 2) ; le tome XIII contient *Pour en finir avec le jugement de Dieu*

ᵀ **IBERTI**, Jacques, 1899-1965. Après une jeunesse antiboise, il arrive a Paris en 1924. Journaliste, dramaturge, romancier, essayiste, cinéaste, peintre, il est avant tout et en tout poète. Son jaillissement verbal, sa truculente abondance s'accommodent de la prosodie tra ditionnelle, voire des formes fixes, pour exprimer un univers tou jours en fusion et une humanité pathétique, à la fois glorieuse, tendre, dérisoire.

L'Empire et la trappe, 1929 ; *Race des hommes*, 1937 ; *Des tonnes de semence*, 1941 ; *Toujours*, 1943 ; *Vive guitare*, 1946 ; *La Pluie sur les boulevards*, 1950 ; *Rempart*, 1953 ; *La Beauté de l'amour*, 1955 ; *Lagune hérissée*, 1958 ; *Ange aux entrailles*, 1964.

La Nouvelle Origine, 1942 ; *L'Abhumanisme*, 1955.

BATAILLE, Henry, 1872-1922. S'il obtint au théâtre ses plus grands succès, sa poésie intimiste, ouverte aux images du monde moderne, séduisit des lecteurs aussi différents que Carco et Éluard.

La Chambre blanche, 1895 ; *Le Beau Voyage*, 1904 (reprenant le précédent) ; *La Divine Tragédie*, 1916 ; *La Quadrature de l'amour*, 1920.

BOSCHÈRE, Jean de, 1878-1953. Après une jeunesse flamande et des séjours en Angleterre et en Italie, il s'installe en France en 1926. La poésie domine son œuvre abondante, qui comporte notamment des études sur l'art, quelques romans et des « livres de nature ». Sa rhétorique angoissée, hantée par la solitude et la destinée de l'homme, éclate en images fulgurantes.

Béâle-Gryne, 1909 ; *Dolorine et les ombres*, 1911 ; *The Closed Door*, 1917 ; *Job le pauvre*, 1922 (ces deux recueils réunis dans *Ulysse bâtit son lit*, 1929) ; *Jaloux de leur seigneur*, 1935 ; *Élans d'ivresse*, 1935 ; *Dressé, actif, j'attends*, 1936 ; *Joie grondante*, 1941 ; *Derniers « poèmes » de l'Obscur*, 1948 ; *Héritiers de l'abîme*, 1950 ; *Le Paria couronné*, 1956.

Œuvres complètes en cours de publication aux éditions Granit : « *Poèmes* » de l'Obscur. I, *Ulysse bâtit son lit*, 1977.

BOUSQUET, Joë, 1897-1950. Blessé en 1918 d'une balle à la colonne vertébrale, il reste paralysé et passera son existence alité à Carcassonne, entouré d'amis et en relations épistolaires avec de nombreux écrivains, couvrant des cahiers d'où il tirera la matière de ses livres, où parfois, comme dans *Le Meneur de lune* (1946), prose et vers se mêlent et dont on fera après sa mort de nombreux volumes.

La Connaissance du soir, 1947.

BRETON, André, 1896-1966. Est-il possible d'isoler la *poésie* dans l'œuvre de celui qui fut le fondateur et, jusqu'à sa mort, l'animateur du groupe surréaliste ? Ne donne-t-il pas dans le premier *Manifeste* comme exemple de « surréalisme poétique » les proses automatiques des *Champs magnétiques*, écrites avec Soupault, et un souffle poétique ne traverse-t-il pas *Nadja*, *L'Amour fou* ou *Arcane 17* ? Mais il a publié lui-même en 1948 ses *Poèmes* en un volume, les distinguant ainsi de ses autres textes. Des images somptueuses y consacrent une alliance de l'éloquence et des suggestions de l'inconscient dans une réalité nouvelle où procèdent l'un de l'autre rêve et expérience quotidienne, insolite et univers familier. « La poésie trahirait sa mission immémoriale si les événements historiques même les plus douloureux l'entraînaient à dévier de la *voie royale* qui est la sienne et à tourner en rond sur elle-même en un point crucial de cette voie. Son rôle est de se porter sans cesse en avant, d'explorer en tous sens le champ des possibilités, de se manifester – quoi qu'il advienne – comme puissance *émancipatrice* et *annonciatrice*. Par-delà les convulsions qui saisissent les régimes et les sociétés, il faut pour cela qu'elle garde le contact avec le fond primitif de l'être humain – angoisse, espoir, énergie créatrice – qui s'avère le seul réservoir inépuisable de ressources » (*Entretiens*).

Mont de piété, 1919 ; *Les Champs magnétiques*, en collaboration avec Philippe Soupault, 1920 ; *Clair de terre*, 1923 ; *Poisson soluble*, 1924 ; *Ralentir travaux*, en collaboration avec René Char et Paul Éluard, 1930 ; *L'Immaculée Conception*, en collaboration avec Paul Éluard, 1930 ; *L'Union libre*, 1931 ; *Le Revolver à cheveux blancs*, 1932 ; *L'Air de l'eau*, 1934 ; *Les États généraux*, 1947 ; *Ode à Charles Fourier*, 1947 ; *Constellations*, 1959.
Poésie et autre, Club du meilleur livre, 1960 ; *Clair de terre*, poèmes 1919-1936, Gallimard, 1966 ; *Signe ascendant*, poèmes 1935-1961, Gallimard, 1968.
Poèmes, Gallimard, 1948 ; *Œuvres*, Bibliothèque de la Pléiade, en préparation.

CARCO, Francis, 1886-1958. Le romancier de *L'Homme traqué* et de *Jésus-la-Caille*, le chroniqueur de la bohème et de la pègre montmartroises a, comme beaucoup d'écrivains de sa génération, commencé par la poésie et il a été à ses débuts du groupe fantaisiste avec Derème, Pellerin, Vérane. Sur des accents de chanson populaire, qui prennent parfois des tonalités verlainiennes, il évoque des amours tristes et sensuelles, des paysages brouillés de pluie, des tableaux parisiens familiers et troubles, non sans laisser affleurer un profond mal de vivre.

Instincts, 1911 ; *La Bohème et mon cœur*, 1912 (rééditions augmentées, 1922, 1927, 1929, 1939) ; *Chansons aigres-douces*, 1913 ; *Au vent crispé du matin*, 1913 ; *Petits airs*, 1920 ; *Poèmes retrouvés* (1904-1923), 1927 ; *Pour faire suite à « La Bohème et mon cœur »*, 1933 ; *La Rose au balcon*, 1936 ; *Petite suite sentimentale*, 1936 ; *À l'amitié*, 1937 ; *L'Ombre*, 1941 ; *Morte-fontaine*, 1946 (réédition augmentée, 1947) ; *Poèmes en prose*, 1948 (nouvelle édition, 1958) ; *La Romance de Paris*, 1949.
Poésies complètes, Gallimard, 1955.

CENDRARS, Blaise, 1887-1961. Aucune pulsion de la vie moderne ne lui est étrangère. Il a poursuivi dans une prose flamboyante de romancier, d'essayiste et de reporter l'inscription sur les chemins du monde d'une aventure de l'esprit et de l'écriture d'abord entreprise en poésie. Ses images violentes, sa langue nerveuse et syncopée sont une source du renouvellement de l'expression poétique.

Les Pâques, 1912 ; *Prose du transsibérien et de la petite Jehanne de France*, 1913 ; *Séquences*, 1913 ; *La Guerre au Luxembourg*, 1916 ; *Le Panama ou les aventures de mes sept oncles*, 1918 ; *Du monde entier* (reprend *Les Pâques*, sous le titre *Les Pâques à New York*, la *Prose* et le *Panama*), 1919 ; *Dix-neuf poèmes élastiques*, 1919 ; *Au cœur du monde*, 1919 ; *Documentaires* (*Kodak*), 1924 ; *Feuilles de route*, 1924.

Poésies complètes, Denoël, 1944, repris et augmenté sous le titre *Du monde entier au cœur du monde*, Denoël, 1957, puis dans *Œuvres complètes*, Denoël, 8 volumes, 1963-1965, tome I, et Club français du livre, 16 volumes, 1968-1971, tome I.

CHAR, René, né en 1907. Son existence est liée à L'Isle-sur-Sorgue, où il est né. Après des débuts qui le firent connaître d'Éluard en 1929, il participa jusqu'en 1934 aux activités du groupe surréaliste, puis s'en écarta. Pendant la guerre, il joua un rôle important dans les maquis des Basses-Alpes et cette expérience de la Résistance a fortement marqué son œuvre, toute tendue dans une exigence d'unité et d'humanisme. Ouverte aussi bien aux pulsions de l'inconscient et au rêve qu'au lyrisme de la nature et de la vie lucide, sa poésie est « fureur et mystère », se concentre en aphorismes où se joignent la densité de son écriture, la netteté de sa pensée et la force de ses images.

« Le dessein de la poésie étant de nous rendre souverains en nous impersonnalisant, nous touchons, grâce au poème, à la plénitude de ce qui n'était qu'esquissé ou déformé par les vantardises de l'individu.

« Les poèmes sont des bouts d'existence incorruptibles que nous lançons à la gueule répugnante de la mort, mais assez haut pour que, ricochant sur elle, ils tombent dans le monde nominateur de l'unité » (*La Parole en archipel*).

Les Cloches sur le cœur, 1928 ; *Arsenal*, 1929 ; *Le Tombeau des secrets*, 1930 ; *Artine*, 1930 ; *Ralentir travaux*, en collaboration avec André Breton et Paul Éluard, 1930 ; *L'Action de la justice est éteinte*, 1931 ; *Le Marteau sans maître*, 1934 ; *Moulin premier*, 1936 (ces deux derniers titres réunis en un volume, 1970) ; *Placard pour un chemin des écoliers*, 1937 ; *Dehors la nuit est gouvernée*, 1938 ; *Seuls demeurent*, 1945 ; *Feuillets d'Hypnos*, 1946 ; *Le Poème pulvérisé*, 1947 ; *Fureur et mystère*, 1948 (réunit *Seuls demeurent*, *Feuillets d'Hypnos*, *Le Poème pulvérisé* et d'autres poèmes) ; *Claire*, 1949 ; *Les Matinaux*, 1950 ; *Le Soleil des eaux*, 1951 ; *À une sérénité crispée*, 1951 ; *Lettera amorosa*, 1953 ; *Recherche de la base et du sommet*, 1955 ; *Cinq poésies en l'honneur de Georges Braque*, 1958 ; *La Parole en archipel*, 1962 ; *Commune présence*, 1964 ; *L'Âge cassant*, 1965 ; *Retour amont*, 1966 ; *Trois coups sous les arbres*, 1967 ; *Dans la pluie giboyeuse*, 1968 ; *Dent prompte*, 1969 ; *En trente-trois morceaux*, 1970 ; *L'Effroi, la joie*, 1971 ; *Le Nu perdu*, 1971 (réunit *Retour amont*, *Dans la pluie giboyeuse*, *L'Effroi, la joie* et d'autres poèmes) ; *La Nuit talismanique*, 1972 ; *Sans grand-peine*, 1973 ; *Aromates chasseurs*, 1975 ; *De « La Sainte Famille » au « Droit de paresse »*, 1976 ; *Chants de la balandrane*,

1977 ; _Le Nu perdu et autres poèmes 1964-1975_, 1978 (réunit _Le Nu perdu,
La Nuit talisman.que, Aromates chasseurs_ et d'autres poèmes) ; _Fenêtres
dormantes et porte sur le toit_, 1979.

Poèmes et prose choisis_, Gallimard, 1957, nouvelle édition, 1963.
Œuvres, Bibliothèque de la Pléiade, 1983.
Sur la poésie, 1936-1974, 1974.

CLAUDEL, Paul, 1868-1955. Diplomate, il parcourut le monde des
États-Unis à la Chine et du Brésil au Japon. Toute son œuvre, poé-
sie, théâtre, essais, exégèse biblique, est une quête de la réalité spi-
rituelle, un hymne à Dieu et à sa Création dans l'orthodoxie catho-
lique, alliant le sens cosmique à l'expérience quotidienne. Dans son
Introduction à un poème sur Dante, il écrit : « L'objet de la poésie, ce
n'est pas, comme on le dit souvent, les rêves, les illusions ou les
idées. C'est cette sainte réalité, donnée une fois pour toutes, au
centre de laquelle nous sommes placés. C'est l'univers des choses
visibles auquel la Foi ajoute celui des choses invisibles. C'est tout
cela qui nous regarde et que nous regardons. Tout cela est l'œuvre
de Dieu, qui fait la matière inépuisable des récits et des chants du
plus grand poète comme du plus pauvre petit oiseau. »

Connaissance de l'Est, 1900 (édition définitive 1914) ; _Cinq Grandes
Odes suivies d'un processionnal pour saluer le siècle nouveau_, 1910 ; _La
Cantate à trois voix_, 1912 ; _Vers d'exil_ dans _Théâtre_, 4 volumes, 1911-1912,
tome IV ; _Corona Benignitatis Anni Dei_, 1915 ; _La Messe là-bas_, 1917 ; _Ode
jubilaire pour le six centième anniversaire de la mort de Dante_, 1921 ; _Poè-
mes de guerre 1914-1916_, 1922 ; _Feuilles de Saints_, 1925 ; _Cent phrases pour
éventails_, 1927 ; _L'Oiseau noir dans le soleil levant_, 1927 (édition rema-
niée et augmentée, 1929) ; _Poèmes et paroles durant la guerre de Trente
ans_, 1945 ; _Le Livre de Job_, 1946 ; _Visages radieux_, 1947.

Œuvre poétique, Bibliothèque de la Pléiade, 1957.

Art poétique, 1907 ; _Positions et propositions_, 1928-1934 ; _Pages de prose_,
1944.

COCTEAU, Jean, 1889-1963. Il a lui-même réparti son œuvre diverse et
abondante en poésie, poésie de roman, poésie de théâtre, poésie
critique, poésie graphique, poésie cinématographique... Il est peu
de domaines, en effet, qu'il n'ait abordés en plus d'un demi-siècle
d'une activité créatrice toujours éveillée aux innovations. On a été
surtout sensible à son goût du scandale, à sa virtuosité, à sa mobi-
lité, à tout ce qu'on a pu taxer de légèreté, voire de futilité dans son
œuvre et son comportement. Mais il faudrait prendre en compte la
sincérité qu'il n'a cessé de proclamer, la gravité que revêtait à ses
yeux la fonction poétique, la richesse et la cohérence de sa mytho-
logie personnelle. « La sincérité serrée de chaque minute, même
lorsqu'elle offre une suite de contradictions apparentes, trace une
ligne plus droite, plus profonde que toutes les lignes théoriques
auxquelles on est si souvent tenu de sacrifier le meilleur de soi » (_Le
Rappel à l'ordre_).

La Lampe d'Aladin, 1909 ; *Le Prince frivole*, 1910 ; *La Danse de Sophocle*, 1912 ; *L'Ode à Picasso*, 1919 ; *Le Cap de Bonne-Espérance*, 1919 ; *Poésies 1917-1920*, 1920 ; *Escales*, 1920 ; *Vocabulaire*, 1922 ; *Plain-chant*, 1923 ; *Poésie 1916-1923*, 1925 (contenant *Le Cap de Bonne-Espérance, Discours du grand sommeil, Poésies, Vocabulaire* et *Plain-chant*) ; *Prière mutilée*, 1925 ; *L'Ange Heurtebise*, 1925 ; *Opéra*, 1927 ; *Énigme*, 1939 ; *Allégories*, 1941 ; *Léone*, 1945 ; *Poèmes*, 1948 ; *Le Chiffre sept*, 1952 ; *Appogiatures*, 1953 ; *Clair-obscur*, 1954 ; *La Corrida du premier mai*, 1957 ; *Paraprosodies*, 1958 ; *Cérémonial espagnol du Phénix*, suivi de *La Partie d'échecs*, 1961 ; *Le Requiem*, 1962 ; *Faire-part*, 1968 ; *Le Livre blanc*, 1970.

Anthologie poétique de Jean Cocteau, Club français du livre, 1951.

Œuvres complètes, Marguerat, 11 volumes, 1946-1951.

DAUMAL, René, 1908-1944. Fondateur de la revue *Le Grand Jeu*, qui eut trois numéros de 1928 à 1930, proche des surréalistes par l'esprit de révolte, il se sépare d'eux dans sa quête spirituelle. Obsédé dès son adolescence par la voyance rimbaldienne, sollicité par la pataphysique de Jarry, il cherche à atteindre à la Connaissance absolue par un dépassement des limites de la conscience : la drogue, les pouvoirs de la parole, la sagesse traditionnelle de l'Inde, les pratiques ésotériques soutiennent une démarche qui est la raison même de sa vie. « Qu'est-ce que ce "don" commun à tous les poètes ? C'est une liaison particulière entre les diverses vies qui composent notre vie, telle que chaque manifestation d'une de ces vies n'en est plus seulement le signe exclusif, mais peut devenir, par une résonance intérieure, le signe de l'émotion qui est, à un moment donné, la couleur ou le son ou le goût de soi-même. Cette émotion centrale, profondément cachée en nous, ne vibre et ne brille qu'à de rares instants. Ces instants seront, pour le poète, ses moments poétiques, et toutes ses pensées et sensations et gestes et paroles, en un tel moment, seront les signes de l'émotion centrale. Et lorsque l'unité de leur signification se réalisera dans une image qui s'affirmera par des mots, c'est alors plus spécialement que nous dirons qu'il est poète » (*Poésie noire, poésie blanche*). Un certain nombre de ses poèmes, publiés en revue (comme « Je parle dans tous les âges » en 1930 dans *Commerce*), n'ont été recueillis qu'après sa mort.

Le Contre-Ciel, 1936.

Poésie noire, poésie blanche, Gallimard, 1954.

DERÈME, Tristan, 1889-1941. Ami, dès le lycée, de Francis Carco et de Robert de la Vaissière, il participe au groupe fantaisiste, dont il conservera dans toute son œuvre les options fondamentales. Élégiaque et amer, enjoué et mélancolique, triomphant de l'émotion par une pirouette, il écrit des poèmes d'une savante acrobatie, où la contre-assonance se substitue à la rime et où il se permet toute licence, sauf contre le vers. Dans des textes de prose mêlée de vers, il a abordé sur un ton de badinage des questions de métrique et d'écriture poétique (*Le Violon des Muses, L'Escargot bleu, L'Onagre orangé, Le Poisson rouge, La Tortue indigo*).

En poésie, a-t-il écrit, « la tristesse et l'affliction les plus douloureu
ses n'apparaîtront qu'ornées des claires guirlandes de l'ironie, qui
est, on l'a dit, une pudeur, et qui est aussi une rébellion et une
revanche.

« Le choix des mots, des rythmes, la rime, l'assonance – aucune
richesse ne doit être négligée – serviront le poète en ce dessein. Il
saura, par l'éclat exagéré d'une rime, par la rouerie d'une épithète
ou le jeu trop sensible des allitérations, donner volontairement à
sourire des sentiments graves qu'au même instant il chante et sans
cesser d'être sincère » (préface de *La Verdure dorée*).

Le Parfum des roses fanées, 1908 ; *Les Ironies sentimentales*, 1909 ; *Petits
poèmes*, 1910 ; *Erêne ou l'été fleuri*, 1910 ; *Le Poème de la pipe et de l'escar-
got*, 1912 ; *La Flûte fleurie*, 1913 ; *Le Poème des chimères étranglées*, 1921
(ces plaquettes réunies dans *La Verdure dorée*, 1922) ; *Quelques vers de
feu M. Decalandre*, 1921 ; *Le Zodiaque ou les étoiles sur Paris*, 1927 ; *L'En-
fant perdu*, 1928 ; *Le Ballet des Muses*, 1928 ; *Le Navire et la maison*, 1928
(ces quatre plaquettes réunies dans *Poèmes des colombes*, 1929) ; *Dédica-
ces*, 1928 ; *Le Seuil fleuri*, 1930 ; *Caprice*, 1930 ; *Les Compliments en vers de
Patachou*, 1931 ; *Songes du poète*, 1931 ; *Le Poème des griffons*, 1938.

DESNOS, Robert, 1900-1945. Introduit par Péret dans le groupe dadaïs-
te, il se montre un excellent médium dans les séances de sommeil
hypnotique organisées par Breton en 1922. Exclu en 1929 du groupe
surréaliste auquel il adhérait depuis sa fondation. Ses activités le
conduisent vers la radio, le cinéma, le journalisme, la publicité.
Résistant, il fut arrêté et mourut au camp de Terezin. Ce Parisien ne
perdit jamais le goût du langage et de la complainte populaires,
qu'il utilisa avec tendresse et humour ; nul mieux que lui n'exprima
le merveilleux moderne.

Deuil pour deuil, 1924 ; *C'est les bottes de sept lieues cette phrase « Je me
vois »*, 1926 ; *La Liberté ou l'amour*, 1927 ; *Corps et biens*, 1930 ; *The Night
of loveless Nights*, 1930 ; *Les Sans cou*, 1934 ; *Fortunes*, 1942 ; *État de veille*,
1943 ; *Contrée*, 1944 ; *Le Bain avec Andromède*, 1944 ; *Trente chantefables
pour les enfants sages*, 1944 ; *Chantefables et chantefleurs*, 1952 ; *Domaine
public* (reprenant *Corps et biens*, *Fortunes*, et d'autres poèmes), 1953 ;
Mines de rien, 1957 ; *Calixto*, suivi de *Contrée*, 1962 ; *Destinée arbitraire*
(reprenant *C'est les bottes...*, *État de veille*, *Le Bain avec Andromède*,
Mines de rien, avec des inédits), 1975 ; *Récits, nouvelles et poèmes*, 1975 ;
La Ménagerie de Tristan (déjà paru dans *Destinée arbitraire*), 1978.

Choix de poèmes, éd. de Minuit, 1946.

ÉLUARD, Paul, 1895-1952. Il participe au dadaïsme, puis au surréalisme
jusqu'à la veille de la Seconde Guerre mondiale, se rapprochant
alors du parti communiste auquel il se réinscrira dans la clandesti-
nité en 1942. Dans le surréalisme, dont il adopte les positions et
accepte les expériences les plus radicales, comme ensuite au sein du
parti communiste, il reste le poète confiant dans la poésie, qui
chante avec un art limpide et transparent l'amour, la liberté, le
bonheur et le malheur, la fraternité des hommes. De *Donner à voir*

« Je n'invente pas les mots. Mais j'invente des objets, des êtres, des événements et mes sens sont capables de les percevoir. Je me crée des sentiments. Je souffre ou j'en suis heureux. L'indifférence peut les suivre. J'en ai le souvenir. Il m'arrive de les prévoir. S'il me fallait douter de cette réalité, plus rien ne me serait sûr, ni la vie, ni l'amour, ni la mort. Tout me deviendrait étranger. Ma raison se refuse à nier le témoignage de mes sens. L'objet de mes désirs est toujours réel, sensible. »

Éluard réemployant souvent ses poèmes de recueil en recueil et composant ses recueils de plaquettes antérieures, nous signalons seulement les ouvrages les plus importants et, éventuellement, leur contenu.

Le Devoir, 1916 ; *Le Devoir et l'inquiétude*, 1917 ; *Poèmes pour la paix*, 1918 ; *Les Animaux et leurs hommes, les hommes et leurs animaux*, 1920 ; *Pour vivre ici*, 1920 ; *Les Nécessités de la vie et les conséquences des rêves*, précédé d'*Exemples*, 1921 (tous ces recueils repris dans *Premiers poèmes*, 1948) ; *Répétitions*, 1922 ; *Les Malheurs des Immortels*, 1922 ; *Mourir de ne pas mourir*, 1924 ; *Au défaut du silence*, 1925 ; *Capitale de la douleur*, 1926 (réunit *Répétitions*, *Mourir de ne pas mourir* et de « nouveaux poèmes ») ; *Les Dessous d'une vie*, 1926 (repris presque intégralement dans *Donner à voir*, 1939) ; *Défense de savoir*, 1928 ; *L'Amour la poésie*, 1929 (reprenant *Défense de savoir* avec d'autres poèmes) ; *Ralentir travaux*, en collaboration avec André Breton et René Char, 1930 ; *L'Immaculée Conception*, en collaboration avec André Breton, 1930 ; *À toute épreuve*, 1930 ; *Dors*, 1931 ; *La Vie immédiate*, 1932 (reprend les deux recueils précédents) ; *Comme deux gouttes d'eau*, 1933 ; *La Rose publique*, 1934 (reprenant le précédent) ; *Facile*, 1935 ; *La Barre d'appui*, 1936 ; *Les Yeux fertiles*, 1936 (reprenant les deux précédents) ; *Quelques-uns des mots qui jusqu'ici m'étaient mystérieusement interdits*, 1937 ; *Cours naturel*, 1938 (reprenant le précédent) ; *Les Mains libres*, 1937 ; *Le Livre ouvert I, 1938-1940*, 1940 ; *Le Livre ouvert II, 1939-1941*, 1942 (reprenant *Jeux vagues la poupée*, 1939, *Moralité du sommeil*, 1941) (ces deux recueils repris avec *Chanson complète*, 1939, *Médieuses*, 1939, *Le Lit la table*, 1944, dans *Le Livre ouvert 1938-1944*, 1947) ; *Au rendez-vous allemand*, 1944 (reprenant *Poésie et vérité* 1942, 1942, *Les Armes de la douleur*, 1944) ; *Lingères légères*, 1945 ; *Poésie ininterrompue*, 1946 (reprenant *Moralité du sommeil*) ; *Le Dur Désir de durer*, 1946 ; *Le Temps déborde*, 1947 ; *Deux poètes d'aujourd'hui*, 1947 ; *Corps mémorable*, 1947 ; *À l'intérieur de la vue*, 1948 ; *Poèmes politiques*, 1948 ; *Perspectives*, 1948 ; *Léda*, 1949 ; *Une leçon de morale*, 1950 (reprenant *Grèce ma rose de raison*, 1949) ; *Hommages*, 1950 ; *Pouvoir tout dire*, 1951 ; *Le Visage de la paix*, 1951 ; *Le Phénix*, 1951 ; *Poésie ininterrompue*, II, 1953.

Choix de poèmes, Gallimard, 1941 ; *La Jarre peut-elle être plus belle que l'eau ?* 1930-1938, Gallimard, 1951 ; *Poèmes pour tous*, choix de poèmes 1917-1952, Éditeurs Français Réunis, 1952 ; *Derniers poèmes d'amour*, Seghers, 1962 (reprenant *Le Dur Désir de durer*, *Le Temps déborde*, *Corps mémorable*, *Le Phénix*).

Œuvres complètes, Bibliothèque de la Pléiade, 2 volumes, 1968.

FARGUE, Léon-Paul, 1876-1947. Bohème, noctambule, il fut toute sa
vie, comme le dit un de ses titres, « le piéton de Paris ». Il fréquenta
à ses débuts les mardis de Mallarmé et fut l'ami de Gide, de Lar-
baud, de Valéry. La poésie est pour lui « cette vie de secours où l'on
apprend à s'évader des conditions du réel, pour y revenir en force
et le faire prisonnier ». Son langage musical, sa fantaisie verbale le
situent parmi ces héritiers du symbolisme qui contribuèrent à for-
ger la sensibilité de notre siècle.

Poèmes, 1905 ; Nocturnes, 1905 ; Tancrède, 1911 ; Pour la musique, 1912 ;
Poèmes, 1912 (ces deux plaquettes reprises en un volume, 1918, nouvelle
édition 1947) ; Banalité, 1928 ; Vulturne, 1928 ; Épaisseurs, 1929 (ces
deux plaquettes réunies dans Espaces, 1929) ; Sous la lampe, 1929
(contenant Banalité et Suite familière) ; Les Ludions, 1930 (repris avec
Tancrède sous le titre Ludions en un volume, 1943) ; Poèmes, 1931.
Poésies, préface de Saint-John Perse, Gallimard, 1963.

FOLLAIN, Jean, 1903-1971. Toute son œuvre, en disant les choses telles
qu'elles sont, découvre leur âme secrète et décèle le mystère de la
vie quotidienne, sans lyrisme et sans rhétorique, en poèmes et en
proses d'une brièveté savoureuse.

Cinq poèmes, 1933 ; La Main chaude, 1933 ; L'Année poétique, 1934 ;
Huit poèmes, 1935 ; Le Gant rouge, 1936 ; La Visite du domaine, 1936 ;
Chants terrestres, 1937 ; L'Épicerie d'enfance, 1938 ; Poètes, 1941 ; Ici-bas,
1941 ; Canisy, 1942 ; Inventaire, 1942 ; Usage du temps, 1943 (recueil col-
lectif comprenant La Main chaude, Chants terrestres, Ici-bas et, sous le
titre Transparence du monde, une partie originale) ; Exister, 1947 ; Deux
poèmes, 1948 ; Chef-lieu, 1950 ; Un poème, 1951 ; Les Choses données, 1952 ;
Territoires, 1953 ; Palais souterrain, 1953 ; Objets, 1955 ; Tout instant,
1957 ; Des heures, 1960 ; Notre monde, 1960 ; Appareil de la terre, 1964 ;
Cheminements, 1964 ; Nourritures, 1965 ; D'après tout, 1967 ; Approches,
1969 ; Éclats du temps, 1970 ; Espaces d'instants, 1971 ; Pour exister encore,
1972 ; Comme jamais, 1976 ; Falloir vivre, 1976 ; Noir des carmes, 1976 ; Le
Pain et la boulange, 1977 ; Présent jour, 1978.
Poèmes et proses choisis, Gallimard, 1961.
Sens de la poésie, dans Création, n° 1, 1971.

FOMBEURE, Maurice, 1906-1981. Issu d'une vieille famille de paysans
poitevins, professeur de lettres. Ses premiers poèmes paraissent
dans les revues en 1925. Ils inaugurent une veine spirituelle et tru-
culente, nourrie à la tradition du terroir, dont l'experte simplici-
té se joue de toutes les roueries de la langue et de la versification.
« Écoutons un peu notre cœur, a-t-il écrit, la tête a joué son rôle. »

Silences sur le toit, 1930 ; Les Moulins de la parole, 1936 ; À pas de souris,
1937 ; Bruits de la terre, 1937 ; Maléfices des fontaines, 1939 ; Chansons du
sommeil léger, 1941 ; Chansons de la grande hune, 1942 ; D'amour et
d'aventure, 1942 ; Greniers des saisons, 1942 ; À dos d'oiseau, 1942 (re

prend *Silences sur le toit, Chansons de la grande hune* et *Bruits de la terre*) ; *Arentelles*, 1943 ; *Aux créneaux de la pluie*, 1946 ; *Sortilèges vus de près*, 1947 ; *J'apprivoise par jeu*, 1947 ; *Les Étoiles brûlées*, 1950 ; *Poussière du silence*, 1950 ; *Dès potron-minet*, 1952 ; *Pendant que vous dormez*, 1953 , *Une forêt de charme*, 1955 ; *Sous les tambours du ciel*, 1959 (reprend *Les Moulins de la parole* dans la première partie) ; *Quel est ce cœur ?*, 1963 ; *À chat petit*, 1967.

FORT, Paul, 1872-1960. Issu du symbolisme, il a trouvé dès 1895 la formule de ses « ballades » dont les alexandrins sont disposés à la suite l'un de l'autre en courts paragraphes de prose, formule à laquelle il restera fidèle dans toute son œuvre. Ses thèmes sont issus de la vie quotidienne comme du folklore et du pittoresque des provinces françaises : ils sont traités dans une langue qui se veut simple et populaire, à l'image de celle de la chanson.

Nombreuses publications reprises dans *Ballades françaises et chroniques de France*, 40 vol., 1897-1958.
Ballades françaises, choix, 1897-1960, Flammarion, 1963.

FOUREST, Georges, 1867-1945. « Oisif, avocat loin de la Cour d'Appel », ainsi étaient libellées ses cartes de visite. Avocat, il fréquenta en effet les cabarets et les tavernes de Montmartre et de Saint-Michel à la Belle Époque plutôt que le palais. La truculence de ses poèmes burlesques et parodiques y obtenait un succès que le temps n'a pas démenti.

La Négresse blonde, 1909 ; *Le Géranium ovipare*, 1935.

GIDE, André, 1869-1951. La poésie n'est certes pas la partie la plus importante de son œuvre. On n'oubliera cependant pas l'ironie décadente des *Poésies d'André Walter* ni la ferveur lyrique des *Nourritures terrestres*.

Les Poésies d'André Walter, 1892 ; *Les Nourritures terrestres*, 1897 ; *Le Nouvelles Nourritures*, 1935.
Anthologie de la poésie française, avec un appendice, *Sur une définition de la poésie*, Gallimard, 1949.

GOFFIN, Robert, 1898-1984. Belge, passionné de poésie et de jazz, ami de Cendrars, il chante avec luxuriance son époque et la vie cosmopolite. On lui doit aussi des études d'histoire et de critique littéraire.

Rosaire des soirs, 1918 ; *Jazz-Band*, 1922 ; *La Proie pour l'ombre*, 1935 ; *Couleur d'absence*, 1936 (repris et complété dans *Sang bleu*, 1939) ; *Le Voleur de feu*, 1950 ; *Filles de l'onde*, 1954 ; *Foudre natale*, 1955 ; *Le Temps sans rives*, 1958 ; *Archipels de la sève*, 1960 ; *Sources du ciel*, 1962 ; *Corps combustible*, 1964 ; *Sablier pour une cosmogonie*, 1965 (reprend et complète *Filles de l'onde*) ; *Le Versant noir*, 1967 ; *Faits divers*, 1969 ; *Phosphores chanteurs*, 1970 ; *L'Envers du feu*, 1971.

Œuvres poétiques 1918-1954, Éditions universitaires, 1958.
Patrie de la poésie, 1945.

J A C O B, Max, 1876-1944. Né à Quimper, il arrive à Paris à vingt ans et fréquente la bohème littéraire et artistique, le Bateau-lavoir, les milieux d'avant-garde, Montparnasse. Il est converti depuis quelques années, à la suite d'une vision lorsque, en 1921, il commence à partager sa vie entre Paris et Saint-Benoît-sur-Loire, où il se retirera définitivement à l'ombre de l'abbaye en 1937. Arrêté par les Allemands comme juif en 1944, il meurt au camp de Drancy. Il allie cocasserie et élans mystiques, affectation ludique et sincérité, cherchant dans la poésie « l'accord des mots, des images et de leur appel mutuel et constant ».

La Côte, chants bretons, 1911 ; *Les Œuvres burlesques et mystiques de frère Matorel*, 1912 ; *Le Cornet à dés*, 1917 ; *La Défense de Tartufe*, 1919 ; *Le Laboratoire central*, 1921 ; *Visions infernales*, 1924 ; *Les Pénitents en maillots roses*, 1925 ; *Fond de l'eau*, 1927 ; *Sacrifice impérial*, 1929 ; *Rivage*, 1931 ; *Ballades*, 1938 (ces six recueils réunis en 1970 sous le titre *Ballades*) ; *Derniers poèmes en vers et en prose*, 1945 ; *Poèmes de Morven le Gaélique*, 1953 ; *Le Cornet à dés*, II, 1955 ; *L'Homme de cristal*, 1967.
Morceaux choisis, Gallimard, 1936.
Conseils à un jeune poète, 1945.

J A M M E S, Francis, 1868-1938. Toute sa vie se passa au pied des Pyrénées, à Orthez, puis à Hasparren. Apparue dans les derniers temps du symbolisme, sa poésie frappa par un parti pris de simplicité et d'ingénuité dans les thèmes comme dans l'expression. Il chante les joies humbles de la vie quotidienne, les animaux familiers et la campagne. Son retour à la foi catholique sous l'influence de Claudel en 1905 l'orienta vers une inspiration religieuse qui ne modifia pas sa sensibilité lyrique.

Six sonnets, 1891 ; *Vers*, 1892 ; *Vers*, 1893 ; *Vers*, 1894 ; *Un jour*, 1895 ; *La Naissance du poète*, 1897 ; *De l'Angelus de l'aube à l'Angelus du soir, 1888-1898*, 1898 ; *Quatorze prières*, 1898 ; *La Jeune Fille nue*, 1899 ; *Le Poète et l'oiseau*, 1900 ; *Le Deuil des primevères, 1898-1900* (qui rassemble *Élégies*, *La Jeune Fille nue*, *Le Poète et l'oiseau*, *Poésies diverses*, *Quatorze prières*), 1901 ; *Le Triomphe de la vie, 1900-1901* (qui rassemble *Jean de Noarrieu* et *Existences*), 1902 ; *Tristesses*, 1905 ; *Pensée des jardins*, 1906 ; *L'Église habillée de feuilles*, 1906 ; *Clairières dans le Ciel, 1902-1906*, 1906 ; *Poèmes mesurés*, 1908 ; *Rayons de miel*, 1908 ; *Les Géorgiques chrétiennes*, 1912 ; *La Vierge et les sonnets*, 1919 ; *Épitaphes*, 1921 ; *Le Tombeau de Jean de La Fontaine*, suivi de *Poèmes mesurés*, 1921 ; *Le Premier Livre des quatrains*, 1923 ; *Le Deuxième Livre des quatrains*, 1923 ; *Le Troisième Livre des quatrains*, 1924 ; *Le Quatrième Livre des quatrains*, 1925 ; *Ma France poétique*, 1926 ; *Diane*, 1928 ; *Alouette*, 1935 ; *De tout temps à jamais*, 1935 ; *Sources*, 1936 ; *Feux*, 1937 ; *Sources et feux*, 1944 ; *Prends nos vieux souvenirs*, 1948 ; *Le Poème d'ironie et d'amour*, 1950.
Choix de poèmes, Mercure de France, 1922.
Œuvres, Mercure de France, 5 volumes, 1913-1926.

JARRY, Alfred, 1873-1907. Ses poèmes sont moins connus que les *Ubu* (*Ubu roi*, 1896), *Le Surmâle* ou les *Gestes et opinions du docteur Faustroll, pataphysicien* (posthume, 1911). Il est vrai que, textes de jeunesse rassemblés par lui-même sous le titre *Ontogénie*, mais non publiés, poèmes mêlés à la prose (dans les *Ubu*, mais aussi dans *Les Minutes de sable mémorial*, 1894, *Les Jours et les nuits*, 1897, ou les *Gestes et opinions*), pièces retrouvées dans des revues, on ne les a réunis que longtemps après sa mort. Mais ils ont le même caractère et participent au même mouvement que l'ensemble de l'œuvre, représentant, dans le respect apparent des formes, une mise en question du langage et du contenu de la poésie en même temps qu'une restructuration de l'imaginaire.

Œuvres poétiques complètes, Gallimard, 1945 ; *Œuvres complètes*, Éditions du Livre — Henri Kaeser, 8 volumes, 1948 ; *Œuvres complètes*, tome I, Bibliothèque de la Pléiade, 1972.

JOUVE, Pierre Jean, 1887-1976. Après une crise spirituelle qui le conduit en 1924 à une conversion au catholicisme, il renie toute sa poésie antérieure, unanimiste et humanitaire, pour faire commencer son œuvre « réelle » en 1925 avec *Les Mystérieuses Noces*. Il en définit ainsi l'esprit dans l'avant-propos à *Sueur de Sang* : « L'homme moderne a découvert l'inconscient et sa structure ; il y a vu l'impulsion de l'éros et l'impulsion de la mort, nouées ensemble, et la face du monde de la Faute, je veux dire du monde de l'homme, en est définitivement changée. On ne déliera plus le rapport entre la culpabilité — le sentiment fondamental au cœur de tout homme — et l'intrication initiale des deux instincts capitaux. » Ses romans, et aussi ses essais (pour la plupart consacrés à la musique), illustrent autant que ses poèmes le « conflit insoluble » qu'incarne tragiquement l'homme.

Artificiel, 1909 ; *Les Muses romaines et florentines*, 1910 ; *Les Ordres qui changent*, 1911 ; *Les Aéroplanes*, 1911 ; *Présences*, 1912 ; *Parler*, 1913 ; *Vous êtes des hommes*, 1915 ; *Poème contre le grand crime*, 1916 ; *Danse des morts*, 1917 ; *Huit poèmes de la solitude*, 1918 ; *Heures, livre de la nuit*, 1919 ; *Heures, livre de la grâce*, 1920 ; *Toscanes*, 1921 ; *Tragiques*, suivi de *Voyage sentimental*, 1923 ; *Prière*, 1924 ; *Les Mystérieuses Noces*, 1925 ; *Nouvelles Noces*, 1926 ; *Noces*, 1928 (nouvelle édition, *Les Noces*, 1931) ; *Le Paradis perdu*, 1929 ; *La Symphonie à Dieu*, 1930 ; *Sueur de Sang*, 1933 ; *Urne*, 1936 ; *Matière céleste*, 1937 ; *Kyrie*, 1938 ; *Ode au peuple*, 1939 ; *Résurrection des morts*, 1939 ; *Gloire*, 1940 ; *Porche à la nuit des saints*, 1941 ; *Vers majeurs*, 1942 ; *Le Bois des pauvres*, 1943 ; *La Vierge de Paris*, 1944 ; *La Louange*, 1945 ; *Hymne*, 1947 ; *Génie*, 1948 ; *Diadème*, 1949 ; *Ode*, 1950 ; *Langue*, 1952 ; *Lyrique*, 1956 ; *Quatre suites*, 1956 ; *Mélodrame*, 1957 ; *Inventions*, 1958 ; *Moires*, 1962 ; *Ténèbre*, 1965.

Les Témoins, poèmes choisis 1930-1942, éd. de La Baconnière, 1943 ; *A une soie*, anthologie, L.U.F., 1945 ; *Poésie*, 1926-1957, G.L.M., 1957.

Poésie, Mercure de France, 4 volumes, 1964-1967.

.ARBAUD, Valery, 1881-1957. Esprit cosmopolite, non seulement grâce aux nombreux voyages que lui permet sa fortune personnelle, mais aussi par l'effet de sa curiosité à l'égard des littératures étrangères (particulièrement les domaines anglo-saxon et espagnol), il a écrit peu de poèmes au regard de son œuvre de romancier et d'essayiste. Mais ils introduisent un pittoresque nouveau, fait de dilettantisme et de tendresse, exprimé dans un vers libre au rythme volontairement incertain : « Ô vie réelle, s'écrie-t-il, sans art et sans métaphores, sois à moi. »

Les Portiques, 1896 ; *Poèmes par un riche amateur, ou œuvres françaises de M. Barnabooth*, 1908, repris dans *A.O. Barnabooth, ses œuvres complètes*, 1913.
Œuvres, Bibliothèque de la Pléiade, 1957.

LA TOUR DU PIN, Patrice de, 1911-1975. Hors des courants littéraires, il conçoit son œuvre comme une quête spirituelle de l'absolu, confrontant l'homme à lui-même, aux autres, à Dieu, pour aboutir à une union de la poésie avec la liturgie et la théologie dans ce qu'il appelle la « théopoésie ».

La Quête de Joie, 1933 ; *D'un aventurier*, 1935 ; *L'Enfer*, 1935 ; *Le Lucernaire*, 1936 ; *Le Don de la Passion*, 1937 ; *Psaumes*, 1938 ; *Les Anges*, 1939 ; *La Genèse*, 1945 ; *Le Jeu du seul*, 1946 ; *Les Contes de soi*, 1946 ; *Les Concerts sur terre*, 1946 ; *Une somme de poésie*, 1946 (englobant les recueils antérieurs ; noùvelle édition revue, avec en sous-titre : I — *Le Jeu de l'homme en lui-même*, 1981) ; *La Contemplation errante*, 1948 ; *Un bestiaire fabuleux*, 1951 ; *Une somme de poésie*, II — *Le Second Jeu*, 1959 (nouvelle édition revue, 1982) ; *Une somme de poésie*, III — *Petit théâtre crépusculaire*, 1963 (nouvelle édition revue, avec en sous-titre : *Le Jeu de l'homme devant Dieu*, 1983) ; *Une lutte pour la vie*, 1970 ; *Concert eucharistique*, 1972 ; *La Nuit, le Jour*, 1973 ; *Psaumes de tous mes temps*, 1974.
La Vie recluse en poésie, Plon, 1938 (repris dans *Une somme de poésie*, tome I).

LEVET, Henry J.-M., 1874-1906. Chargé de mission et vice-consul en Extrême-Orient, auteur de *Cartes postales* rassemblées après sa mort, dont l'exotisme désabusé séduisit Valery Larbaud.

Le Drame de l'allée, 1897 ; *Le Pavillon ou la saison de Thomas W. Lance*, 1897.
Poèmes, précédés d'une conversation de Léon-Paul Fargue et Valery Larbaud, 1921 (nouvelle édition Gallimard, 1943).

MAC ORLAN, Pierre, 1882-1970. Après des années de vie de bohème et d'errance à travers l'Europe, il se retire en 1924 à Saint-Cyr-sur-Morin : telle est l'existence de Mac Orlan, romancier fécond du fantastique urbain et de l'aventure. Ses poèmes, d'une inspiration analogue, ont été interprétés par Germaine Montero, Agnès Capri, Catherine Sauvage, Cora Vaucaire. Ils fixent, entre Cendrars et Carco, un moment de la modernité du siècle.

L'Inflation sentimentale, 1923 ; *Simone de Montmartre*, 1924 ; *Abécédaire des filles et de l'enfant chéri*, 1924 ; *Boutiques*, 1925 ; *Boutiques de la foire*, 1925 (ces deux recueils réunis dans *Poèmes en prose*, 1946) ; *Chanson de charme pour faux-nez*, 1950 ; *La Chanson des portes*, 1952 ; *Chansons pour accordéon*, 1953 ; *Poésies documentaires complètes*, 1954 (réunit *Inflation sentimentale, Simone de Montmartre, Abécédaire, Chanson de charme pour faux-nez, Quelques films sentimentaux, Poèmes en prose*) ; *Mémoires en chanson*, 1965.

Œuvres poétiques complètes, éditions du Capitole, 1929 (réunit *Simone de Montmartre, Boutiques, Fêtes foraines, Poèmes divers*) ; *Œuvres poétiques*, Émile-Paul, 1946 ; *Œuvres complètes*, Cercle du Bibliophile, 25 volumes, 1969-1971 (l'œuvre poétique forme le tome IX).

M A R T I N E T, Marcel, 1887-1944. Élève de l'École normale supérieure, il renonce à l'enseignement pour devenir employé à l'Hôtel de Ville par idéal politique et social. Syndicaliste révolutionnaire, pacifiste pendant la guerre de 1914-1918, un moment proche de la révolution russe et du parti communiste, directeur littéraire à *L'Humanité* de 1921 à 1923, il restera jusqu'à sa mort un militant intransigeant de l'in   nationalisme des travailleurs et de la littérature prolétarienne. Son œuvre est très vaste : essais, théâtre (*La Nuit*, en 1921, fut saluée par Trotsky comme « le drame de la classe ouvrière française »), romans (*Le Solitaire*, 1946). Il ne cessa d'écrire des poèmes qui, de l'intimisme de ses débuts, s'ouvrent à un souffle humanitaire qui ne manque pas de force.

Le Jeune Homme et la vie, 1911 ; *Les Temps maudits*, 1917, édition augmentée, 1920 ; *Chants du passager*, 1934 ; *Hommes*, 1938 ; *Une feuille de hêtre*, 1938 ; *Quarantaine*, 1939 ; *Eux et moi, chants de l'identité*, 1954.
Florilège poétique, L'Amitié par le livre, 1946.
Culture prolétarienne, 1935 ; *Défense à la poésie...*, dans *Hommes*, 1938.

M A R Y, André, 1879-1962. Soucieux de donner à la poésie des racines nationales, il est le fondateur de l'École gallicane et veut rendre vie à des formes poétiques médiévales et à des expressions disparues.

Symphonies pastorales, 1903 ; *Les Sentiers du Paradis*, 1906 (ces deux recueils réunis dans *Forêteries*, 1952) ; *Le Cantique de la Seine*, 1911 ; *Le Doctrinal des preux*, 1919 ; *Le Livre des idylles et passe-temps*, 1922 ; *Rondeaux*, 1924 ; *Poèmes 1903-1928*, 1928 ; *Le Livre nocturne*, 1935 ; *Rimes et bacchanales*, 1942 ; *Arcadie*, 1954.

M I C H A U X, Henri, 1899-1984. « Les genres littéraires, a-t-il écrit, sont des ennemis qui ne vous ratent pas, si vous les avez ratés, vous, au premier coup. » Lui ne les a pas ratés et, livres nés de voyages en Asie et en Amérique du Sud, explorations angoissées du monde intérieur, interrogations sur la peinture, expériences de la mescaline et d'autres drogues hallucinogènes (quand il ne se contraint pas à de simples comptes rendus), ses textes échappent à toute classification traditionnelle. Ils sont plongés dans l'imaginaire, invention d'un univers insolite et fantastique, *épreuve* et *exorcisme*, pour reprendre les mots d'un de ses titres, quête de l'Être dans l'Absolu, désespoir et humour. Œuvre unique dans son temps, que complète une importante œuvre picturale.

Qui je fus, 1927 ; *Ecuador*, 1929 ; *Mes propriétés*, 1929 ; *Un certain Plume*, 1930 (repris sous le titre *Plume*, précédé de *Lointain intérieur*, 1938) ; *Un Barbare en Asie*, 1933 ; *La Nuit remue*, 1935 ; *Voyage en Grande Garabagne*, 1936 ; *Peintures*, 1939 ; *Au pays de la magie*, 1941 ; *Arbres des tropiques*, 1942 ; *Labyrinthes*, 1944 ; *Liberté d'action*, 1945 ; *Épreuves, exorcismes, 1940-1944*, 1946 ; *Apparitions*, 1946 ; *Ici, Poddema*, 1946 ; *Ailleurs*, 1948 (réunit *Voyage en Grande Garabagne, Au pays de la magie, Ici, Poddema*) ; *Nous deux encore*, 1948 ; *La Vie dans les plis*, 1949 ; *Passages*, 1950 ; *Mouvements*, 1952 ; *Nouvelles de l'étranger*, 1952 ; *Face aux verrous*, 1954 ; *Misérable miracle*, 1956 ; *L'Infini turbulent*, 1957 ; *Paix dans les brisements*, 1959 ; *Connaissance par les gouffres*, 1961 ; *Vents et poussières, 1955 1962*, 1962 ; *Les Grandes Épreuves de l'esprit et les innombrables petites*, 1966 ; *Façons d'endormi, façons d'éveillé*, 1969 ; *Poteaux d'angle*, 1971 (nouvelle édition, 1978, 1981) ; *Émergences-résurgences*, 1972 ; *En rêvant à partir de peintures énigmatiques*, 1972 ; *Quand tombent les toits*, 1973 ; *Moments. Traversées du temps*, 1973 ; *Par la voie des rythmes*, 1974 ; *Idéogrammes en Chine*, 1975 ; *Coups d'arrêt*, 1975 ; *Face à ce qui se dérobe*, 1975 ; *Les Ravagés*, 1976 ; *Jours de silence*, 1978 ; *Saisir*, 1979 ; *Une voie pour l'insubordination*, 1980 ; *Affrontements*, 1981 ; *Comme un ensablement*, 1981 ; *Chemins cherchés, chemins perdus, transgressions*, 1982 ; *Les Commencements*, 1983 ; *Par des traits*, 1984 ; *Déplacements. Dégagements*, 1985.

L'Espace du dedans, pages choisies, Gallimard, 1944 (nouvelle édition augmentée, 1966) ; *Choix de poèmes*, Gallimard, 1976.

MILOSZ, Oscar Vladislas de Lubicz, 1877-1939. D'une famille de nobles lituaniens, grands propriétaires terriens, il vient à Paris à l'âge de douze ans et passe en France la plus grande partie de sa vie. La nostalgie de l'enfance, la hantise de la solitude sont à la source d'une démarche mystique qui le conduit à une lecture ésotérique de la Bible. Sa poésie, qui évolue d'un ample alexandrin à une forme de verset, est saisie de l'ineffable et moyen de connaissance.

Le Poème des décadences, 1899 ; *Les Sept Solitudes*, 1906 ; *Les Éléments*, 1911 ; *Poèmes*, 1915 ; *Adramandoni*, 1918 ; *La Confession de Lemuel*, 1922 ; *Poèmes*, 1929 ; *Dix-sept poèmes*, 1937.

Œuvres complètes, éditions André Silvaire, 11 volumes, 1960-1970 (*Poésies*, tomes I et II, 1960).

Je me proposais de faire figurer dans cette anthologie trois poèmes de Milosz : *Dans un pays d'enfance...*, *Tous les morts sont ivres... (Les Sept Solitudes)* et *Symphonie de septembre (Symphonies)*. L'interdiction de

M. André Silvaire, éditeur du poète, en prive à mon grand regret nos lecteurs.

MORAND, Paul, 1888-1976. Ce diplomate, auteur d'une abondante œuvre romanesque, a exprimé dans ses poèmes l'intense modernité des années 20, qui transforme la terre en produit manufacturé et les hommes en mécaniques ridicules, mais qui s'ouvre aussi à la tendresse et à l'émotion.

Lampes à arc, 1919 ; *Feuilles de température*, 1920 ; *Poèmes 1914-1924* (contenant les deux recueils précédents et *Vingt-cinq poèmes sans oiseaux*), 1924 ; *U.S.A.*, album de photographies lyriques, 1928 ; *Papiers d'identité*, 1931.

NOAILLES, Anna de, 1876-1933. D'ascendance roumaine, elle écrivit des vers dès son enfance. Son premier recueil en 1901 apparut comme une bouffée de sincérité brûlante jusqu'à l'impudeur, la révélation d'un lyrisme féminin. Elle donna un accent moderne aux grands thèmes romantiques.

Le Cœur innombrable, 1901 ; *L'Ombre des jours*, 1902 ; *Les Éblouissements*, 1907, *Les Vivants et les morts*, 1913 ; *Les Forces éternelles*, 1920 ; *Poème de l'amour*, 1924 ; *L'Honneur de souffrir*, 1927 ; *Poèmes d'enfance*, 1928 ; *Derniers vers et poèmes d'enfance*, 1934.
Choix de poésies, Fasquelle, 1930.

NOËL, Marie, 1883-1967. Toute sa vie s'est passée à Auxerre. Sa poésie, dont les formes simples retrouvent l'accent de la chanson populaire, dit ses effusions et ses inquiétudes religieuses, les aventures de son existence quotidienne ; elle suscita l'admiration de Montherlant comme celle d'Aragon.

Poésies et chansons de la guerre, 1918 ; *Les Chansons et les heures*, 1920 ; *Les Chants de la merci*, 1930 ; *Le Rosaire des joies*, 1930 ; *Chants et psaumes d'automne*, 1947 ; *Chants d'arrière-saison*, 1961 ; *Chants des quatre-temps*, 1972.
L'Œuvre poétique, Stock, 1956 ; rééditions augmentées, 1969, 1975.

NORGE, Géo, né en 1898. Il a passé de nombreuses années en Belgique, sa patrie, avant de s'installer sur la Côte d'Azur. Ce poète, qui affirme : « La poésie est faite pour plaire, je tiens à honneur de charmer », a une œuvre d'une extraordinaire diversité, tour à tour, sinon simultanément, grave et amusée, tendre et sarcastique, toujours animée de l'amour de la vie et de l'expérience du sacré.
« Un poète, c'est un greffier, un employé du cadastre. Nous notons ce qui nous entoure avec plus ou moins d'émotion. Je suis étonné que tout le monde ne soit pas poète. Quand votre facteur ou votre épicier parlent, ils commencent à faire de l'art. Le langage, c'est l'art... Pourquoi j'ai appelé "Concerto" un poème des *Quatre vérités* ? Parce que je donne ma voix dans la symphonie du monde. »

27 *poèmes incertains*, 1923 ; *Plusieurs malentendus*, suivis de *La Double Vue*, 1926 ; *Avenue du ciel*, 1929 ; *Souvenir de l'enchanté*, 1929 ; *Calendrier*, 1933 ; *La Belle endormie*, 1935 ; *C'est un pays*, 1936 ; *Le Sourire d'Icare*, 1936 ; *L'Imposteur*, 1937 ; *Le Poète*, 1937 ; *Joie aux âmes*, 1941 ; *L'Imagier*, 1942 ; *Les Râpes*, 1949 ; *Famines*, 1950 ; *Les Oignons*, 1953 (édition augmentée, 1971) ; *Le Gros Gibier*, 1953 ; *Nouveau cornet d'oignons*, 1953 ; *La Langue verte*, 1954 ; *Les Quatre Vérités*, 1962 ; *Le Vin profond*, 1968 ; *Les Cerveaux brûlés*, 1969 ; *La Chanson du concierge*, 1969 ; *Bal masqué parmi les comètes*, 1972 ; *Dynasties*, 1972 ; *La Belle Saison*, 1973 ; *Joie aux âmes*, 1973 ; *La Boîte à gifles*, 1978 ; *Eux, les anges*, 1978 ; *Fredons de mémoire, bourdons d'oreille et plume qui flâne*, 1980.

Œuvres poétiques 1923-1973, Seghers, 1978.

P É G U Y, Charles, 1873-1914. L'image du pamphlétaire, du mystique de la république et de la patrie « mort au champ d'honneur » en septembre 1914, de l'homme de foi « grand fils demi-rebelle » de l'Église, a longtemps pesé sur celle du poète en Péguy. Le recul du temps, la connaissance des inédits posthumes rendent sa valeur à cette partie considérable de son œuvre, non seulement parce qu'elle nous permet de mieux connaître l'homme et ses tourments derrière le mythe du saint et du héros, mais parce qu'elle représente, à l'écart des grands courants contemporains, la recherche originale d'un nouveau discours poétique.

Le Mystère de la charité de Jeanne d'Arc, 1910 ; *Le Porche du mystère de la Deuxième Vertu*, 1911 ; *Le Mystère des Saints Innocents*, 1912 ; *Les Sonnets*, 1912 ; *La Tapisserie de sainte Geneviève et de Jeanne d'Arc*, 1912 ; *La Tapisserie de Notre-Dame*, 1913 ; *Ève*, 1914 ; *Les Tapisseries*, *Ève*, 1927.

Œuvres poétiques complètes (avec les *Quatrains* en publication originale), Bibliothèque de la Pléiade, 1941 ; rééditions augmentées de nouveaux textes, 1948, 1954, 1957.

P E L L E R I N, Jean, 1885-1921. Journaliste, romancier, auteur d'un livre de pastiches (*Le Copiste indiscret*), il fut du groupe fantaisiste, auprès de Toulet, son maître en poésie, Carco, Derème et Vérane. Il mourut prématurément des suites de la guerre.

La Romance du retour, 1921.

Le Bouquet inutile, Gallimard, 1923 (réunit tous ses vers, y compris *La Romance du retour*).

P É R E T, Benjamin, 1899-1959. Directeur de la revue *La Révolution surréaliste* avec Pierre Naville, il resta fidèle au surréalisme jusqu'à sa mort. Esprit passionnément libre, refusant tout conformisme, plein de malice et de violence, jouant avec toutes les possibilités et toutes les perversions du langage, il n'a cessé d'exprimer une révolte qui était sa vie même.

Le Passager du transatlantique, 1921 ; *Immortelle maladie*, 1924 ; *Dormir dormir dans les pierres*, 1927 ; *Le Grand Jeu*, 1928 ; *Le Quart d'une vie*, 1928 ; *La Pêche en eau trouble*, 1928 ; *De derrière les fagots*, 1934 ; *Je ne mange pas de ce pain-là*, 1936 ; *Je sublime*, 1936 ; *Trois cerises et une sardine*, 1937 ; *Dernier malheur dernière chance*, 1945 ; *Feu central*, 1947 ; *Air mexicain*, 1949.

Œuvres complètes en cours de publication aux éditions Losfeld, tome I, 1969, tome II, 1971, tome III, 1979.

PICABIA, Francis, 1879-1953. Grande figure de l'avant-garde artistique depuis le cubisme auquel il participa, fondateur de la revue *391* qui, de 1917 à 1924, eut dix-neuf numéros, il traversa le dadaïsme, dans lequel il retrouvait son propre goût pour la cocasserie, la spontanéité, le nihilisme.

Ses poèmes, publiés en revues ou en plaquettes, ont été réunis dans les deux volumes d'*Écrits*, Belfond, 1975-1978.

PONGE, Francis, né en 1899. Ses premiers poèmes parurent en 1922, mais c'est du *Parti pris des choses* (1942) que datent sa réputation et son influence. Sartre vit en lui un poète de la phénoménologie, Robbe-Grillet un précurseur du nouveau roman, Sollers et ses amis de *Tel Quel* l'initiateur d'une nouvelle rhétorique. Toute son œuvre est une interrogation sur les choses et la relation que le langage permet d'établir avec elles, les « ressources infinies de l'épaisseur des choses, *rendues* par les ressources infinies de l'épaisseur sémantique des mots ».
« Si ridiculement prétentieux qu'il puisse paraître, voici quel est à peu près mon dessein : je voudrais écrire une sorte de *De natura rerum*. On voit bien la différence avec les poètes contemporains : ce ne sont pas des poèmes que je veux composer, mais une seule cosmogonie.
« Mais comment rendre ce dessein possible ? (...) Au milieu de l'énorme étendue et quantité des connaissances acquises par chaque science, du nombre accru des sciences, nous sommes perdus. Le meilleur parti à prendre est donc de considérer toutes choses comme inconnues, et de se promener ou de s'étendre sous bois ou sur l'herbe, et de reprendre tout du début » (*Proêmes*).

Douze petits écrits, 1926 ; *Le Parti pris des choses*, 1942 ; *Le Carnet du bois de pins*, 1947 ; *Proêmes*, 1948 ; *Le Peintre à l'étude*, 1948 ; *La Seine*, 1950 ; *La Rage de l'expression*, 1952 ; *Le Grand Recueil*, I, *Lyres*, II, *Méthodes*, III, *Pièces*, 1961 (nouvelle édition, 1977) ; *Le Savon*, 1967 ; *Nouveau recueil*, 1967 ; *La Fabrique du pré*, 1971 ; *Abrégé de l'aventure organique*, 1976 ; *L'Atelier contemporain*, 1977 ; *Comment une « Figue » de paroles et pourquoi*, 1977.
Tome premier (*Douze petits écrits, Le Parti pris des choses, Proêmes, La Rage de l'expression, Le Peintre à l'étude, La Seine*), Gallimard, 1965.
Pour un Malherbe, 1965 (nouvelle édition, 1977) ; *Entretiens avec Philippe Sollers*, 1970.

POZZI, Catherine, 1882-1934. Passionnée de physique et de mathématiques autant que de musique, de peinture et de poésie, elle laissa une œuvre brève dont l'intensité pathétique et la perfection formelle font penser à Louise Labé.

Poèmes, éditions de la revue *Mesures*, 1935 (nouvelle édition, Gallimard, 1959).

PRÉVERT, Jacques, 1900-1977. Ses poèmes, publiés dans des revues depuis 1930, apparurent comme une révélation lorsqu'ils furent réunis en 1945 dans *Paroles* : on découvrait une poésie du non-conformisme, une verve frondeuse qui ridiculisait les conventions et les valeurs consacrées, un monde de fête et d'innocence où tout est amour, un langage qui connaît tous les jeux des mots, tour à tour cocasse et tendre, faisant jaillir le merveilleux du prosaïque, donnant l'impression de la spontanéité du langage parlé. La musique de Kosma, les interprétations d'Agnès Capri, Marianne Oswald, Germaine Montero, Yves Montand, Juliette Gréco et des frères Jacques contribuèrent à sa popularité. Prévert fut un homme de cinéma, scénariste et dialoguiste, et un homme de théâtre qui travailla notamment avec le groupe *Octobre*.

Paroles, 1945 (nouvelle édition revue et augmentée, 1947) ; *Le Cheval de Trois* (en collaboration avec André Verdet et André Virel), 1946 ; *Histoires*, (en collaboration avec André Verdet), 1946 ; *Spectacle*, 1951 ; *Grand bal du printemps*, 1951 ; *Vignette pour les vignerons*, 1953 ; *Tour de chant*, 1953 ; *L'Opéra de la lune*, 1953 ; *La Pluie et le beau temps*, 1955 ; *Lumières d'homme*, 1955 ; *Images*, 1957 ; *Couleur de Paris*, 1961 ; *Diurnes*, 1962 ; *Histoires, et d'autres histoires*, 1963 ; *Les Chiens ont soif*, 1964 ; *Fatras*, 1966 ; *Arbres*, 1968 ; *Choses et autres*, 1972 ; *Soleil de nuit*, 1980.

QUENEAU, Raymond, 1903-1976. Esprit encyclopédique (il dirigea l'« Encyclopédie de la Pléiade »), également fasciné par les mathématiques et les « fous littéraires », il s'est intéressé aux problèmes du langage et de l'écriture, ainsi qu'à ceux de la structure du texte littéraire. Ses poèmes et ses romans sont à la fois investigation et expérimentation des fonctionnements linguistiques, réflexion sur la situation de l'homme dans un monde absurde, gravité et humour, attendrissement et raillerie, au sein d'un univers insolite, cocasse et dérisoire.

Chêne et chien, 1937 ; *Les Ziaux*, 1943 ; *Bucoliques*, 1947 ; *L'Instant fatal*, 1948 ; *Petite cosmogonie portative*, 1950 ; *Si tu t'imagines*, 1952 (réunit *Chêne et chien*, *Les Ziaux*, *L'Instant fatal* et des inédits sous le titre *Petite suite*) ; *Le Chien à la mandoline*, 1958 ; *Sonnets*, 1958 (ces deux recueils repris en 1965 sous le titre du premier) ; *Cent mille milliards de poèmes*, 1961 ; *Courir les rues*, 1967 ; *Battre la campagne*, 1968 ; *Fendre les flots*, 1969 ; *Morale élémentaire*, 1975.
Œuvre poétique, Bibliothèque de la Pléiade, en préparation.
Bâtons, chiffres et lettres, 1950.

RAMUZ, Charles Ferdinand, 1878-1947. Né à Lausanne, ayant passé la plus grande partie de sa vie en Suisse, ce romancier dont l'œuvre tumultueuse est nourrie par la vie paysanne, a également écrit des poèmes riches de tendresse et d'humanité, où, comme dans ses romans et ses récits, la frontière s'estompe entre prose et poésie.

Le Petit Village, 1903 ; *Pénates d'argile*, 1904 ; *La Grande Guerre du Sondrebond*, 1906 ; *Chansons*, 1914 ; *Histoire du soldat*, 1920 ; *Chant de notre Rhône*, 1920 (repris sous le titre *Chant des pays du Rhône*, 1929) ; *Vers anciens*, 1929 ; *Vers*, 1945 (réunit *Le Petit Village*, *La Grande Guerre du Sondrebond* et *Chansons*).

Œuvres complètes, Mermod, 20 volumes, 1940-1941 (pour la poésie, voir les tomes I et X) ; *Collection Ramuz*, Rencontre-Mermod, 40 volumes, 1951-1958 (pour la poésie, voir tomes VII et XVII) ; *Œuvres complètes*, Rencontre, 20 volumes, 1967-1968 (pour la poésie, voir les tomes I et X).

REVERDY, Pierre, 1889-1960. Fondateur de la revue *Nord-Sud* (1917-1918) à laquelle collaborèrent notamment Apollinaire, Max Jacob, Aragon, Breton, Soupault, Tzara. Esprit exigeant et solitaire, il se retire en 1926 à Solesmes, qu'il ne quittera plus jusqu'à sa mort. Ses poèmes en prose et ses vers libres, « cristaux déposés après l'effervescent contact de l'esprit avec la réalité », expriment avec une rare densité le drame de l'homme et des choses aux prises avec le temps. Ils sont d'autre part le produit et l'illustration d'une incessante réflexion sur la création artistique.

Poèmes en prose, 1915 ; *Quelques poèmes*, 1916 ; *La Lucarne ovale*, 1916 ; *Les Ardoises du toit*, 1918 ; *Les Jockeys camouflés*, 1918 ; *La Guitare endormie*, 1919 ; *Étoiles peintes*, 1921 ; *Cœur de chêne*, 1921 ; *Cravates de chanvre*, 1922 (ces recueils répartis dans *Les Épaves du ciel*, 1924, et *Écumes de la mer*, 1925, puis repris dans *Plupart du temps*, 1945) ; *Grande nature*, 1925 ; *La Balle au bond*, 1928 ; *Sources du vent*, 1929 ; *Flaques de verre*, 1929 ; *Pierres blanches*, 1930 ; *Ferraille*, 1937 ; *Plein verre*, 1940 ; *Le Chant des morts*, 1948 (ces recueils, sauf *Flaques de verre*, repris avec des inédits dans *Main d'œuvre*, 1949) ; *Au soleil du plafond*, 1955 ; *La Liberté des mers*, 1959 ; *Sable mouvant*, 1966.

Œuvres complètes en cours de publication, Flammarion, 11 volumes parus (1967-1980).

Le Gant de crin, 1927 ; *Cette émotion appelée poésie*, 1974 ; *Nord-Sud, Self-defence et autres écrits sur l'art et la poésie*, 1975.

RIBEMONT-DESSAIGNES, Georges, 1884-1974. Peintre, ami dès ses débuts de Duchamp et de Picabia, il se met à écrire à quarante ans et publiera des romans, des pièces de théâtre et des poèmes. Il participe au dadaïsme et au surréalisme avec lequel il rompt en 1929 ; il assure la direction littéraire de la revue *Bifur* (1929-1931). Sa production poétique s'organise autour de deux pôles : Dada d'une part, la guerre de 1939-1945 et le destin de l'homme de l'autre. Il a laissé de nombreux textes inédits.

Ombres, 1942 ; *Ecce Homo*, 1945 ; *La Nuit la faim*, 1960.
Dada, éd. Champ libre, 1974 ; *Dada 2*, éd. Champ libre, 1978.

ROMAINS, Jules, 1885-1972. Si elle est moins connue que *Knock*, *Les Copains* ou *Les Hommes de bonne volonté*, son œuvre poétique n'est pas négligeable. Née de l'expérience de l'unanimisme, c'est-à-dire de l'intuition que les groupes donnent inconsciemment naissance à des êtres vastes et élémentaires qui recouvrent sans les détruire les individus, elle donne une dimension lyrique à la vie sociale et s'élargit à un sentiment épique de l'humanité.

L'Âme des hommes, 1904 ; *La Vie unanime*, 1908 ; *Premier livre de prières*, 1909 ; *Ode à la foule qui est ici*, 1909 ; *Un être en marche*, 1910 ; *Odes et prières*, 1913 ; *Europe*, 1916 ; *Les Quatre Saisons*, 1920 ; *Le Voyage des amants*, 1920 ; *Amour couleur de Paris*, 1921 ; *Chants des dix années*, 1928 (réunit *Europe*, *Les Quatre Saisons* et *Amour couleur de Paris*) ; *L'Homme blanc*, 1937 ; *Pierres levées*, 1945 ; *Maisons*, 1953.
Choix de poèmes, Gallimard, 1948.
Petit traité de versification, 1923, en collaboration avec Georges Chennevière.

SAINT-DENYS GARNEAU, Hector de, 1912-1943. Originaire du Québec, né à Montréal, il se dégagea du traditionalisme littéraire de son époque, subit l'influence de Lautréamont, de Rimbaud, des surréalistes. Une mort aux circonstances mystérieuses mit le point final à son existence de poète maudit. Son œuvre est avant tout le journal d'une entreprise désespérée pour accéder à la « vraie vie ».

Regards et jeux dans l'espace, 1937.
Poésies complètes, éd. Fides, 1949 ; *Œuvres*, Presses de l'Université de Montréal, 1970 ; *Poèmes choisis*, éd. Fides, 1970.

SAINT-JOHN PERSE, 1887-1975. Né dans une famille installée aux Antilles depuis près de deux siècles, il vient en France avec les siens en 1899. Sa carrière de diplomate le conduisit cinq ans en Chine, puis au Quai d'Orsay, dont il devint le secrétaire général. Il s'exila aux États-Unis en 1940 après l'armistice. Mais, dit le poète : « Mon œuvre a toujours évolué hors des lois et du temps. Elle entend échapper à toute référence historique aussi bien que géographique, à toute incidence personnelle. » Cette œuvre chante l'aventure de l'homme, à la fois présent et exilé dans le monde : « Fidèle à son office, qui est l'approfondissement même du mystère de l'homme, la poésie moderne s'engage dans une entreprise dont la poursuite intéresse la pleine intégration de l'homme. Il n'est rien de pythique dans une telle poésie. Rien non plus de purement esthétique. [...] Elle s'allie, ses voies, la beauté, suprême alliance, mais n'en fait point sa fin ni sa seule pâture. Se refusant à dissocier l'art de la vie, ni de l'amour la connaissance, elle est action, elle est passion, elle est puissance, et novation toujours qui déplace les bornes.

L'amour est son foyer, l'insoumission sa loi, et son lieu est partout, dans l'anticipation. Elle ne se veut jamais absence ni refus » *(Poésie)*.

Éloges, 1911 ; *Amitié du Prince*, 1924 ; *Anabase*, 1924 ; *Exil*, 1942 ; *Pluies*, 1944 ; *Quatre poèmes 1941-1944* (*Exil, Pluies, Neiges, Poème à l'Étrangère*), 1944 ; *Vents*, 1946 ; *Amers*, 1957 ; *Chronique*, 1960 ; *Oiseaux*, 1962 ; *Poème* (« Chanté par Celle qui fut là »), 1969 ; *Chant pour un équinoxe*, 1975.
Œuvres complètes, Bibliothèque de la Pléiade, 1972.
Poésie, 1961.

SALMON, André, 1881-1969. Après des débuts brillants, il délaissa la poésie, sans toutefois jamais l'abandonner, au profit du journalisme, de la critique d'art et du roman. Il est de ceux qui, comme Apollinaire dont il fut l'ami, contribuèrent à l'élaboration d'une modernité qui découvre le merveilleux dans le quotidien.

Poèmes (*Les Clés ardentes, Âmes en peine et corps sans âme, Le Douloureux Trésor*), 1905 ; *Les Féeries*, 1907 ; *Le Calumet*, 1910 (édition augmentée, 1921) ; *Prikaz*, 1919 ; *Le Livre et la bouteille*, 1920 ; *Peindre*, 1921 ; *L'Âge de l'humanité*, 1921 ; *Ventes d'amour*, 1922 ; *Créances 1905-1910*, 1926 (réunit *Poèmes, Les Féeries* et *Le Calumet*) ; *Vénus dans la balance*, 1926 ; *Métamorphoses de la harpe et de la harpiste*, 1926 ; *Tout l'or du monde*, 1927 ; *Carreaux 1918-1921*, 1928 (réunit *Prikaz, Peindre, L'Âge de l'humanité, Le Livre et la bouteille*) ; *Correspondances*, 1929 ; *Saints de glace*, 1930 ; *Troubles en Chine*, 1935 ; *Saint André*, 1936 ; *Le Jour et la nuit*, 1937 ; *Odeur de poésie*, 1944 ; *Les Étoiles dans l'encrier*, 1952 ; *Vocalises*, 1957 ; *Marines*, 1965 ; *Créances 1905-1910*, suivi de *Carreaux 1918-1921*, 1968.

SEGALEN, Victor, 1878-1919. Médecin de marine, il passa un an à Tahiti et six en Chine en trois séjours. Au cours de ses séjours en France il connut notamment Huysmans, Pierre Louÿs, Debussy, pour qui il écrivit un *Orphée-roi*. Mais c'est en Extrême-Orient qu'il a trouvé le champ d'une confrontation du réel avec l'imaginaire qui nourrit son expérience intérieure : « Dans ce moule chinois, j'ai placé simplement ce que j'avais à exprimer. »

Stèles, 1912 ; *Peintures*, 1916 ; *Odes*, 1926 (nouvelle édition, suivie de *Thibet*, 1963) ; *Équipée*, 1929 ; *Briques et tuiles*, 1967 ; *Stèles, Peintures, Équipée*, 1970.

SOUPAULT, Philippe, né en 1897. Ami de Breton, avec qui il écrivit le premier livre surréaliste, *Les Champs magnétiques* (1920), fondateur de la revue *Littérature* en 1919 avec Breton encore et Aragon, il participa activement au dadaïsme, puis au groupe surréaliste, dont il est exclu en 1926. Journaliste, romancier, mémorialiste, il a ouvert sa poésie, dès ses débuts et à travers l'avant-garde, à un regard sur le monde où cosmopolitisme et vie familière s'unissent dans la tendresse, l'émerveillement et l'humour.

Aquarium, 1917 ; *Rose des vents*, 1919 ; *Les Champs magnétiques*, en collaboration avec André Breton, 1920 ; *L'Invitation au suicide*, 1921 ; *Westwego*, 1922 ; *Georgia*, 1926 ; *Il y a un océan*, 1936 ; *Ode à Londres bombardée*, 1944 ; *Odes*, 1946 ; *L'Arme secrète*, 1946 ; *Message de l'île déserte*, 1947 ; *Chansons*, 1949 ; *Sans phrases*, 1953 ; *Arc en ciel*, 1979 ; *Poèmes retrouvés*, 1982.

Poésies complètes 1917-1937, G.L.M., 1937 ; *Poèmes et poésies 1917-1973*, Grasset, 1973.

SPIRE, André, 1868-1966. Né dans une famille juive de la grande bourgeoisie de Nancy, André Spire fut un homme d'action à l'âme généreuse. Il embrassa dès 1905 la cause sioniste et ne cessa de lutter contre l'antisémitisme. Poète, il se préoccupa très tôt des problèmes de rythme (voir *Plaisir poétique et plaisir musculaire*, 1949). Comme l'a écrit Paul Jamati, « artisan des mots, homme d'action, poète juif et poète de la nature, André Spire est poète de la vie ».

La Cité présente, 1903 ; *Et vous riez !*, 1905 ; *Versets (Et vous riez !, Poèmes juifs)*, 1908 ; *Vers les routes absurdes*, 1911 ; *Et j'ai voulu la paix !*, 1916 ; *Le Secret*, 1919 ; *Poèmes juifs*, 1919 (édition définitive, 1959) ; *Tentations*, 1920 ; *Samaël*, 1921 ; *Fournisseurs*, 1923 ; *Poèmes de Loire*, 1929 ; *Instants*, 1936 ; *Poèmes d'ici et de là-bas*, 1944.

Poèmes d'hier et d'aujourd'hui, nouveau choix de poèmes et poèmes inédits, Corti, 1953.

SUPERVIELLE, Jules, 1884-1960. Né à Montevideo de parents français, il partage sa vie entre l'Uruguay et la France. Son œuvre de poète, de conteur et de dramaturge ne commence vraiment qu'en 1919. Il dit la « fable du monde », sa création et sa fin dans un éternel recommencement, donnant « aux espaces infinis un goût profond d'intimité », alliant vie intérieure et vision cosmique, imaginant un univers harmonieux peuplé d'« amis inconnus ». Il repousse l'abandon au mystère et aux forces oniriques au profit d'une poésie de la clarté et de l'intelligibilité.

Brumes du passé, 1900 ; *Comme des voiliers*, 1910 ; *Les Poèmes de l'humour triste*, 1919 ; *Poèmes (Voyage en soi, Paysages, Les Poèmes de l'humour triste, Le Goyavier authentique)*, 1919 ; *Débarcadères*, 1922 ; *Gravitations*, 1925 (édition définitive, 1932) ; *Oloron-Sainte-Marie*, 1927 ; *Saisir*, 1929 ; *Le Forçat innocent*, 1930 ; *Les Amis inconnus*, 1934 ; *La Fable du monde*, 1938 ; *Poèmes de la France malheureuse (1939-1941)*, 1941 ; *Une métamorphose ou l'époux exemplaire*, 1945 ; *1939-1945*, Poèmes, 1946 ; *Dix-huit poèmes*, 1947 ; *À la nuit*, 1947 ; *Oublieuse mémoire*, 1949 ; *Naissances*, suivi de *En songeant à un art poétique*, 1951 ; *L'Escalier*, 1956 ; *Le Corps tragique*, 1959.

Choix de poèmes, Gallimard, 1947.

TARDIEU, Jean, né en 1903. Il a rempli depuis 1945 des fonctions importantes à la Radiodiffusion française, notamment comme directeur du Club d'Essai et du Programme France-Musique. Il a, depuis cette même date, joué un rôle de précurseur dans ce qu'on a appelé le nouveau théâtre. Son œuvre poétique, commencée beaucoup plus tôt, ne s'est pas interrompue. Née de l'angoisse d'être au monde, elle se développe tantôt dans le burlesque et le cocasse, tantôt dans le lyrisme.

« Qu'elles soient transparentes ou opaques, humbles ou chamarrées d'images, nos paroles ne contiendront pas plus de sens qu'un souffle sans visage qui résonnerait pour lui-même sur les débris d'un temple ou dans un champ superbement désert depuis toujours ignoré des humains.

« Ainsi, qu'il laisse un nom ou devienne anonyme, qu'il ajoute un terme au langage ou qu'il s'éteigne dans un soupir, de toute façon, le poète disparaît, trahi par son propre murmure et rien ne reste après lui qu'une voix, — sans personne » (*Une voix sans personne*).

Le Fleuve caché, 1933 ; *Accents*, 1939 ; *Le Témoin invisible*, 1943 ; *Poèmes*, 1944 ; *Les Dieux étouffés*, 1946 ; *Jours pétrifiés*, 1947 ; *Monsieur Monsieur*, 1951 ; *Un mot pour un autre*, 1951 (nouvelle édition sous le titre *Le Professeur Froeppel*, 1978) ; *La Première Personne du singulier*, 1952 ; *Une voix sans personne*, 1954 ; *Poèmes à jouer*, 1960 (nouvelle édition revue et augmentée, 1969) ; *Histoires obscures*, 1961 ; *Pages d'écriture*, 1967 ; *Les Portes de toile*, 1969 ; *Formeries*, 1976 ; *Comme ceci comme cela*, 1979 ; *Les Tours de Trébizonde*, 1984.

Choix de poèmes, 1924-1954, Gallimard, 1961 ; *Le Fleuve caché*, poésies 1938-1961, Gallimard, 1968 ; *La Part de l'ombre*, proses 1937-1967, Gallimard, 1972.

T O U L E T, Paul-Jean, 1867-1920. Ce Béarnais fit un séjour de trois ans à l'île Maurice, où était installée sa famille, d'un an en Algérie, et connut l'Extrême-Orient pour un reportage. Il vécut à Paris de 1898 à 1912, menant une existence de bohème mondaine où il usa ses forces. Il publia des romans et collabora à diverses revues. Il mourut avant d'avoir vu paraître ses poèmes dont la virtuosité formelle, l'imagination ludique, la sensibilité voilée d'ironie avaient séduit les jeunes poètes du groupe fantaisiste.

Les Contrerimes, 1921 ; *Vers inédits*, 1936.

T Z A R A, Tristan, 1896-1963. D'origine roumaine, créateur en 1916 à Zurich de Dada, qu'il apporte à Paris en 1920, il participe au mouvement surréaliste de 1929 à 1935, puis se rapproche du parti communiste auquel il adhérera en 1947. L'abondance et la puissance de ses images, qui éclatent en éruptions verbales dans les premiers poèmes, s'organisent dès *L'Homme approximatif* (1931) et surtout dans son œuvre postérieure à 1940, selon un flux plus maîtrisé, sans rien perdre de leur force. Il disait en 1923 à Vitrac : « La poésie est un moyen de communiquer une certaine quantité d'humanité, d'élément de vie, que l'on a en soi. »

La Première Aventure céleste de Monsieur Antipyrine, 1916 ; *Vingt-cinq poèmes*, 1918 (réédition augmentée en 1946, *Vingt-cinq et un poèmes*) ;

Cinéma calendrier du cœur abstrait. Maisons, 1920 ; *De nos oiseaux*, 1923 ;
Indicateur des chemins de cœur, 1928 ; *L'Arbre des voyageurs*, 1930 ;
L'Homme approximatif, 1931 ; *Où boivent les loups*, 1932 ; *L'Antitête*,
1933 ; *Grains et issues*, 1935 ; *Sur le champ*, 1935 ; *La Main passe*, 1935 ;
Ramures, 1936 ; *Vigies*, 1937 ; *Midis gagnés*, 1939 (reprend *Sur le champ,
Ramures et Vigies*, auprès d'*Abrégé de la nuit*, inédit ; nouvelle édition
augmentée de *La Main passe*, 1948) ; *Entre-temps*, 1946 ; *Le Signe de vie*,
1946 ; *Terre sur terre*, 1946 ; *Le Cœur à gaz*, 1946 ; *Phases*, 1949 ; *Sans coup
férir*, 1949 ; *Parler seul*, 1950 ; *De mémoire d'homme*, 1950 ; *La Première
Main*, 1952 ; *La Face intérieure*, 1953 ; *À haute flamme*, 1955 ; *La Bonne
Heure*, 1955 ; *Miennes*, 1955 ; *Le Temps naissant*, 1955 ; *Le Fruit permis*,
1956 ; *Frère bois*, 1957 ; *La Rose et le chien*, 1958 ; *Juste présent*, 1961 ;
Lampisteries, précédé de *Sept manifestes Dada*, 1963 ; *Les Premiers Poè-
mes*, présentés et traduits du roumain par Claude Sernet, 1965 ; *40
chansons et déchansons*, 1972 ; *Jongleur du temps*, 1976.

Morceaux choisis, Bordas, 1947 ; *De la coupe aux lèvres*, Edizioni Rap-
porti Europei, 1962.

Œuvres complètes en six volumes aux éditions Flammarion : déjà
parus, tomes I, 1975 ; II, 1977 ; III, 1979 ; IV, 1980 ; V, 1982.
Les Écluses de la poésie, Œuvres complètes, tome V.

VALÉRY, Paul, 1871-1945. Après des débuts brillants qui lui avaient
attiré l'estime de Mallarmé, il renonce à la poésie au cours d'une
nuit de crise morale et intellectuelle en octobre 1892. Pendant vingt
ans, il se consacre à la maîtrise de soi et à la connaissance du fonc-
tionnement de l'esprit, particulièrement par l'étude des mathémati-
ques (*Introduction à la méthode de Léonard de Vinci*, 1895, *La Soirée avec
Monsieur Teste*, 1896). Sur les instances de Gide, il revient à la poésie
à la veille de la guerre de 1914-1918 et produit l'essentiel de son
œuvre poétique de 1917 à 1922. Il publie jusqu'à sa mort de nom-
breux textes en prose, dialogues, essais, réflexions tirées des
cahiers qu'il tient depuis 1894 : tous les sujets sont abordés, en pre-
mier lieu les problèmes d'esthétique et d'écriture poétique. En 1937,
il sera nommé professeur de poétique au Collège de France. « La
poésie. Est l'essai de représenter, ou de restituer, par les moyens du
langage articulé, *ces choses* ou *cette chose*, que tentent obscurément
d'exprimer les cris, les larmes, les caresses, les baisers, les soupirs,
etc., et que *semblent vouloir exprimer les objets*, dans ce qu'ils ont d'ap-
parence de vie, ou de dessein supposé » (*Tel quel*).

La Jeune Parque, 1917 ; *Le Cimetière marin*, 1920 ; *Album de vers
anciens 1890-1900*, 1920 ; *Charmes*, 1922 ; *Poésies*, 1929 (regroupant
Album de vers anciens, La Jeune Parque, Charmes ; rééditions augmen-
tées de *Pièces diverses, Amphion, Sémiramis* et *Cantate du « Narcisse »*) ;
Paraboles, 1935.
Œuvres, Bibliothèque de la Pléiade, 2 volumes, 1957, 1960 (les *Poé-
sies* dans le tome I).

CHRONOLOGIE

1889 Exposition universelle de Paris ; inauguration de la tour Eiffel.
      Fondation de *La Plume*.
      Toulet a vingt-deux ans, Maurras, Claudel, Jammes, vingt et un,
      Gide, vingt, Proust, Valéry, dix-huit,
1890 Premier vol en avion de Clément Ader.
      Fondation du *Mercure de France*.
1891 Mort de Rimbaud.
1892 Paul Fort, Léautaud, Léon Blum ont vingt ans.
1893 Mort de Maupassant et de Taine. Colette, Jarry, Péguy ont
      vingt ans.
1894 Début de l'affaire Dreyfus.
      Mort de Leconte de Lisle.
      Debussy : *Prélude à l'après-midi d'un faune*.
1895 Premières représentations du cinématographe des frères Lu-
      mière.
1896 Premiers Jeux Olympiques à Athènes. Premières émissions de
      T.S.F. par Marconi.
      Mort de Verlaine. Anna de Noailles, Max Jacob ont vingt ans.
      Représentation d'*Ubu roi*.
1897 Fargue a vingt et un ans, Milosz vingt ans.
1898 L'affaire Dreyfus : Zola publie *J'accuse*.
      Pierre et Marie Curie découvrent le radium.
      Mort de Mallarmé.
1899 Segalen a vingt et un ans, Picabia vingt.
1900 Première ligne de métro à Paris.
      Mort de Samain, Nietzsche, Wilde.
      Apollinaire a vingt ans, Larbaud, Martin du Gard dix-neuf.
      Péguy fonde les *Cahiers de la quinzaine*.
      Max Planck : *Théorie des quanta*. Sigmund Freud : *La Science des
      rêves*.
1901 Marconi réalise la première liaison radio à travers l'Atlanti-
      que.

Premier prix Nobel de littérature, attribué à Sully Prudhomme.
André Salmon a vingt ans.
Mort de Toulouse-Lautrec.
1902 Mort de Zola. Mac Orlan a vingt ans.
Debussy : *Pelléas et Mélisande*.
Méliès : *Le Voyage dans la lune*.
1903 Premier prix Goncourt, attribué à *Force ennemie* de John-Antoine Nau.
Fondation de la revue *Les Marges* par Eugène Montfort.
Mort de Gauguin.
1904 Création de *L'Humanité* par Jaurès.
Duhamel, Supervielle, Bachelard, Paulhan ont vingt ans, Mauriac, Jules Romains, dix-neuf.
1905 Mort de Heredia, Jules Verne.
Les Fauves au salon d'Automne (Matisse, Vlaminck, Dufy, Derain).
Einstein : première théorie de la relativité. Freud : *Trois essais sur la sexualité*.
1906 Achèvement du Transsibérien.
Alain-Fournier, Jacques Rivière, Francis Carco ont vingt ans, Cendrars, Jouve, Saint-John Perse, dix-neuf.
Mort de Cézanne.
1907 Mort de Jarry, Huysmans, Sully Prudhomme.
Picasso : *Les Demoiselles d'Avignon*.
1908 *L'Action française* devient un quotidien.
Mort de François Coppée.
Bernanos, Jouhandeau, Morand ont vingt ans.
1909 Blériot traverse la Manche en avion.
Cocteau, Reverdy ont vingt ans.
Premier manifeste futuriste de Marinetti. Création de *La Nouvelle Revue française*.
Premières œuvres cubistes de Braque et Picasso.
Les Ballets russes à Paris.
1910 Premier moteur Diesel.
Mort de Moréas, du Douanier Rousseau.
Stravinski : *L'Oiseau de feu*, aux Ballets russes.
Jung fonde la Société internationale de psychanalyse.
1911 Les cubistes au salon des Indépendants et au salon d'Automne.
Duchamp : *Nu descendant un escalier n° 1*.
Schönberg crée le dodécaphonisme.
1912 Naufrage du Titanic.
Delaunay : série des *Fenêtres*. Kandinsky : *Du spirituel dans l'art*.
Schönberg : *Pierrot lunaire*.
Jung : *Métamorphoses et symboles de la libido*.
1913 Niels Bohr découvre la structure de l'atome. Geiger crée le compteur de radioactivité.
Copeau fonde le théâtre du Vieux-Colombier.
Stravinski : *Le Sacre du printemps*.
Feuillade : *Fantomas*.

Proust : *Du côté de chez Swann.*
1914 Début de la Première Guerre mondiale.
Mort de Péguy.
Premiers films de Charlot.
1915 Céline a vingt et un ans, Éluard, Giono, Pagnol, vingt.
Le prix Nobel de littérature à Romain Rolland.
Einstein : théorie de la relativité généralisée.
Griffith : *Naissance d'une nation.*
Jazz : le « Dixieland ».
1916 Apparition des chars d'assaut sur le front.
Artaud, Breton, Tzara, Montherlant ont vingt ans, Aragon, Soupault, dix-neuf.
Barbusse : *Le Feu.*
Saussure : *Cours de linguistique générale.*
1917 Révolution d'octobre en Russie.
Parade, ballet de Cocteau, musique de Satie, décors et costumes de Picasso. Apollinaire : *Les Mamelles de Tirésias.*
Mort de Degas, Rodin.
1918 Fin de la guerre en novembre.
Mort d'Apollinaire, Debussy.
Tzara : *Manifeste Dada.*
Fondation du groupe des Six : Darius Milhaud, Georges Auric, Francis Poulenc, Louis Durey, Arthur Honegger, Germaine Tailleferre.
1919 Désintégration de l'atome par Rutherford.
Mort de Renoir.
Audiberti, Ponge, Michaux, Péret, Vitrac ont vingt ans, Crevel, Desnos, Prévert, dix-neuf.
Mort de Segalen.
Fondation de la revue *Littérature.*
1920 Mort de Toulet, Modigliani.
Création de la revue *L'Esprit nouveau.* Dada à Paris.
1921 Premier concert diffusé par l'émetteur de la tour Eiffel.
Malraux, Lacan ont vingt ans.
Les Mariés de la tour Eiffel, ballet de Cocteau.
1922 Mussolini prend le pouvoir en Italie.
Création de Radio-Paris.
Mort de Proust.
Création des *Nouvelles littéraires.*
Joyce : *Ulysse.*
Murnau : *Nosferatu le vampire.* Abel Gance et Cendrars : *La Roue.*
1923 Mort de Barrès, Loti.
Follain, Queneau, Tardieu ont vingt ans.
Création de la revue *Europe.*
Duchamp achève *La Mariée mise à nu par ses célibataires, même.*
L'école d'Arcueil autour de Satie. Honegger : *Pacific 231.*
Jules Romains : *Knock ou le Triomphe de la médecine.*
Stroheim : *Les Rapaces.*

1924 Premier vol Paris-Changhaï-Tokyo sur le même appareil.
Mort de Lénine, Anatole France.
Louis de Broglie crée la mécanique ondulatoire, Heisenberg la
mécanique quantique.
Breton : *Manifeste du surréalisme*. Premier numéro de la revue *La
Révolution surréaliste*.
Gershwin : *Rhapsody in blue*.
René Clair : *Entracte*.

1925 Premier Journal parlé à Radio-Paris.
Mort de Satie.
Sartre, Nizan ont vingt ans.
Exposition internationale des Arts décoratifs à Paris.
Alban Berg : *Wozzeck*.
Chaplin : *La Ruée vers l'or*. Eisenstein : *le Cuirassé Potemkine*.
Hitler : *Mein Kampf*.

1926 Débuts expérimentaux de la télévision.
Mort de Monet.
Fombeure a vingt ans.
Gide : *Les Faux-Monnayeurs*.

1927 Traversée de l'Atlantique nord en avion par Lindbergh, de
l'Atlantique sud par Costes et Le Brix.
Blanchot, René Char ont vingt ans.
Premier film parlant : *Le Chanteur de jazz*, de Jolson. Premiers
Mickey.

1928 Staline au pouvoir en U.R.S.S.
Première liaison radio Paris-New York. Création du téléphone
automatique.
Adamov, Daumal, Lévi-Strauss ont vingt ans.
Brecht-Weill : *L'Opéra de quat' sous*.
Buñuel-Dali : *Un chien andalou*. Dreyer : *La Passion de Jeanne
d'Arc*.

1929 Début de la crise économique mondiale. Trotsky exilé.
Découverte de la pénicilline. Théorie de l'expansion de l'univers.
Marcel Achard : *Jean de la Lune*. Giraudoux : *Amphitryon 38*.
Claudel : publication du *Soulier de satin*.
Ernst : *La Femme 100 têtes*. Exposition Kandinsky à Paris.

1930 Barrault, Gracq ont vingt ans.
Simenon publie son premier *Maigret*.
Première exposition internationale d'art abstrait à Paris.
Sternberg : *L'Ange bleu*. Cocteau : *Le Sang d'un poète*. Buñuel-
Dali : *L'Âge d'or*.

1931 Exposition coloniale à Paris. Vol Toulouse-Buenos Aires par
Mermoz. Première machine à calculer Bull.
Patrice de La Tour du Pin a vingt ans.
René Clair : *À nous la liberté, Le Million*.

1932 Réalisation du microscope électronique, de l'horloge parlante.
Céline : *Voyage au bout de la nuit*. Mauriac : *Le Nœud de vipères*.
Jules Romains : début des *Hommes de bonne volonté*.
Création de la revue *Esprit*.

1933 Hitler chancelier du Reich ; le parti national-socialiste parti uni-
      que ; premières mesures racistes.
      Théorie de la désintégration nucléaire par Bohr. Radioactivité
      artificielle réalisée par Frédéric et Irène Joliot-Curie.
      Mort d'Anna de Noailles, de Raymond Roussel.
      Camus a vingt ans.
      Jean Vigo : *Zéro de conduite.*
1934 Émeutes de droite à Paris.
      Jdanov expose la théorie du réalisme socialiste.
      Dali illustre *Maldoror.*
1935 Nouvelles lois antisémites en Allemagne. Invasion de l'Éthiopie
      par l'Italie. Premiers procès de Moscou.
      Mort de Barbusse, Alban Berg.
      Giraudoux : *La Guerre de Troie n'aura pas lieu.*
      Giono : *Que ma joie demeure.*
      Berg : *Lulu.* Gershwin : *Porgy and Bess.* Messiaen : *La Nativité.*
      Feyder : *La Kermesse héroïque.*
1936 Victoire du Frente popular aux élections espagnoles, du Ras-
      semblement populaire en France. Gouvernement Léon Blum.
      Début de l'insurrection de Franco en Espagne.
      Mort de Mermoz.
      Pierre Emmanuel a vingt ans.
      Aragon : *Les Beaux Quartiers.* Bernanos : *Journal d'un curé de cam-
      pagne.* Céline : *Mort à crédit.* Montherlant : *Les Jeunes Filles.*
      Chaplin : *Les Temps modernes.* Marx Brothers : *Une nuit à l'Opé-
      ra.*
1937 Bombardement de Guernica par l'aviation allemande.
      Mort de Vaillant-Couturier, Ravel, Vielé-Griffin.
      Joliot-Curie : *La Constitution de la matière.* Louis de Broglie :
      Matière et lumière.
      Exposition internationale à Paris. Picasso peint *Guernica.*
      Malraux : *L'Espoir.*
      Carné : *Drôle de drame.* Renoir : *La Grande Illusion.*
1938 Hitler occupe l'Autriche. Il impose à la France et à l'Angleterre
      les accords de Munich sur la Tchécoslovaquie.
      Mort de Francis Jammes.
      Bachelard : *La Psychanalyse du feu.* Teilhard de Chardin : *Le Phé-
      nomène humain.*
      Exposition internationale du surréalisme à Paris.
      Gracq : *Au château d'Argol.* Sartre : *La Nausée.*
      Anouilh : *Le Bal des voleurs.* Cocteau : *Les Parents terribles.* Sala-
      crou : *La Terre est ronde.*
1939 Victoire de Franco en Espagne. Début de la Seconde Guerre
      mondiale.
      Mort de Freud, Milosz, Pitoëff.
      Brevets de Joliot-Curie pour un réacteur nucléaire.
      Bachelard : *Lautréamont.*
      Saint-Exupéry : *Terre des hommes.*
      Carné : *Le Jour se lève.* Renoir : *La Règle du jeu.*

INDEX

TABLE

Max Jacob : *Derniers poèmes en vers et en prose*. Préface de J.M.G. Le Clézio.

Francis Jammes : *Le Deuil des primevères (1898-1900)*. Préface de Robert Mallet.

Francis Jammes : *De l'Angelus de l'aube à l'Angelus du soir (1888-1897)*. Préface de Jacques Borel.

Francis Jammes : *Clairières dans le Ciel (1902-1906)*. Préface de Michel Décaudin.

Alfred Jarry : *Les Minutes de sable mémorial. César-Antechrist*. Édition de Philippe Audoin.

Alfred Jarry : *Gestes et opinions du docteur Faustroll, pataphysicien*, suivi de *L'Amour Absolu*. Édition de Noël Arnaud et Henri Bordillon.

Pierre Jean Jouve : *Les Noces*, suivi de *Sueur de Sang*. Préface de Jean Starobinski.

Pierre Jean Jouve : *Diadème*, suivi de *Mélodrame*.

Valery Larbaud : *Les Poésies de A.O. Barnabooth*, suivi de *Poésies diverses*. Préface de Robert Mallet.

Patrice de La Tour du Pin : *La Quête de Joie*, suivi de *Petite somme de poésie*. Préface de Maurice Champagne.

Pierre Mac Orlan : *Poésies documentaires complètes*. Préface de Francis Lacassin.

Henri Michaux : *Plume*, précédé de *Lointain intérieur*.

Paul Morand : *Poèmes : Lampes à arc, Feuilles de température Vingt-cinq poèmes sans oiseaux, USA*. Préface de Michel Décaudin.

Marie Noël : *Les Chansons et les Heures, Le Rosaire des joies* Préface d'Henri Gouhier.

Charles Péguy : *Les Tapisseries*. Préface de Stanislas Fumet.

Benjamin Péret : *Le Grand Jeu*. Préface de Robert Benayoun.

Francis Ponge : *Le Parti pris des choses*, précédé de *Douze petits écrits* et suivi de *Proêmes*.

Francis Ponge : *Pièces*.

Francis Ponge : *La Rage de l'expression*.

Francis Ponge : *Lyres*.

Raymond Queneau : *L'Instant fatal*, précédé de *Les Ziaux*. Préface d'Olivier de Magny.

Raymond Queneau : *Chêne et chien*, suivi de *Petite cosmogonie portative* et *Le Chant du Styrène*. Préface d'Yvon Belaval.

Raymond Queneau : *Courir les rues. Battre la campagne. Fendre les flots*. Préface de Claude Debon.

Pierre Reverdy : *Plupart du temps (1915-1922)*, tomes I et II. Préface d'Hubert Juin.

Pierre Reverdy : *Sources du vent*, précédé de *La Balle au bond*. Préface de Michel Deguy.

Pierre Reverdy : *Ferraille, Plein verre, Le Chant des morts, Bois vert*, suivi de *Pierres blanches*. Préface de François Chapon.

Jules Romains : *La Vie unanime*. Préface de Michel Décaudin.

Saint-John Perse : *Éloges*, suivi de *La Gloire des Rois, Anabase, Exil*.

Saint-John Perse : *Vents*, suivi de *Chronique* et *Chant pour un équinoxe*.

Saint-John Perse : *Amers*, suivi de *Oiseaux* et *Poésie*.

Cet ouvrage,
le cent soixante-huitième
de la collection Poésie,
composé par SEP 2000
a été achevé d'imprimer par
l'imprimerie Bussière à Saint-Amand (Cher)
le 28 juin 1985.
Dépôt légal : juin 1985.
1ᵉʳ dépôt légal dans la collection : janvier 1983.
Numéro d'imprimeur : 1835.
ISBN 2-07-032231-9. Imprimé en France.